"国培计划"优秀成果出版工程·陕西系列

如何成为一名专家型教师

孙铁龙 党纳 主编

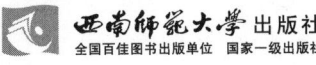

西南师范大学出版社
全国百佳图书出版单位 国家一级出版社

图书在版编目（CIP）数据

如何成为一名专家型教师/孙铁龙，党纳主编．—重庆：西南师范大学出版社，2016.12
（名师工程）
ISBN 978-7-5621-8408-9

Ⅰ.①如… Ⅱ.①孙… ②党… Ⅲ.①师资培养—研究 Ⅳ.①G451.2

中国版本图书馆 CIP 数据核字（2016）第 289639 号

名师工程系列丛书

编委会主任： 马　立　宋乃庆
总策划： 周安平
策　　划： 李远毅　卢　旭　郑持军　郭德军

如何成为一名专家型教师

孙铁龙　党　纳　主编

责任编辑：	张燕妮
特约编辑：	张晓兰
封面设计：	天之赋设计室
出版发行：	西南师范大学出版社
	地址：重庆市北碚区天生路1号
	邮编：400715　市场营销部电话：023-68868624
	http://www.xscbs.com
经　　销：	新华书店
印　　刷：	重庆市正前方彩色印刷有限公司
开　　本：	720mm×1030mm　1/16
印　　张：	17.5
字　　数：	295千字
版　　次：	2017年1月　第1版
印　　次：	2018年10月　第2次印刷
书　　号：	ISBN 978-7-5621-8408-9
定　　价：	35.00元

若有印装质量问题，请联系出版社调换
版权所有　翻印必究

本书编委会名单

本书编委会

主编 孙铁龙　党　纳

编委（按章节编写顺序）

孙铁龙　党　纳　秦艳刚　齐爱云　姚亚玲
刘军民　张　娟　王　锐　宋新丽　武　卫
王　媛　黄树云　户文敏　胡婉会　雷晓敏
谷　盼　张　艳　王华刚　张　莉　马淑倩

为了共同的梦想

2013年暑假，有关领导找我谈话，想把我调到大荔县名牌初中——城关中学。无论从硬件设施、学校规模还是文化积淀上看，城关中学都比现在的实验初中要强许多，没有人不认为这是一次绝好的升迁机会，但我思考再三，最终还是拒绝了！

如果我走了，首先我觉得对不起自己，我不知道再给我一所学校，我有没有勇气和力量从头再来。轻轻地摩挲着厚厚一沓听课记录，咂摸着从零开始的4个课改实验班的"拓荒"历程，品味着"摸着石头过河"的新奇与迷茫，个中滋味岂是一个"苦"字能涵盖得了的！其间有困惑与担忧，有冒险与痛苦，有迟疑与徘徊，有坚定与渴望，有先于实验教师的艰苦思考，有先于实验教师的痛苦蜕变，有不动声色的内心争斗。一个月后展示了语、数、英示范课，一学期后形成了关于新课堂的基本操作标准和评价指标，第二学期第二批6个实验班上马，第三学期第三批6个实验班投入实验，第二年全校基本形成了"四学一导"高效课堂模式。这好比铲平了一座旧建筑，而崭新的房子刚刚搭好屋架。这个时候，如果总设计者撤退了，则意味着这个未完工程成为一个无人问津的笑话，关于理想课堂的梦也许将变成一个万劫不复的灾难，再也没有勇气和力量去启动和重建！构建新课堂的声音一遍又一遍在我内心深处呼唤："抵制名利的诱惑，否则你将成为庸俗的政客！只有坚持才对得起自己，对得起课改动员时的激情和预言。"

如果我走了，我将对不起与我一同打拼了两年的领导团队。从第一个行政会，所有人的满脸迷茫与质疑，到大家无条件地追随和服从，我们携手走过。正是大家对学校未来的憧憬和对事业的负责态度，才使得课改顺利推行；正是大家迅速调整了自己的角色，迅速成为骨干和中坚力量，才使得课改这个新生婴儿不至被扼杀于襁褓之中。

赵彦发副校长离退休只剩一年，却依然在坚持写研究论文、调查报告，和我们一起泡在课堂里。记得一天早晨，我因为一件事批评了他，他却心平气和地说："大清早就训人，你一天心情不好，我一天心情也不好，何苦呀？"这是何等境界，这是对年轻人的宽容，是对领导的尊重，更是兄长般的关怀，也是十几年来做副校长的角色修为。当时，我一脸惭愧。

吴山林副校长高大帅气，大家都喜欢他。但他有几次在大事上的没有原则和散漫作风都让我不能容忍，我几次在行政会上批评他，关系弄到了非常僵的境地。一次他发来短信，推心置腹地讲了事情的原委后向我表态："无论什么时候，我都会坚定地支持你的工作。"后来他真的是第一个理解课改、热心投入课改、真情探讨课改的人。谁是十全十美的人呢？我自己总是以真理自居，不能容忍别人些许的缺点和问题，脾气暴躁，不容解释，幸亏我碰上了坦荡荡的君子，他们没有与我计较，遇上这样的同事、朋友，难道不是一件幸事吗？

王志强副校长，功底扎实，思路清晰。一次为劳动报酬的事，因要平衡大局，会损害到他的利益，他却以大局为重，隐忍理解，不带一点儿情绪地继续工作。

秦艳刚副校长、刘主任、华刚副主任、圆武副主任，全都性格内敛，但他们认真、负责、敬业，许多时候，只要将事情交给他们办，你便无须再过问，并且最后的结果比你设想的更好。还有什么比遇上一帮让你可以放心托付的朋友、同事更幸福呢？

他们是个性鲜明又有着缺点的坦荡君子，是有理想、有追求、能吃苦、会思考的有为团队，是能文能武、同甘共苦、情深意重的兄弟姐妹！

如果我走了，我将对不起信任我、看好课改前景、真心追随我的这支骨干教师群体。忘不了，进校之初分快慢班时，杨俊萍老师那因固执而傲慢的语气；忘不了第一次批评胡婉会老师时，她带着眼泪的大声质问；忘不了张红老师因活动失误受到批评时的茫然无措；忘不了大会点名后张喜宁老师通过短信发的脾气；忘不了武丹、井瑶、屈益华老师受到批评后的泪流满面；忘不了户文敏老师不能接受"吃苦精神差"批评的摔门而去；忘不了增加语文自习后九年级语文组的集体罢会；忘不了第一年聘任制后张红、姜养丽、王瑞丽三位老师的集体出走……但我更忘不了全县现场会时示范课教师的自信、阳光；忘不了课改培训展示时，大家的真诚与热情；忘不了张艳、宋新丽、党纳、胡婉会等老师作为县校本研修专家的自豪与满足；忘不了高卫、王媛、王锐等老师在"阳光师训"示范课中的潇洒；忘不了第一次登上《中国教师报》的新教师李聪玲发自内心对课改的热爱；忘不了王建琴老师的执拗，郑建文老师的深刻；忘不了闫红雅老师在新课堂上的有条不紊;忘不了翟小亚、康萍老师的热情与执着,实干与思索;忘不了姚亚玲、雷晓敏老师发亮的眼睛,工作时的兴奋与幸福;忘不了卢丹、刘凤、党乐老师的脱颖而出;忘不了微教研时张艳老师的深邃,任强老师的紧张,李盼老师的随意;忘不了"中国好课堂"赛课后雷艳老师的失望和我们团队的懊恼;忘不了常巧玲老师电话问候课堂近况……我能说出一串又一串的名字,我相信,因为课堂、教研和改革,我们逐渐由彼此陌生,开始互相了解并最终走进了对方。我感到了大家一路走来的彷徨、迷茫、痛苦和改变,思考、实践与兴奋,我看到了大家的认可、肯定、赞同,甚至敬佩、追随与向往。我知道我终于成为这个团队血肉相连的一员,我终于可以带领这个团队奔向理想的地方,那里不只有课堂,还有教育,以及教育的本真,我坚信这支团队会因为有了共同的理想,而变得充满力量、无坚不摧、无往不胜!

弹指间,城关中学校长的事早已尘埃落定,再过两三个月,我们的课改之路就满满地跨过了四个年头。

这四年,是学校硬件设施大幅改善的四年,我们有了新的公寓楼、餐厅,增加了10个教室,更换了破旧不堪的桌凳,教室、办公室和宿舍都装上了空调,学校购置了40余台电脑,安装了电子屏,改造了所有办公室。

这四年,是学校在低谷中发展、在危局中抗争,全体教师不讲生源基础、生存环境,默默奉献,咬牙前行,创新突围的四年。我知道,我们每个人不只是教师,还是儿子、女儿、父亲、母亲,不仅仅有学生,还有年迈的父亲、母亲,还有年幼的儿子、女儿,还有劳累的丈夫,还有浪漫的妻子。当张莉老师谈到因工作疲惫训斥女儿时;当王小娟老师因低血糖晕倒在课堂上时;当高卫老师为了教学进度一推再推手术时间时;当张艳老师拖着嘶哑的嗓子来去匆匆时;当张娟老师家遇意外而毅然要求挑起九年级语文的重担时……太多太多的时候,他们不是儿子,不是女儿,不是父亲,不是母亲,他们只是教师。他们没有生活,只有工作;他们是忙碌的儿子,忘娘的女儿,不懂浪漫的丈夫,无趣的妻子,死板的父亲,性情暴躁的母亲;他们把时间给了学校,把精力给了工作,把思考给了课堂,把热情给了学生,留下的沧桑、疲惫与烦躁给了自己和家人。我总忍不住扪心自问,社会如此浮躁和功利,我如此苛刻,我们的教师如此执着,到底是对还是错?但转念又想到了我们学校的发展困境,想到课改工作的千头万绪,想到学校发展的未来愿景,我只有用忘我的工作、深刻的思索、真诚的态度、过硬的作风来表达我和他们一样对事业同样忠诚，对课堂同样执着，对学校发展同样充满真挚的向往。

四年里，36本听课记录，近1600节课，记录着我和伙伴们在教室中的不断探索；四年里，100多场培训，班子成员从未缺席；四年里，关于课堂的思考几乎逢会必讲，讲必求新。我们力求在教师遭遇意外而惊慌失措时站在他们的身旁，让他们感到学校是他们最强大的后盾，在他们偶遇生活不幸而困顿无奈时让他们放下工作先去照看生活。为此，我，包括所有副校长、主任几乎时时都可能被安排替老师上课。

四年了，我们从课堂到生活，从工作到信仰，完成了工作的交流、价值的认同、信仰的共通，塑造出一支有共同梦想和价值追求的理想团队。

2014届毕业生，中考时以平均分9分的差距屈居全县第二名。2015年，我校九年级在第一学期末、一模、二模中，均为全县第一。这足以让为之付出努力和心血的所有老师欢呼雀跃，奔走相告。我们用事实证明了，我们不仅能把优秀学生教好，还能改变普通学生的学习状态，我们通过努力，终于改写了学校教育质量的排名，突破了危机，度过了最艰难的时期。

但这不是我们的全部，真正的收获在于学生的生存状态。回想2011年7月军训时，一个楚楚可怜的小女生，扑在心理辅导教师怀里，嘤嘤啼哭，惹得辅导大厅一片哽咽声；看看今天，他们步行征服38千米长途的昂扬与斗志。想想七年级刚上讲台时他们的唯唯诺诺，声如蚊蝇；看看今天他们在黑板前的自信、阳光、侃侃而谈。"质疑课改沙龙"时，面对数百名专家和教师，学生镇定自若，发问让会场所有人侧目、沉思；看看趣味运动会上，学生热情欢呼，青春飞扬……我们知道这是生命的呐喊，是青春的绽放，是人性的舒展。这些才是我们最大的收获与幸福。

同时收获的还有教师生命质量的提升。紧张的师生关系，几十年如一日的机械重复，一上课总是睡倒一大片的寒心与悲凉，被以学为中心的课堂创新所激励，被发展学生同时发展自己的理念所吸引。当劳动中含有创新后，大家所有的劳累都被兴奋和期待所代替，所有的教师痛并快乐着，在探究新教育时，体验到生命的价值、为师的尊严。

这四年，是实验初中教师专业成长最迅速的四年。2013年，我们出版了由教师自己撰写的解读"四学一导"高效课堂模式的著作《从课堂走向未来——"四学一导"高效课堂模式解读》，之后《教师报》《陕西素质教

育》纷纷向我们约稿。现在，我们撰写了这本以我校四年来各种教研活动为基础的校本研修指导教材《如何成为一名专家型教师》。课改给了我们一个光明的前景，同时给了我们前进的动力，我们终于可以昂起头骄傲地说："我们的学校＿＿＿＿＿＿，我们的实验初中＿＿＿＿＿＿。"

展望未来，我们将安装教室电子白板设备，改善教师办公室，配备教师办公电脑，尽快实现学校办学条件的现代化，引进高效读写项目，彻底改变语文学科的教学面貌，实现所有科目质量的全面突围，形成全校师生海量读写的机制和系统，增强学校的文化底蕴，引进优秀教师，突出学校内涵和特色，更加昂扬地走在创办中国名校的道路上。

目 录

第一章 教师在岗培训

第一节 教师在岗培训的认识 ………………………………………… 3
一、教师在岗培训的定义 ………………………………………… 3
二、教师在岗培训的现状及分析 ………………………………… 4
三、教师在岗培训的意义 ………………………………………… 4
四、教师在岗培训的特点 ………………………………………… 5

第二节 教师在岗培训的实践 ………………………………………… 7
一、走出式培训 …………………………………………………… 7
二、请进式培训 …………………………………………………… 8
三、体验式培训 …………………………………………………… 9
四、随堂指导培训 ………………………………………………… 10
五、示范引领培训 ………………………………………………… 11
六、每周集中培训 ………………………………………………… 11
七、微教研展示培训 ……………………………………………… 12
八、展示表演培训 ………………………………………………… 13
九、赛课培训 ……………………………………………………… 14
十、反思培训 ……………………………………………………… 14

第三节 教师在岗培训的感悟 ………………………………………… 15

第二章 说课标、说教材

第一节 说课标、说教材活动的认识 ········· 19
　一、什么是说课标、说教材活动 ········· 19
　二、说课标、说教材活动的特点 ········· 19
　三、说课标、说教材活动的基本流程 ········· 20
　四、说课标、说教材活动应注意的问题 ········· 21
　五、说课标、说教材活动与说课活动的区别与联系 ········· 23
第二节 说课标、说教材活动的实施方案 ········· 24
　一、活动目标 ········· 24
　二、活动范围 ········· 24
　三、活动安排 ········· 24
　四、活动要求 ········· 25
　五、奖惩方法 ········· 25
　六、保障措施 ········· 26
第三节 说课标、说教材活动的范例 ········· 28
第四节 说课标、说教材活动的感悟 ········· 36

第三章 导学案编写与修改

第一节 导学案编写与修改的认识 ········· 41
　一、导学案的源起及现状 ········· 41
　二、使用导学案的重要意义 ········· 42
　三、导学案与教案的区别 ········· 43
　四、导学案与练习册的区别 ········· 44
　五、导学案的编写 ········· 44
　六、导学案的修改 ········· 47
　七、导学案的使用 ········· 48

八、导学案运用的误区及应对策略 ⋯⋯⋯⋯⋯⋯⋯⋯⋯⋯⋯⋯ 49
第二节　导学案编写与修改的实施方案 ⋯⋯⋯⋯⋯⋯⋯⋯⋯⋯⋯⋯ 50
　　一、编写目标 ⋯⋯⋯⋯⋯⋯⋯⋯⋯⋯⋯⋯⋯⋯⋯⋯⋯⋯⋯⋯ 50
　　二、编写学科 ⋯⋯⋯⋯⋯⋯⋯⋯⋯⋯⋯⋯⋯⋯⋯⋯⋯⋯⋯⋯ 51
　　三、内容要求 ⋯⋯⋯⋯⋯⋯⋯⋯⋯⋯⋯⋯⋯⋯⋯⋯⋯⋯⋯⋯ 51
　　四、编写、修改思路 ⋯⋯⋯⋯⋯⋯⋯⋯⋯⋯⋯⋯⋯⋯⋯⋯⋯⋯ 51
　　五、实施步骤 ⋯⋯⋯⋯⋯⋯⋯⋯⋯⋯⋯⋯⋯⋯⋯⋯⋯⋯⋯⋯ 52
第三节　导学案编写与修改的范例 ⋯⋯⋯⋯⋯⋯⋯⋯⋯⋯⋯⋯⋯⋯ 54
第四节　导学案编写与修改的感悟 ⋯⋯⋯⋯⋯⋯⋯⋯⋯⋯⋯⋯⋯⋯ 62

第四章　课例研修

第一节　课例研修的认识 ⋯⋯⋯⋯⋯⋯⋯⋯⋯⋯⋯⋯⋯⋯⋯⋯⋯⋯ 67
　　一、课例研修的概念 ⋯⋯⋯⋯⋯⋯⋯⋯⋯⋯⋯⋯⋯⋯⋯⋯⋯⋯ 67
　　二、课例研修的目的与意义 ⋯⋯⋯⋯⋯⋯⋯⋯⋯⋯⋯⋯⋯⋯⋯ 67
　　三、课例研修和课题研究的区别 ⋯⋯⋯⋯⋯⋯⋯⋯⋯⋯⋯⋯⋯ 68
　　四、课例研修的组织方法 ⋯⋯⋯⋯⋯⋯⋯⋯⋯⋯⋯⋯⋯⋯⋯⋯ 68
　　五、课例研修应注意的问题 ⋯⋯⋯⋯⋯⋯⋯⋯⋯⋯⋯⋯⋯⋯⋯ 69
第二节　课例研修的实践 ⋯⋯⋯⋯⋯⋯⋯⋯⋯⋯⋯⋯⋯⋯⋯⋯⋯⋯ 72
　　一、课例研修实施方案 ⋯⋯⋯⋯⋯⋯⋯⋯⋯⋯⋯⋯⋯⋯⋯⋯⋯ 72
　　二、"四学一导"课例研修活动计划书 ⋯⋯⋯⋯⋯⋯⋯⋯⋯⋯⋯ 74
　　三、"四学一导"课例研修活动记录样表 ⋯⋯⋯⋯⋯⋯⋯⋯⋯⋯ 75
第三节　课例研修的范例 ⋯⋯⋯⋯⋯⋯⋯⋯⋯⋯⋯⋯⋯⋯⋯⋯⋯⋯ 76
第四节　课例研修的成果 ⋯⋯⋯⋯⋯⋯⋯⋯⋯⋯⋯⋯⋯⋯⋯⋯⋯⋯ 86

第五章　同课异构

第一节　同课异构的认识 ⋯⋯⋯⋯⋯⋯⋯⋯⋯⋯⋯⋯⋯⋯⋯⋯⋯⋯ 93
　　一、什么是同课异构 ⋯⋯⋯⋯⋯⋯⋯⋯⋯⋯⋯⋯⋯⋯⋯⋯⋯⋯ 93

二、同课异构活动的重要意义 ·················· 93
　　三、同课异构活动的基本流程 ·················· 95
　　四、开展同课异构活动应注意的问题 ············· 96
第二节　同课异构的实施方案 ······················ 98
　　一、同课异构活动的目标 ······················ 98
　　二、同课异构活动的内容 ······················ 98
　　三、同课异构活动的组织领导 ·················· 99
　　四、同课异构活动的步骤 ······················ 99
　　五、同课异构活动的评价奖励 ·················· 100
第三节　同课异构教学设计范例 ···················· 103
第四节　同课异构的感悟 ·························· 111

第六章　微教研

第一节　微教研的认识 ···························· 117
　　一、什么是微教研 ···························· 117
　　二、微教研的特点 ···························· 117
　　三、开展微教研的原则 ························ 118
　　四、微教研的价值 ···························· 118
　　五、微教研的基本流程 ························ 119
　　六、开展微教研应注意的问题 ·················· 121
第二节　微教研的实施方案 ························ 123
　　一、教研主体 ································ 123
　　二、研究的要素和对象 ························ 123
　　三、教研过程 ································ 123
　　四、具体安排 ································ 124
第三节　微教研的范例 ···························· 125
第四节　微教研的感悟 ···························· 129

第七章　优化作业设计研究

第一节　优化作业设计研究的认识 …………………………… 135
　　一、优化作业设计研究的背景 ………………………………… 135
　　二、优化作业设计研究的内容与任务 ………………………… 135
　　三、优化作业设计的原则 ……………………………………… 136
　　四、优化作业设计的一般流程 ………………………………… 138
　　五、优化作业设计研究的价值 ………………………………… 140
第二节　优化作业设计研究结题报告范例 …………………… 143

第八章　说课研课

第一节　说课研课的认识 ………………………………………… 175
　　一、说课研课概述 ……………………………………………… 175
　　二、说课研课的重要意义 ……………………………………… 175
　　三、说课研课的基本流程 ……………………………………… 177
　　四、开展说课研课时的注意事项 ……………………………… 179
第二节　说课研课的实施方案 …………………………………… 180
　　一、说课研课的流程 …………………………………………… 180
　　二、说课研课的安排 …………………………………………… 181
　　三、说课研课的考核办法 ……………………………………… 182
第三节　说课研课的范例 ………………………………………… 183
第四节　说课研课的感悟 ………………………………………… 191

第九章　听课巡课反思

第一节　听课巡课反思的认识 …………………………………… 197
　　一、什么是听课巡课反思 ……………………………………… 197

二、听课与巡课的区别 ································· 198
   三、开展听课巡课反思活动的价值和意义 ················· 201
   四、我校听课巡课反思活动的总体安排 ··················· 202
   五、开展听课巡课反思活动应注意的问题 ················· 202
第二节　听课巡课反思的实践 ································ 205
   一、听课巡课反思活动实施方案 ························· 205
   二、听课巡课反思活动的过程 ··························· 206
第三节　听课巡课反思的范例 ································ 212
第四节　听课巡课反思的感悟 ································ 217

第十章　课题研究

第一节　课题研究的认识 ···································· 223
   一、课题研究的定义 ··································· 223
   二、课题研究的意义 ··································· 224
   三、课题研究的一般步骤 ······························· 225
   四、课题研究的方法 ··································· 237
   五、课题研究应注意的问题 ····························· 245
第二节　课题研究的实践 ···································· 249
   一、样板课题，牵头实施 ······························· 249
   二、积极推广，全面带动 ······························· 252
第三节　课题研究的感悟 ···································· 252

第一章
教师在岗培训

　　长期以来，在教育改革中，教师在岗培训是一个被许多中小学校忽略或淡化的问题。其实，对于中小学而言，推动教育教学改革、促进教师专业成长最有效的方法和途径就是教师在岗培训。

第一章 教师在岗培训

第一节　教师在岗培训的认识

　　随着教育改革的不断深入，教育的发展开始更多地关注教育的内涵和本质，更多地关注作为改革主体的教师的作用。致力于教师专业成长的教师培训在教育改革中起着越来越重要的作用。多年前，我们把教育发展的关注点主要集中在物质层面。岂不知，由于教师专业培训不足造成的专业水平较低才是教育发展的瓶颈。虽然教育的优先发展也体现在教育的投入，特别是办学条件的改善上，但把教育发展落后和质量不高归咎于经费投入和办学条件等客观因素，而忽视教育发展最为重要的人的主体作用，忽视教育人力资源的投入和开发，忽视教育内在变革的需求，忽视教师的终身培训、终身学习的重要性，是最不应该的。

　　基于此认识，如今大家都把通过教师培训提高教师专业水平作为教育改革的突破口。"本立而道生""源正则流清"。教育质量的高低极大地依赖于教师专业水平的高低，而提高教师专业水平的关键取决于切合实际的教师培训。

　　我们大荔县实验初中作为一所义务教育阶段的初中学校，通过适合校情的教师在岗培训，使教师培训与教学工作相融，使教育实践与教育研究并举，使教育改革纲举目张、有的放矢、落地生根，使整个教师队伍在培训中提高、成长。

一、教师在岗培训的定义

　　对于中小学而言，推动教育教学改革、促进教师专业成长最有效的方法和途径就是教师在岗培训。

　　教师在岗培训是指以教师任职学校为基本培训单位，由学校发起、组织、规划的，在教育专家的指导下，以提高教师教育教学水平和教育科研能力、促进学校教学改革为目标，以在教育教学实践中开展各种教育科研活动为载体对教师进行培训的方式。

　　教师在岗培训必须基于以下三个方面：一是基于学校教学改革，二是基于学校教学实践,三是基于教师专业成长。基于学校教学改革,指教师在岗培训所要解决的是学校和教师在教学改革中所面临的问题;基于学校教学实践,指教师在岗培训的一切活动都必须从学校教学的实际需要出发,在教学实践中开展;基于教师专业成长,指教师应该而且必须在教师在岗培训中谋求自身的专业发展。与传统的岗前师范学校培训或以教师培训机构为中心的教师培训方式相比,教师在岗培训立足岗位,教学相长;研修一体,解决问题;注重实践,实战培训;引进先进,资源共享。

二、教师在岗培训的现状及分析

长期以来,在教育改革中,教师在岗培训是一个被许多中小学校忽略或淡化的问题。传统学校,在师道尊严背后掩盖着对教师后天专业成长的漠视或遗忘。在传统的理解中,总是把学校仅仅作为学生发展的场所,在强调学生的发展、学生的主体地位时,甚至在许多重要的教育改革理论中,并没有关注到教师培训的问题。而且传统的教育观念把教师放置在一个高高在上的位置,教师的思想、思维和行为方式被赋予了绝对的正确性,这违背了一切教育资源要适应时代发展需要与时俱进的客观规律。职前教育所传授的知识已经不能满足教育改革对教师的专业发展的需要,所以进行教师在岗培训是适应教育从单向的知识传递到多向的文化融合的历史性变革,是扭转传统师道尊严固化定论的工具,是用发展的思维改革教育的突破口。

人们总认为从师范院校毕业的、科班出身的教师才能称为标准的教师,人们总认为师范院校毕业就意味着具备了作为一名教师的合格素质。岂不知,教育在本质上是实践,中小学教师教学能力的具备和提高只有在中小学教育实践中才能实现,不可能在职前求学阶段一次性的知识储备过程中完成。以师范院校为主的教师职前教育,主要学习的是"教什么",而"怎么教"则需要在中小学工作岗位的教学实践中学习。因此,教师在岗培训也是对教师职业能力的再次塑造。

三、教师在岗培训的意义

社会的高速发展、知识的飞速更替、人本教育观念的不断凸显、教育发展的内在需求、教育改革的不断深入,无疑将对致力于教师专业成长的教师在岗培训提出更高的要求。

当今社会发展日新月异，各种观念推陈出新，对于任何人来说不学习就会落伍，就会被飞速发展的社会所遗弃。教师承担着培养下一代的艰巨任务，必须不断地参加培训以适应社会发展的需要。

教育改革不是一蹴而就的阶段性任务，而是一项推动教育发展的永恒性工作。在教育改革中，已有观念的实践落实、新观念的创新完善，都要在教育岗位的学习中去完成。因此，教育要想获得可持续发展，就需要教育教学的不断改革创新，就需要以教师的在岗培训来推动。

教师是教育改革的主导力量，他们对教育改革的理解、认同和参与现状在很大程度上直接决定着教育改革的成效。只有不断学习、与时俱进的好教师才能培养出适应时代发展的好学生。因此，教师在岗培训是社会发展和教育改革的需要。

我们要认识到，教育改革的主体是教师，主阵地是学校，学校只有建立起教师在岗培训的有效机制，让教师在学校教育教学活动中培训提高，才能落实和推动教育改革的发展。这是一切教育改革最终得以实现的最基本、最直接的基础。

四、教师在岗培训的特点

任何一所学校都具有具体性、独特性和不可替代性，其他学校的经验并不一定适用于自己的学校，因此，对一所学校而言从实践到理论、用实践指导理论的思维研究、发展起来的"草根理论"才更具适切性。教师在岗培训立足于学校教育实践，能克服教育理论的抽象性，把一般的理论和丰富的学校实践相结合，从务实的角度直面具体的问题。它具有以下特点。

1. 针对性

教师在岗培训有效克服了传统教师培训的局限性，从学校教育改革的实际出发，改革中出现什么问题就研修什么，培训什么，将培训目标直接指向学校教育改革的具体要求。我们从学校和教师的实际出发，以"四学一导"高效课堂模式的实践研究为培训内容，通过培训解决课堂教学实践中的具体难题。其培训内容充分体现了实用性和针对性，有力地促进了学校教育改革的发展，提高了教师的教学能力和教育科研能力，从而提高了教育教学质量。

2. 长期连续性

只要教师在岗教学，就会在教学中不断发现问题，就有研修的需要，就有教学的改革，就有教师的在岗培训。教师在岗培训以教师任职的学校为受训场所，教师可进行比较持续而长久的培训，甚至可以从参加工作直到退休。

3. 实践性

教师在岗培训是为了解决教育改革实践中出现的问题，使教师通过教学实践中的探索和研修，总结经验，发现规律。我们的教师在岗培训立足于我校的高效课堂模式，致力于解决课堂教学中存在的实际问题，积极寻求改进策略，并在课堂实践中探索完善，形成理论指导课堂教学。培训内容从实践中来，培训成果运用到实践中去。教师在岗培训的前提是教师没有脱离工作岗位，能将培训活动与教学工作紧密联系，及时学以致用。

4. 自主性

我们的教师在岗培训由学校根据自身实际组织、规划，不仅培训方案由学校研究设计，培训内容由自己确定，培训材料由自己选择或编写，而且培训力量也多半来自学校内部，如我校课题研究组成员进行的专题报告培训、优秀教师进行的课例研修培训、有某方面专长的教师进行的微教研培训等。当然也离不开校外专家的指导，如《中国教师报》编辑部主任李炳亭、课改专家丁来明等。

5. 灵活性

教师在岗培训能根据实际情况灵活机动地安排活动时间、活动内容，并针对学校的自身特点和每位教师的个体特点加以安排。我校的教师在岗培训活动主要有以下几类：课题研究；请教育专家到校做教育教学报告和教育科研报告；外出参观名校，学习先进；优秀教师示范引领；学校或各教研组组织教师互相听课、评课、巡课；开教学反思会，进行微教研展示活动等。

6. 经济性

教师在岗培训大大节约了教师脱产培训的差旅费、学习费等，减轻了教师和学校的负担，在贫困地区教育经费紧张、教师收入不高的情况下，尤其具有现实意义。

总之，教师在岗培训针对教学实际问题，关注教师、学校以及课堂教学实际，关注教师教学能力的提升，培训方式自主灵活，因而能激发教师参与的热情，使培训活动更具活力与效率。

第二节　教师在岗培训的实践

一、走出式培训

1. 定义

走出式培训是学校为提高教师素质，有目的地组织各处室及教学人员中的一些优秀教师走出校门，到先进的学校或培训机构去学习先进的教学理念、教学方法或科学的管理艺术等的一种培训方式。

2. 特点

（1）人员具有选择性。受经费、校内教学工作等因素的影响，走出式培训的队伍不能过大，所以对人员要精心选择，不但要自身素质高、教学业务能力强、在教研组有影响力，而且要有亲和力，这样才能达到学习的目的，不但可以听到，而且可以看到，更能问到。此外，选人时还要照顾到各教研组的人数比例问题。

（2）目标具有针对性。在教育教学中，哪个环节出现问题，或是有困惑，在目前的状况下难以解决，就要有目的地去该方面做得好的地方培训，以解决这个问题。培训人员学习参观回来后，要给相关教师进行校内培训，以达到预期目的。

（3）培训具有涉外性。和单纯的校内培训相比，外出培训涉及交通、住宿、用餐等事务，均需要提前安排和联系，特别要搞清培训机构或参观学习的学校的特点与擅长领域，并就具体学习事项与其进行交流，如时间、学习安排、特殊要求等，以保证学习培训的顺利进行。

（4）学习具有局限性。因为是外出学习，队伍不能庞大，人数受到限制；培训机构或参观学习的学校有自己的活动安排，不可能完全符合我们的学习要求；培训机构或参观学习的学校有自己的特点，不一定能完全解决我们存在的问题。

(5) 成本具有奢华性。外出培训除了要缴纳一定的学习费用外，还要安排教师的吃、住、行等，花费相对来说比较大。

3. 具体组织

(1) 认真学习和研究学习对象。立足解决本校教育教学或管理中存在的实际问题，确定培训机构或参观学习的学校。

(2) 做好培训前的准备工作。提前与培训机构或参观学习的学校的负责人沟通好，以便对方做好安排。

(3) 科学安排和运筹，提高培训效率。外出学习受到干扰和制约的因素较多，需要精心布置和安排，多想几套方案，以保证学习活动如期进行。

(4) 注意培训纪律和人员安全。组织活动，要制订好纪律制度，并事先学习，强调组织纪律，确保活动顺利完成。

(5) 做好动员和分工，切忌走马观花。外出学习之前，一定要让每个外出者了解学习内容，明确学习目的，熟悉学习进程。只有学习人员分好工，每个人都尽到自己的职责，才能保证学习质量。

4. 应避免的问题

(1) 盲目追风，目的不明。

(2) 借培训之名，行旅游之实。

(3) 缺乏沟通和联系，中途折戟。

(4) 借机挥霍，造成浪费。

(5) 纪律性不强，造成事故。

二、请进式培训

1. 定义

请进式培训是聘请名师或专家在适当的时间来学校对教师的教学理念、教学方法、教学组织形式以及教学管理等进行集中培训的一种培训方式。

2. 特点

(1) 共享外来资源。教育教学需要开发、利用各方面的资源，请进式培训则是根据培训需要，聘请名师或专家把他们的研究成果、有价值的资源带进来并传授给每位教师，从而提高教师的素质。

（2）培训内容有深度。相对走出式学习或培训，请进式培训有更大的选择性，一般都是依据学校实际，选择在某一领域最深入、最有特色的名师或专家。

（3）沟通交流面对面。名师或专家请进来，不论是大堂讲座，还是分专业辅导，每一位教师都能亲自聆听名师或专家的指导，甚至可以在名师或专家的指导下实践操作，有不理解或做得不到位的地方，能面对面请教，及时解决。

（4）有利于实践理论的提升。请名师或专家对教师进行培训，一般多从理论上进行引领和阐释，而教师大都擅长实践，这就有利于教师结合实践消化、运用理论知识，提升理论水平。

（5）名人效应收效大。名师、专家有权威性，在教育上的影响都比较大。从心理学角度来说，这样的培训能让教师从内心愿意接受，并变成自觉自愿的行为，收效当然就大了。

3．具体组织

（1）学校筛选有价值的困惑或需求。

（2）联系要聘请的名师或专家团队，告知其要解决的问题。

（3）安排培训进程，确定采用何种培训形式（如报告、座谈、实际操作、沙龙、表演等）。

（4）研究活动的实施方案。

（5）组织一次沙龙。

（6）以"学有所获"为主题，总结这次培训收获。

4．应注意的问题

（1）目的要明确，要选择合适的名师或专家。

（2）时间安排要充足、合理。

（3）对名师或专家的吃、住、行要安排妥当，保障其人身安全。

三、体验式培训

1．定义

体验式培训是聘请名师或专家亲自执教，让接受培训的教师以学生的身份上课体验，感受先进的教学理念、教学方法、教学技巧、教学组织形式等，从而获得能力的提升的一种培训方式。

2. 特点

（1）名师或专家执教，教师当学生体验，能获得直接感受。

（2）理论与实践相结合，教师容易把握培训的重难点，更快地接受相关知识。

（3）有利于换位思考，促使教师在以后的教学实践中立足于学生来设计教学方案、选择教育方法。

3. 活动前的准备

（1）教导处确定培训的内容，并联系好名师或专家。

（2）提前告知名师或专家培训的内容及目标，以便其能够提前写好导学案，备好课。

（3）确定培训地点以及教学用具。

（4）分好班组，选出班干部，提前了解学习内容。

四、随堂指导培训

1. 定义

随堂指导培训是由专业教师或指导团体在正常的教学活动中，随堂对执教教师的课堂理念、目标达成度、教学方法等给予纠正与指导的培训方式。

2. 特点

（1）能在第一时间发现并现场指出存在的问题，并及时予以指导，有利于教师专业水平的快速提高。

（2）这种培训适应各科教学，能够贯穿学期始末，可以持续进行，在教师成长的同时能有效地提高教育教学质量。

（3）"三人行，必有我师焉。"在随堂指导培训的过程中对一个问题可以相互切磋，时常会有新的生成。

（4）随堂指导培训的内容和目标在不断地完成后又会有新内容和新目标生成，循序渐进的特点很明显。

（5）骨干教师随堂指导，可以分年级，可以分学科，其他教师可随时跟随巡课、听课，这样一来既有骨干教师的把关指导，又有同行之间的切磋交流，每个教师既是培训者，又是被培训者，有利于整体素质的提高。

五、示范引领培训

1. 定义

由课改先行者在特定场地执教一节有特定的教学内容、教学目标的公开课，全校教师听课，以对听课教师进行示范引领，这样的学习过程就叫示范引领培训。

2. 特点

（1）学科性强。由每个学科中做得比较好的教师上公开课，课堂学习安排具有学科特点。

（2）适时反思。因为对教学的内容都很熟悉，听课教师容易产生这样的思考：同样的知识别人是这样处理的，我是怎样处理的？这样处理的好处在哪里，还有弊病吗？容易让该学科教师对照自己教学中的问题弥补不足。

（3）注意细节。听课教师要关注示范课的先进理念、方法、细节，并认真思考教学活动背后的内涵、规律、原理，力求当堂理解、消化。

（4）时效性强。听完课就要讨论，以保证讨论的现场感和针对性，学其优点而避其不足。

（5）学以致用。示范的目的在于引领，能让听课教师将示范课中所学教学方法、教学技巧等在自己的课堂上尽快实施和推广。

六、每周集中培训

1. 定义

每周集中培训是为推进新的课堂教学模式，校领导和教研组组长依据每天听课、巡课情况，定期召开年级任课教师会，对一周来教师在课堂中存在的主要问题进行剖析，指出问题及原因，并采取相应措施予以纠正的一种培训方式。

2. 特点

（1）引领是关键。校领导和教研组组长要成为课堂的专家和行家，理论上要高屋建瓴，实践中要明察秋毫，既能指出问题，又能剖析原因，让教师感到"虽不能至，心向往之"。

（2）内容要适量。课改初期，课堂存在的问题较多，不可能通过一次培训就解决所有问题，而要抓住普遍存在的问题，一次着重解决一两个，这样既能突出重点，又不至于让教师感到自己的课堂处处都有毛病，无处着手，产生畏难情绪。

（3）坚持是关键。要让教师从一辈子的习惯中蜕变、重生，是一件艰巨的任务，不要希望通过一两次培训就能解决问题。坚持不懈，不断强化，反复咀嚼，长期内化，乃是成功的不二法门。

（4）形式宜多样。可以校领导和教研组组长点评，也可以教师提问校领导回答，还可以同事之间就某个专题谈看法，切磋交流。

七、微教研展示培训

1. 定义

微教研展示培训是教研组就教学中某个普遍存在的问题，通过集体研讨，提出改进意见，并对改进方法与措施进行阐释与解读的一种培训方式。一般还应有依据改进的方法和措施设计的公开课，以验证改进的效果。展示时，通常要制作幻灯片，讲解问题解决的过程和原理，并具体谈谈设计思路与课堂效果的关系。

2. 特点

（1）自己确定教研主题。教研主题由教研组自主决定，主要来自教学实践，基于现实困惑，展示的成果可以是解决的问题，也可以是有创意的方法和技巧。

（2）教研主题从小处着眼。研究问题一般着眼于教学的某个环节或步骤、某种现象或困惑，是日常的、细小的但有研究价值的。如数学组：如何使数学课既能突出重点，又能照顾差异，做到收放自如？语文组：如何避免把语文课上成只回答问题的课？

（3）分工合作，积极参与。不仅研讨时要各抒己见，展示时也要共同参与。写讲稿、制幻灯片、收集资料等，都不是一个人能完成的。

（4）取长补短，共同提高。学科之间的方法和原理有时是相通的，组际之间的研究成果是可以相互借鉴的。从这个意义上讲，所有教师既是培训者，又是被培训者。

（5）评比奖励，培养团队精神。每次举行微教研活动，语文教研组、数学教研组、英语教研组、理化生教研组、政史地教研组都要参与。五大组比拼谁甘落后？这大大激发了组员的教研热情。

八、展示表演培训

1. 定义

展示表演培训是指组织集中培训结束后，要求各教研组依据培训内容，展示培训收获，畅谈培训感受，形式可以是小品、三句半、访谈录、歌舞等，实际是对培训内容的再次咀嚼与内化。

2. 特点

（1）表达真情实感。要围绕学校的教育教学活动，确定主题。如关于高效课堂的主题：有为课改唱赞歌的，有反映课改中的困惑与矛盾的，还有模拟新课堂形式的，等等。虽然表现形式不同，但要求大家都要表达真情实感，一是反映教师的真实想法，二是反馈培训效果，以便采取进一步的措施。

（2）表演形式多样。既然是表演，就可说、可演。如可以模仿新闻联播，可以说快板，可以表演情景剧，可以小合唱，可以表演哑剧等。

（3）有浓郁的学科特点。展示是分组进行的，不同的组有不同的特点，如语文组的节目优雅有趣，数学组的节目数字化强，英语组的节目浪漫，综合组的节目充满艺术气息。总的来说，这种展示表演凝聚着每一位教师的智慧，张扬着每一位教师的个性，彰显着每一位教师的才能，同时体现了团队精神。

3. 展示活动安排

（1）活动前确定主题。

（2）做好教师分组工作。

（3）做好充分准备。

（4）确定表演时间、地点、评委。

（5）专家要现场打分并做点评。

九、赛课培训

1. 定义

赛课培训有多种形式，常见的是校内赛课，除此之外还有派优秀教师参加省市等各级各类的赛课活动，把校外名师请来与校内教师就同一内容进行赛教。这些活动表面看是比赛，实质上是另一种形式的培训。

2. 注意事项

（1）无论哪种比赛，选手除认真准备、积极参赛外，还要把向其他选手学习当作一项重要任务。不必斤斤计较自己的名次和成绩，否则就会丧失来之不易的学习资源，不利于自己专业的长远进步。

（2）要认真倾听专家的点评和发言。不仅要听自己的优点和其他选手的缺点，还要听自己的缺点和其他选手的优点，仔细思考专家的建议。

（3）学校应组织好非参赛教师的听课活动，并安排好学习和反思的细节，否则就会浪费资源和机会。

十、反思培训

1. 定义

反思培训是指在巡课、听课后，每天下午用一节自习课的时间，由各验评组轮流派人主持，全体教师参加，通报当天巡课、听课的情况，包括个人赋分、总体优点、普遍问题。然后各组代表或发表见解，或提出困惑，或解答疑问。

2. 注意事项

（1）限定发言时间，发言内容要求围绕主题展开，特殊发言须会前约定。

（2）不断总结，依据实际提出新的要求，以保证反思质量。

（3）力求将理论与实践相结合，课堂与教研相结合，学习与反思相结合。

（4）注意营造对课不对人、真诚平等、坦诚相见的学术氛围。

第三节　教师在岗培训的感悟

课堂就要新思路

李聪玲

暑期，我校聘请了外省几位教育专家为全体教师做有关打造高效课堂的讲座，我有幸现场聆听，受益匪浅。通过学习，我解决了在课堂教学过程中遇到的许多困惑，对高效课堂有了进一步认识。

1. 我对"高效课堂"的新认识

在课堂上，每一位学生都能积极地动脑、动手、动口参与课堂活动；在课堂上，人人有所学，有所得，都能在原有基础上有最大限度的发展。这样的课堂才可能高效。

2. 我对"课堂展示"的新认识

小展示展对，大展示展错。如何能做到既节省时间，又能增加学生参与的机会，提高课堂参与率，还能做到有的放矢，针对性更强？增加小展示的时间，进一步明确小展示时的要求和评价，并做好学生培训，正确引导学生正视小展示的意义，并积极投入小展示中。在充分进行小展示之后，再将小展示中暴露出来的共性问题进行大展示，尽量避免出现只有一个学生讲的情况。

3. 我对"课堂评价"的新认识

课堂评价是调动学生积极性的重要手段，评价方式应多样化。评价不仅要关注学生在学习过程中的发展和变化，而且要关注学生的学习结果。教师要采用多样化的评价方式，发挥评价的激励作用，保护学生的自尊心和自信心。

4. 我对"学生参与"的新认识

充分点燃学生学习的激情，兴趣才是最好的老师，将趣味元素带进课堂，并让学生体会到成功的快乐，不断激励学生，从而使学生对学习充满兴趣，这样学生才愿意去挑战，才愿意积极主动地参与课堂活动。

总之，此次专家讲座加快了我校课改的前进步伐。我坚信，只要我们有锐意创新、追求卓越的精神，求真务实，精益求精，课改之花必将会在我校争相绽放。

赴江苏昆山前景学校学习心得体会

杨亚萍

为了加强交流与合作，切实提高课堂教学效果和教育质量，我校于2011年10月22日到23日在孙校长的带领下一行10人来到江苏省昆山市，很荣幸地参加了首届全国新课堂教学成果展示博览会暨《"成长为本——问题导引"教学模式实践研究》课题开题会，随后来到昆山前景学校进行了为期两天的高效课堂教学模式考察学习。在该校，我有幸聆听了来自全国不同学校的优秀教师的展示课共六节，受益匪浅。

此次参观、学习，让我增长了见识，开阔了眼界，外面的课堂真的好精彩；同时也让我认识到我们的"四学一导"高效课堂模式确实顺应了课改的新潮流，看来在全国推进课改、打造高效课堂已势在必行。

我个人认为，改革无论用哪种模式，其目的都是让学生"动"起来（学到新知，获得成功的体验），从而提高学生各方面的能力，培养全面发展的合格的社会主义接班人！对昆山前景学校的课堂模式的借鉴，不能急于求成，而要有一个过程，要循序渐进地、有选择地将其同化到我的教学中来。在课堂模式的改革中，我们同样需要"变"，没有人能给我们提供现成的教学模式，我们要根据不同的学生、不同的教学内容、不同的教学时段来设计导学案。也就是要结合我校的实际情况，把昆山前景学校较好的经验和做法，有机、有效地融入我们的课改中，不是照本宣科地全盘吸收，而是有的放矢地、灵活地吸收。

从昆山前景学校成功的课堂模式中我再次体会到：要真正把课堂还给学生，把说话权还给学生，使学生真正在"动"的过程中得到提高。我想现在我要做的就是点燃学生智慧的火花，然后让学生自己燃烧！

通过前段时间的教学实践和本次外出学习，我深深地体会到：学生是学习的主体，兴趣是课堂高效的前提，学生有学习兴趣，才能提高学习效率。

第二章

说课标、说教材

说课标、说教材活动能促使教师准确把握课标，认真研读教材，提高驾驭教材的能力。其流程可概括为七个字：读、炼、写、画、改、背、演。

第一节 说课标、说教材活动的认识

随着新课改的进行，认真学习和研究课标，已成为必然趋势。为什么要强调研究课标？因为研究课标就好比出发前研究地图，对目的地的整体面貌和路径就会非常清楚。特别是在目前"一标多本"的情况下，更需要认真研究课标。若把课本看成树冠，课标则是树干；若把课本看成儿子，课标则是母亲。为了能使一线教师深入学习和研究课标，我市举办了说课标、说教材活动，我校也不例外。

一、什么是说课标、说教材活动

说课标、说教材活动就是以演讲的形式，运用"知识树"对一门学科的一个学段，或一册书，或一个单元（章、组），或一类知识（一个专题）的课标和教材进行解读和整合，并结合课标和自己的教学实际，说明教学建议、评价建议和课程资源的开发建议。因此，说课标、说教材活动可概括为"三说一看"，即说课标、说教材、说建议、看演讲，具体如下。

（1）说课标：依据课标，说总体目标、阶段目标或单元目标；说本学科的内容分为几个方面及各个方面具体到本年级的要求。

（2）说教材：说教材的特点和内容结构，包括课本的编排意图、内容的呈现方式等；既要在横向上说清本册教材的编排序列和内容范围，又要把本学段的同类知识进行简要的纵向整合。

（3）说建议：不仅说考纲和考点，还要说具体的教学建议，说如何开发与利用课程资源，谈如何落实三维目标。

（4）看演讲：要能脱稿演讲，对内容熟悉，语言流畅、简洁、生动，教态自然大方。幻灯片的制作以"知识树"为主，要清晰、大方、有新意。

二、说课标、说教材活动的特点

1. 基于宏观到中观的研究

说课标、说教材活动是在中观层面（一个单元）和宏观层面（一册书、一个学段）对课标的解读和把握，是对一个学段、一册书、一类知识的整合，有助于教师从整体上对一篇课文和一节课内容的理解和把握。

2. 基于提炼整合的研究

说课标、说教材是对所涉及的知识的横向和纵向的整合，要求教师必须认真研读课标和熟读教材，深刻领会知识之间的区别和联系。

3. 以多媒体的形式呈现

说课标、说教材活动中，需要教师运用"知识树"对一门学科的一个学段、一册书、一个单元（章、组）或一类知识（一个专题）的课标和教材进行解读和整合，制作成幻灯片，以多媒体的形式呈现。

4. 多以演讲的形式组织活动

说课标、说教材活动多以演讲的形式组织，教师要对所说单元或一册书的"知识树"进行解说，通过评价说者对课标、教材、时间要求的把握情况及其演讲效果、课件制作，评选优胜者。

5. 多有交流与反思

在说课标、说教材演讲结束后，一般都会当场提问，交流对所说内容的认识。

6. 着眼于教师的理论素质考察

说课标、说教材活动可以帮助教师学习课标，掌握教材内容。举办这样的比赛活动，是基于对教师的业务素养、学科能力的考察，能加深教师对教材的理解，改变教师的思维方式，为真正将课改理念和课标要求融会贯通在教学实践中奠定坚实的基础。

三、说课标、说教材活动的基本流程

从接受任务到正式参加说课标、说教材活动，在平时正常上课的情况下，最少要准备一个月，其准备流程可用七个字来概括：读、炼、写、画、改、背、演。

1. 读——读课标和教材

不管是说一个学段还是说一册书，教师首先要认真地读课标和教材，只有理解了课标的要求和教材的编写意图才能说清楚。

2. 炼——提炼和概括课标要求和教材特点

课标和教材不是一对一的关系，如课程目标和内容标准是按照学段提出要求的，这就需要教师自己总结和提炼。另外教材的编写特点也不是现成的，有些需要查找资料，看编者说明，更多的是要靠自己的总结和归纳。

3. 写——写出说教材的文稿

如同写演讲稿一样，首先要根据说教材的评价标准写出说教材的文稿，文稿要紧扣评价标准，其顺序也尽可能与评价标准一致，这样不仅思路清晰，也便于别人评价。由于时间有限，要做到详略得当。

4. 画——画"知识树"并制作课件

所说内容以"知识树"的形式呈现，因此制作课件最重要的是画"知识树"。一个内容的"知识树"用同一个模板呈现，体现主干知识与分支知识之间的关系，版面颜色要对比鲜明，字体要有所区分。

5. 改——反复修改文稿和课件

写出的文稿和制作好的课件要进行多次的修改，通过试讲和与备课组成员的交流，来检查自己对课标和教材的把握是否准确。从某种意义上来说，好的文稿和课件是改出来的，基本没有一遍成功的。

6. 背——脱稿背诵和演讲

只有定稿之后才能进入背诵阶段，要能做到脱稿演讲。背诵的目的是要求教师把课标和教材的内容记到脑子里，只有这样才能做到"心中有课标，口中讲课标，上课落实课标"。

7. 演——演讲操练

演讲操练也就是考虑演讲的技巧问题，包括语言、语速、教态、表情等。有些细节问题也要考虑到，如教具的使用，以使自己在演讲活动中取得好成绩。

四、说课标、说教材活动应注意的问题

1. 把握课标，吃透教材

在说课标、说教材时，不能单一地只看课标或教材，而应在课标的对照下研读和处理教材，在研读和处理教材时回望课标，这样才能做到目标

制订准确,过程设计心中有数。

2. 重视整合,立体梳理

在处理课标与教材时,要做到牵线搭桥,立体梳理,注重知识之间的横向与纵向的整合,使人一目了然。

3. 整体把握,前后联系

在说教材时,要注意知识的归类,着力理清知识之间的内在联系,不能孤立、割裂任何一个知识点。

4. 感悟提升,见解独特

在说课标、说教材时,应避免人云亦云,要有自己对所说课标与教材的独到见解和感悟,这样才能出类拔萃。

5. 把握重点,目标明确

说课标时要注意不要说太大的总目标,而要关注课标中学段的具体要求,要重视课标引领下的教材整合和知识内化,要将两者合二为一,而不是彼此分割形成"两层皮",研讨活动中不能简单地罗列与堆砌课标要求和教材特点。

6. 内在于心,脱稿演讲

在说课标、说教材时,力求将所说内容熟记于心,能脱口而出,得心应手。

7. 课件设计,别具一格

要想在说课标、说教材活动中取得较好的成绩,就必须重视课件的制作,避免出现以下问题。

(1) 过简:包括版面过简和内容过简。版面过简是指只选取几个大环节做课件页面,说得多,展示得少,展示的内容和口述不能及时配合;内容过简是指在说课时虽有相应的页面配合,但内容不充实,只是一带而过,浮于表面,缺少深入的挖掘和拓展。

(2) 文字化严重:评分标准中要求课件制作以"知识树"为主,文字适量。因此一定要避免用纯粹的文字制作课件。

(3) 课件相似:每一个人演讲的时间约20分钟,基本流程相似,对于听者而言,极易造成听觉上的疲劳,如果参赛者的课件模板相似,听者的疲劳感会更强。所以,制作课件时,要适当增加一些动感的配饰,以期达到课件制作清晰、大方、有新意的要求。

五、说课标、说教材活动与说课活动的区别与联系

1. 说课标、说教材活动与说课活动的区别

(1) 涉及的范围不同。

说课标、说教材活动是在中观层面（一个单元）和宏观层面（一册书、一个学段）进行的。其对课标的解读和把握，对一个学段、一册书、一类知识的整合，是说课达不到的。

说课是对一篇课文或一课时的教学设计的说明，虽然也有对课程目标和教材的分析，但更多的是谈教学设计，是在微观层面上的。

说课标、说教材活动并不能代替说课，但有助于教师从整体上对一篇课文和一课时内容的理解和把握。

(2) 着力点不同。

说课标、说教材活动强化对课标和教材的理解、整合、使用，是为备课做准备，包括说课标、说教材、说建议、看演讲。

说课活动强化教学理念在一节课的教学设计中的体现，是备课的提升，包括说教学内容、说教材、说教法、说学法、说教学过程等。

(3) 评价内容不同。

说课标、说教材活动是针对说课标、说教材、说建议、演讲效果、课件制作、时间要求六个方面进行综合评价。

说课活动是从说教学内容、说教材分析、说教法、说学法、说教学准备、说教学过程、说教学反思七个方面进行综合评价。

2. 说课标、说教材活动与说课活动的联系

(1) 理论支撑相同。

两项活动的开展，都是以课标为纲、教材为本、课堂实践为基准，通过教师的反复研究、深入交流，达到熟知课标、深挖教材的目的。

(2) 研究过程相似。

两项活动的开展几乎都要经历个人研究学习、同伴互助交流、反思提升展示的过程。

(3) 活动目标一致。

两项活动都是通过一系列的交流、研讨与展示，最终达到互相学习、共同提高的目的。

（4）都是将理论与实践相结合。

两项活动都是以教学理论为指导，以教学实践为基础，在理论与实践相结合的基础上对个人教学情况进行的深加工。

（5）展示形式相似。

两项活动都是通过比赛的形式进行，以个体呈现为主，加之评委的评价、提问与指导，选手的答辩与交流。

第二节　说课标、说教材活动的实施方案

为使我校教师进一步熟悉课标，熟悉课标指导下的教材体系，更好地掌握教材、驾驭教材、挖掘教材、整合教材，促进教师的专业成长，让学生体验成功，我校根据自身实际制订了说课标、说教材活动的实施方案。

一、活动目标

说课标、说教材活动，包括说课标、说教材、说建议、看演讲四个方面。此活动的开展能帮助教师熟悉课标，梳理教材知识结构，以便在教学中更好地体现课标要求，达到不断提高自身业务素质的目的。具体要做到"五个能"：能说清楚课标对本学段、本学科课程的基本要求（包括质的要求、量的要求及如何落实）；能说清楚本套教材的编写意图和编写体例；能说清楚本套教材的知识体系、内在结构和逻辑关系；能提出处理本套教材的合理建议；能提出本学科高效课堂的标准和适合本学科的教学理念与教学策略。

二、活动范围

语文、数学、英语、物理、化学、历史、地理、生物、思想品德等学科的全体教师。

三、活动安排

1. 学习培训

（1）学习内容。

为使此次活动顺利进行，要求教师掌握以下内容：①学习本学科课

标；②熟悉本学科教材内容，了解编者意图，清楚整个学段教材的逻辑线索，能够把整个学段前后相关的知识整合起来，整体把握教材体系；③学习说课标、说教材活动的基本流程。

（2）学习方式。

①个人自学：根据学校安排，各教师利用业余时间学习本学段、本学科的课标、课标解读材料和教材。②集中学习：利用教研会组织教师集体学习，各教研组安排在第一届说课标、说教材活动中获奖的教师做示范展示。

（3）学习要求。

各教师根据学校安排，在指定时间内完成个人学习任务，做好参加校内比赛活动的准备。

2. 比赛安排

采取层层组织、分段实施的办法，分初赛和决赛两个阶段进行。

第一阶段：初赛

以教研组为单位，要求各教师人人登台演讲，人人参与评价，推荐优秀选手参加片区比赛，地点为学校食堂。

第二阶段：决赛

由县教育局统一组织。

四、活动要求

（1）要求全体教师都参加说课标、说教材活动。

（2）上交相关照片、PPT材料及评分表，要求内容完整（包括学科、姓名、教材版本、环节等）。

（3）全校本学科教师参与评比打分，要本着公平、公正的原则，按评分细则客观、公正打分。

五、奖惩方法

（1）根据总体安排流程，每名教师必须参与，未参与活动者扣十分，未参与评分者按旷课处理。

（2）对于参加县上比赛并获奖者，根据奖励等次分别给予加分，同时在全校予以表彰奖励。

六、保障措施

为了使此次活动能够顺利、高效地进行,学校特成立领导小组,全面负责本次活动。

组　　长:孙铁龙

副组长:王志强　吴山林　秦艳刚

成　　员:武　卫　刘军民　王华刚　党　纳　各教研组组长

说课标、说教材活动时间安排表

序号	活动内容	完成时间
1	学习活动实施意见,明确目标任务。	9月15日以前
2	各教研组组织教师学习,自学与集体学习相结合,研读课标、教材,分组听取上届获奖教师的示范展示。	10月31日以前
3	校级比赛。	10月22日—24日
4	县级比赛。	11月

说课标、说教材活动分别从说课标、说教材、说建议、演讲效果、课件制作、时间要求六个方面进行综合评价,具体评分标准如下。

说课标、说教材活动评价标准

编号:_____　姓名:_____　学段:_____

教材版本:_____　教材内容:_____

序号	项目	评分标准	A级(分)	B级(分)	C级(分)	得分	备注
一	说课标(13分)	1. 说一个学段、一册书、一个单元或一个专题的课程目标。	6	4	3		根据各学科课标。
		2. 说一个学段、一册书、一个单元或一个专题的内容标准(课程内容)。	7	5	4		根据各学科课标。

(续表)

序号	项目	评分标准	A级(分)	B级(分)	C级(分)	得分	备注
二	说教材(32分)	1. 说所用版本教材的编写特点（能联系教材的相关页面进行说明）。如有条件可把不同版本的教材进行比较说明。	6	4	3		根据学生用书或教师用书和相关资料总结归纳。
		2. 说所用版本教材的编写体例及目的（能联系教材的相关页面说明）。如有条件可把不同版本的教材进行比较说明。	6	4	3		根据学生用书或教师用书和相关资料总结归纳。
		3. 说一个学段、一册书或一个单元的内容结构。	10	8	7		根据教材内容和编者的意图总结归纳。
		4. 说知识与技能的立体式整合。既包括一类知识在一册教材中的横向整合，又包括一类知识在整个学段中的纵向整合。要具体到相关册和章。	10	8	7		根据课标、教材和编者的意图归纳。
三	说建议(30分) 要做到三扣：一扣课标，二扣教材，三扣自己	1. 说教学建议。既要说课标中的教学建议，又要根据教材提出自己的具体建议，要有可操作性，联系相关的图片资料等说明。	10	8	7		根据课标、教材和编者的意图归纳。
		2. 说评价建议。既要说课标中的评价建议，又要根据教材提出自己的具体评价建议，还要说出相关知识的质量检测点和评价方法，联系相关的图片资料等说明。	10	8	7		根据课标、教材和编者的意图归纳。
		3. 说课程资源的开发与利用建议。既要说明课标中的开发建议，又要根据教材提出自己的具体开发建议，联系相关的图片资料等说明。	10	8	7		根据课标、教材和编者的意图归纳。
四	演讲效果(10分)	1. 能脱稿演讲，内容熟练。	5	4	3		
		2. 语言简洁、生动，语速适中，教态自然大方。演讲时有表情，有感情，有激情。	5	4	3		

(续表)

序号	项目	评分标准	A级(分)	B级(分)	C级(分)	得分	备注
五	课件制作（10分）	1. 课件制作清晰、大方、美观。	5	4	3		
		2. 课件中包含"知识树"且合理清晰。	3	2	1		
		3. 课件有封面且清晰、全面、美观（封面包括课题、单位、姓名、所用教材版本）。	2	1	0		
六	时间要求（5分）	每人最多说20分钟，但不能少于18分钟。	5	4	3		
评审人签名			合计得分				

说明：

（1）说课标时，若学段目标和内容目标合并，可将1、2项合并说。

（2）说教材时，对知识和技能的立体式整合，既能在横向上按照教材编排顺序说明逻辑序列，又能按照知识大类把整个学段的同类知识做简要纵向整合。

（3）说建议时，对于评价建议，要根据课标和教材的特点，谈评价什么和如何评价。

第三节　说课标、说教材活动的范例

人教版九年级化学"化学方程式"解读稿

为响应课改之风，我们对《义务教育化学课程标准（2011年版）》（以下简称"化学新课标"）进行了认真研读，现就九年级化学第五单元"化学方程式"做以下解读，流程如下（见下页图）。

一、说课标

1. 课程目标

化学新课标中的课程目标包括知识与技能、过程与方法、情感态度与价值观三个维度。

在知识与技能目标中，包括四条基本目标，都是最基本且具有弹性的要求，大大方便了教师因材施教。新旧课标对比：化学新课标将旧课标中的学习一些基本概念、基本技能，改为"形成一些最基本的化学概念""初步形成基本的化学实验技能"，将认知性目标转变为体验性目标，旨在提高学生的科学素养；将初步认识化学在实际中的应用改为"认识身边一些常见物质的组成、性质及其在社会生产和生活中的初步应用"，加深了难度。

在过程与方法中，也包括四个目标，它们分别是对科学探究中观察现象、提出问题、收集信息、处理信息、分析概括信息以及交流信息等能力的要求。新旧课标对比：化学新课标增加了"增进对科学探究的体验"这一目标，进一步体现了化学新课标的宗旨——增强学生探究意识，提高学生探究能力。

在情感态度与价值观中，包括六个目标。新旧课标对比：化学新课标将旧课标中的进行辩证唯物主义和热爱社会主义祖国的教育分解为"2.初步建立科学的物质观，增进对'世界是物质的''物质是变化的'等辩证唯物主义观点的认识，逐步树立崇尚科学、反对迷信的观念"和"6.增强热爱祖国的情感，树立为中华民族复兴和社会进步学习化学的志向"。这使目标更加具体化。还新增了"4.增强安全意识，逐步树立珍惜资源、爱护环境、合理使用化学物质的可持续发展观念""5.初步养成勤于思考、敢于质疑、严谨求实、乐于实践、善于合作、勇于创新等科学品质"。目标4强化了实验室的安全意识和环境保护意识，目标5则对学生的科学品质的培养做了具体要求。

2. 内容标准

化学新课标中与"化学方程式"这一单元有关的内容标准:"1. 认识质量守恒定律,能说明化学反应中的质量关系。""2. 能正确书写简单的化学方程式。""3. 能根据化学反应方程式进行简单的计算。""4. 认识定量研究对于化学科学发展的重大作用。"新旧课标对比:化学新课标将"理解质量守恒定律"改为"认识质量守恒定律",降低了学习水平要求;将"能正确书写简单的化学方程式,并进行简单的计算"分为第2、3条,进一步明确了基础知识的学习要求;新旧课标都对定量研究做了同样的要求。

二、说教材

1. 编写体例及特点

化学新课标强调以提高学生的科学素养为宗旨,因此教材编写体例及特点也是围绕这个宗旨安排的。

(1) 加强实验教学,重视科学探究。如在探究质量守恒定律时,增加了探究标题,使学生的探究目的更加明确,并且在教材设计的探究内容中,将旧教材中铁钉与硫酸铜溶液的反应改在密闭体系中进行,与后面的两个实验中的开放体系相比较,使学生了解了验证质量守恒定律时最好在密闭体系中进行。除此之外,还新增了"想一想"栏目,其设计的问题与实验的内容相联系,增强了学生的探究欲,促进了学生的发展。

(2) 注重学生科学素养的培养。新教材不再一味地注重知识的教学,在教材的设计中渗透了对学生能力的培养,如在栏目的设计上,新增了"想一想""方法导引"等栏目,以使学生在学习中养成勤于思考、敢于质疑、严谨求实、乐于实践、善于合作、勇于创新等科学品质。

2. 内容结构

本单元共三个课题,其内容如下页图所示。

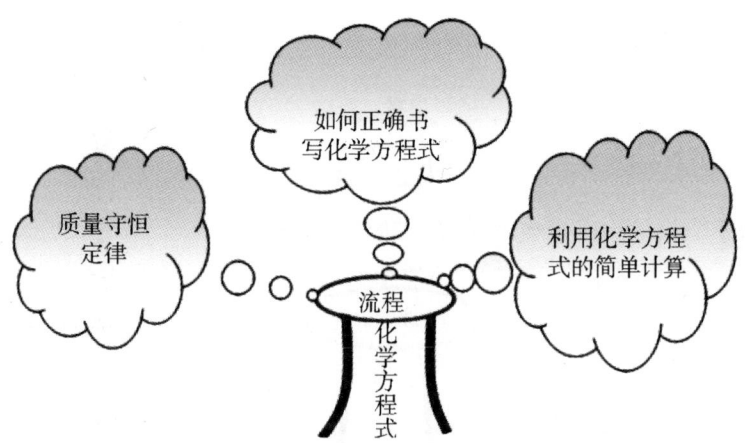

课题1的内容如下图所示,中考考点为质量守恒定律的应用。

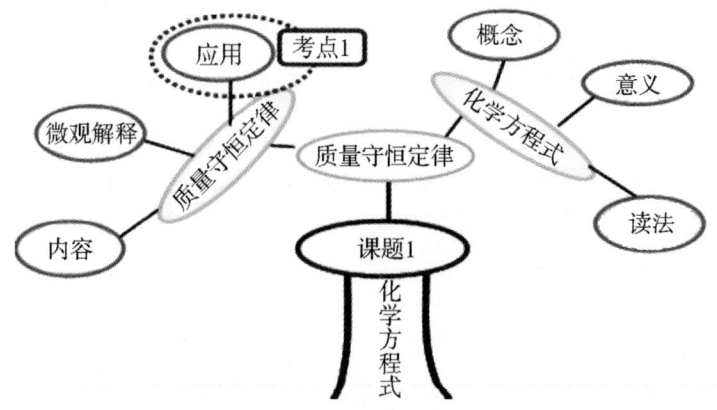

(2011.苏州)下列观点符合质量守恒定律的是（   ）。

A. 煤燃烧后剩余的残渣的质量减轻了

B. 一定条件下,二氧化硫与氧气反应生成三氧化硫,反映前后分子总数不变

C. 8克甲烷完全燃烧生成8克二氧化碳

D. 某有机物在空气中燃烧只生成二氧化碳和水,则该有机物一定含碳、氢氧元素

质量守恒定律的应用和验证常以选择题的形式出现,分值为每个2分。

课题2内容如下图所示,中考考点为正确书写化学方程式。

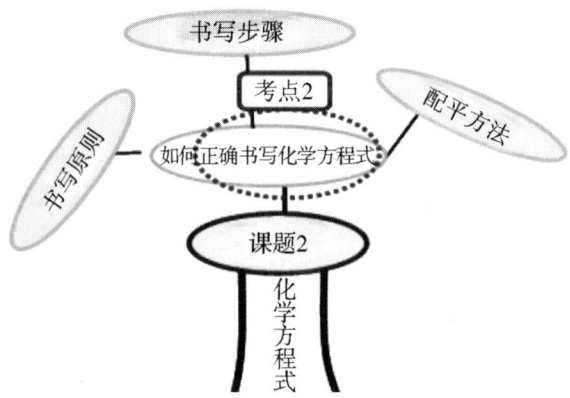

(2011.天津)写出下列反应的化学方程式:
(1)硫在空气中充分燃烧　　(2)水在通电条件下分解
(3)铁与硫酸铜溶液反应　　(4)氢氧化钠溶液和稀盐酸反应
化学方程式的正确书写常以填空题的形式出现,分值为每个2分。
课题3内容如下图所示,中考考点为简单计算。

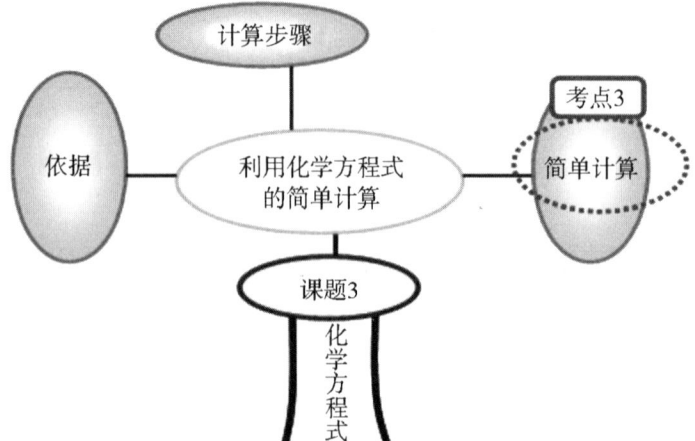

(2010.陕西)我国是世界钢铁产量最大的国家,炼铁的主要原料是铁矿石。用赤铁矿石(主要成分为Fe_2O_3)炼铁的反应原理为$3CO+Fe_2O_3 \xrightarrow{高温} 2Fe+3CO_2$。

（1）上述反应不是置换反应的理由是_____。

（2）Fe_2O_3 中铁元素的质量分数：_____。

（3）根据化学方程式计算：用含 Fe_2O_3 60％的赤铁矿石 800 吨，理论上可炼出纯铁多少吨？

有关化学方程式的计算常以计算与分析题的形式出现，分值为每个 5 分。

总之，化学方程式中的三个考点每年必考，且质量守恒定律、化学方程式的正确书写、利用化学方程式的简单计算常结合在一起进行考察。

3. 教材的立体整合

立体整合包括横向整合和纵向整合，首先看横向整合（如下图所示）。

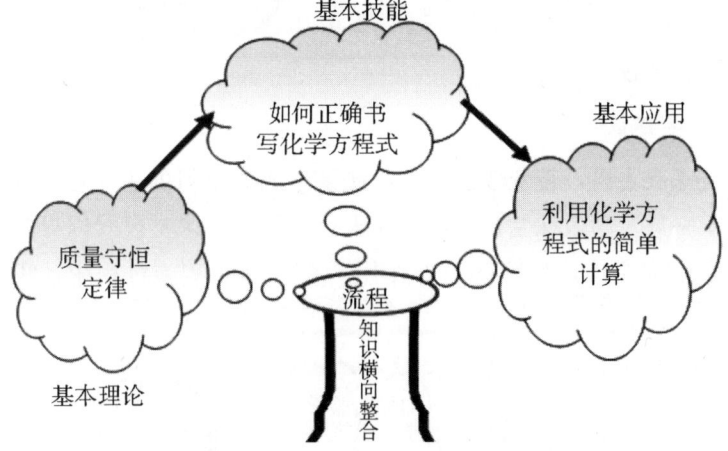

化学方程式包括三个课题：质量守恒定律，如何正确书写化学方程式，利用化学方程式的简单计算。其中"质量守恒定律"学习的是基本理论，"如何正确书写化学方程式"学习的是基本技能，"利用化学方程式的简单计算"学习的是对化学方程式的基本应用。从学习基本理论到掌握基本技能，再到实际中的应用，三个课题的知识环环相扣，层层递进。

其次看纵向整合（见下页图）。

初中化学共十二个单元，其中第三单元"物质构成的奥秘"和第四单元第四节"化学式和化合价"所学习的内容是学习化学方程式的基础和工具，而第六单元以后则是对化学方程式的重要应用，因此第五单元"化学方程式"中的原理和技能是初中化学的基本内容，也是学生以后学习化学反应及其规律的基础，在全册中起着承上启下的重要作用。

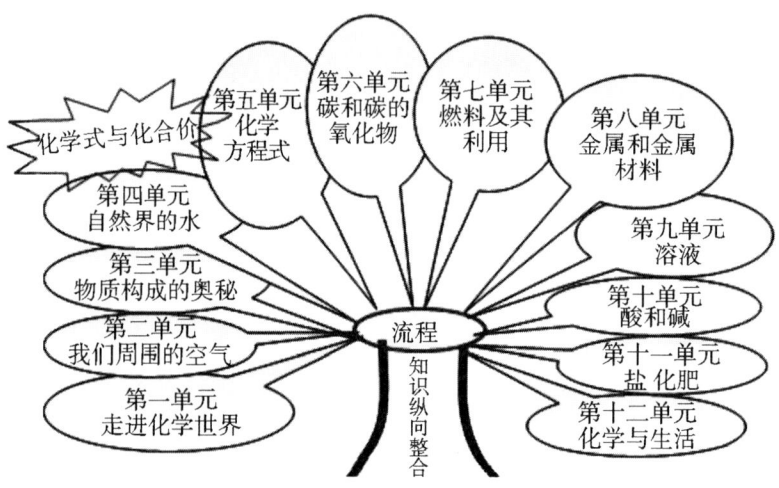

三、说建议

1. 教学建议

为应课改之风,转变教学观念,使学生成为学习的主导者,我校推行了"四学一导"高效课堂模式,"四学一导"高效课堂模式以导学案为平台,以学生为主体,教师起引导作用,在具体的实施过程中,我的做法如下。

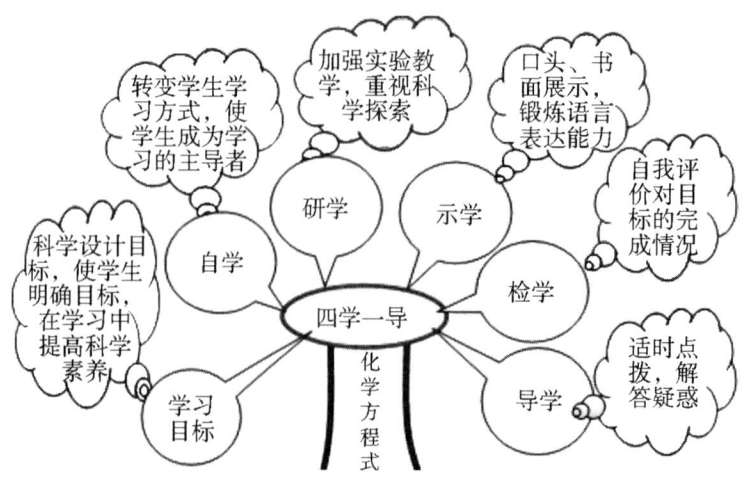

"四学一导"高效课堂模式使学生不仅获得了知识,还提高了能力。

2. 评价建议

具体评价如下。

知识评价：以口头提问和书面考试的形式进行，可以和情感变化、能力的增强及行为表现结合起来，通过具体情境对学生进行观察。

行为能力评价：多激励学生，只要学生比以前进步了，就应该得到肯定，突出学生的成就感。

情感态度与价值观评价：要注意激励学生，把评价与学生的体验结合起来，有目的、有计划地观察学生在日常学习、生活中所表现出来的能力和行为，多激励，多表扬。

总之，在评价过程中要关注学生三维目标的达成度，强调评价的诊断功能与发展功能，注意过程评价与结果评价并重。

3. 课程资源的开发建议

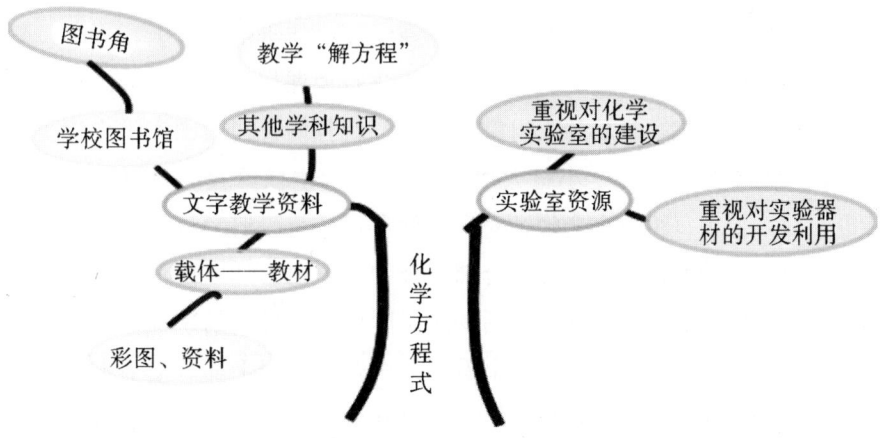

我们要合理利用文字教学资料和实验室资源。文字教学资料要以教材为载体，发挥教材的多种教育功能，注重利用课本上的彩图、资料等激发学生的学习兴趣，拓展学生的知识视野。我们也可以利用图书馆为学生自主学习、开展实验和科学探究提供帮助，如果条件不允许，我们也可以在教室里建立图书角，鼓励学生捐献自己的书籍，互相传阅，解决疑难问题，拓展知识视野。此外，还要注意与其他学科知识的联系，例如，学习关于化学方程式的计算时可与数学中的"解方程"相联系。

化学是以实验为基础的学科，因此我们要重视对实验室的建设，学生实验中必需的仪器、试剂、设备等要按要求配置，以确保化学实验和探究活动的顺利进行。同时，我们要重视对实验用品的开发和利用，如实验条件允许的话，可用鸡蛋壳代替碳酸钙，用食用碱代替碳酸钠……

除此之外，我们还要重视利用网络资源和社会资源，让学生利用周末时间通过互联网查阅相关知识，拓展知识面；建议学生利用寒暑假去科技馆，了解化学与社会发展之间的关系……

第四节　说课标、说教材活动的感悟

在历练中成长

第一次接触说课标、说教材活动是在学校全体干部会议上，当时校领导提出我校阶段性目标任务为全校教研组进行说课标、说教材活动。当时我感觉这好像是编写教材的人研究的范畴，跟我们普通教师离得太远，让我们研说是不是有点儿"小材大用"？会后，党主任给我们教研组召开了专题会议，要求每组每个老师针对所教学科，进行一册教材、一个单元或一个主题知识的教材研说，并配合课件及"知识树"加以演示说明。我拿着教材和课标，从第一页读到最后一页，除了感觉里面的字都认识外，还真没研究出个什么来，于是在网上看了几个范例，似乎都是把书本中的知识搬到了幻灯片上，于是，我仿照着认真地做了几张幻灯片，看着动起来的文字、花花绿绿的文本框和图片，心想：原来研说教材这么简单。后来，学校相继请本校的优秀教师为我们做了几次研说教材的示范，他们对教材的精确把握、有条不紊的分析深深地吸引着我听到了最后，原来各学科、各单元之间的知识存在着这么微妙的关系，原来教材内容改革得已经与我上学时全然不同了。教学不再仅仅停留在教材上，我们可以借助网络了解更丰富、更新鲜的信息。数学教材中增加了许多与生活贴近的内容，使学生可以在实践活动中体会到更多的乐趣，解决生活中的实际问题……

在研说过程中，这些优秀的教师们并没有照搬教材，他们能熟练运用

"知识树"说教材；能说清楚课标对本年级、本学科的基本要求；能说清楚教材的编写意图和编写体例；能说清楚教材内在的知识结构和逻辑关系；能对教材内容进行系统分析；能结合教材内容提出教学方法、教学建议。他们制作的课件各具特色，把研说内容用"知识树"的形式展示出来，使整个研说过程既系统又条理清晰；他们研说时的语言准确、生动，普通话标准，可见他们都做了充分的准备，而且都有着深厚的文化素养和教学功底。

我认识到，不用心思考、认真探究，就谈不上对教材的了解，更谈不上对教材的研究。于是，在参加全县举行的说课标、说教材活动时，我没有敷衍了事，而是认真研读教材、翻阅课标及中考说明，分析教材的变化、重难点的设置及中考试题的考查类型等，详细分析之后，我又浏览了网上关于制作说课标、说教材课件的资料，打好基础后，我开始着手制作课件。在制作课件的过程中，我渐渐对如何驾驭教材、如何在课堂上应用这些知识有了自己的理解和想法，并由此提出了教学建议，到最后竟产生了跃跃欲试的冲动。

成功只给有准备的人。在初赛时我是最后一个上场的，前面几位老师解说时，我认真地聆听并注意总结他们的优点和不足，以对自己的解说有所启发。在自己解说的过程中，我注意课件和语言解说的配和、详略的分析、关键问题的解读、普通话的标准等。竞赛活动结束后，我取得了片区一等奖，全县二等奖，所写解说稿获全县一等奖的好成绩。领导表扬了我，我知道这不仅仅是领导对我的鼓励，更是对我努力付出的肯定。我相信领导的鼓励和关怀不会白费，在他们的指导和帮助下，我一定会使自己更好。

"天空不留下痕迹，但我已飞过。"我始终坚信所有的美丽都发生在过程中。参加此次活动，我受益匪浅。在这次活动中，我的教育历程又多了一个足迹，对我而言这不仅是一种历练，更是一个成长的过程。

第三章
导学案编写与修改

导学案是一种以学生为本，以学习活动为主，以三维目标为出发点和落脚点的学习方案，是学生学习的路线图、指南针。教师要掌握导学案的编写与修改原则，通过与其他教师的不断交流、研讨，完善导学案。

第三章 导学案编写与修改

第一节　导学案编写与修改的认识

当前，新课改背景下我国课堂实践领域已涌现出诸多新的教学模式，其中导学案越来越受到教育界的关注，成为自下而上落实新课程理念的典范，改变了传统课堂教学的基本范式。可以说，在一定程度上，导学案代表着我国推行素质教育的重要成果，标志着我国新课改的重大突破。

一、导学案的源起及现状

导学案是时下中小学教育领域非常时髦的词汇，那么什么是导学案呢？导学案是在新课标指导下，为达成一定的学习目标，根据教学内容，经教师个人设计、再集体研讨制订的，用于引导学生自主学习、合作探究、优化发展的学习方案。它以学生为本，以学习活动为主，以三维目标为出发点和落脚点，是学生学习的路线图、指南针。

导学案源起至少可追溯到东庐中学的讲学稿。东庐中学是江苏省南京市溧水县一所普通农村初中，1996年该校针对数学与化学学科采取了"目标教学法"的教学改革。改革之初，该校采取集体备课与集体编写教案的方式，之后有教师提议对这一过程略加改动，让学生能够参与教案的编写，之后这种由师生共同编写的材料便被称为"讲学稿"。随后的一段时间，讲学稿渐渐使教师的教和学生的学融为一体，教案、学案、笔记、作业、测试等课堂教学中所涉及的文本材料全部被融合为一套师生共用的课程材料。其整个模式可以概括为"提前备课、轮流主备、集体研讨、优化学案、师生共用"。

真正在导学案上取得明显成效的是山东省聊城市杜郎口中学，他们彻底将东庐中学的讲学稿转变为学案，以强调这种课程材料的课程功能，即让学生课前预习学案，培养学生自主学习的能力。

近几年来，众多教育者前去考察实习，全国许多学校都实施了课堂教学改革，如山东省昌乐二中的"271高效课堂"教学模式、山东省兖州区第一中学的"循环大课堂"教学模式、江苏省灌南县新知学校的"自学·交流"学习模式、河北省围场满族蒙古族自治县天卉中学的"大单元教学"模式、辽宁省沈阳市立人学校的整体教学系统和"124"模式、江西省武宁私立宁达中学的"自主式开放型课堂"、河南省郑州市第102中学的"网络环境下的自主课堂"以及安徽省铜陵县铜都双语学校的"五环大课堂"模式等。这些学校在自下而上寻求教育变革的过程中找到了"导学案"这一改革的切入点,并以此突破传统课堂教学的限制与不足。

知道了什么是导学案,那么它究竟在现代教育改革中有何意义,为什么要了解、编写、修改、使用它呢?

二、使用导学案的重要意义

导学案遵循学生的学习规律,按照学生的学习过程进行设计,充分体现课前、课中、课后的发展和联系。导学案的使用实现了"两个前置"(学习前置、问题前置),凸显了学生的主体地位,从根本上改变了学生的学习方式,学生通过自学、合作、探究、交流、展示、反馈等学习活动,真正成为学习的主人,提高了学习能力。

1. 由"教"转为"学"的现实载体

传统课堂以教师的"教"为主,学生被动接受,缺乏学习的兴趣和主动性。而新课堂因为有了导学案这个载体,一步步引导学生自己学,课堂气氛活跃,学生参与度高,教学效果好。学生在学习知识的同时锻炼了独立思考、合作探究、大胆发言的能力,提高了综合素质。

2. 教师由台前走向幕后的第一步

导学案的使用,让教师迈出了从传统课堂的台前走到新课堂的幕后的第一步,退居其次,把舞台让给学生,使他们能最大限度地发挥自己的潜能,从而达到高效教学的目的。

3. 学生自主学习的扶手和阶梯

有了导学案,学生就能思路清晰地把握每节课要学的内容,并明白用什么方法、怎样去学习,循序渐进,一步步自主地探索求知,自然事半功倍。

4. 学生课堂学习活动的导引图

学生课堂上的一切活动都要靠导学案来引领和指导，导学案的使用使学生掌握了研学的方法、示学的要求、检学的方式等，在课堂活动中有着重要作用。

5. 学生思维活动的指南针

在课堂教学中，导学案就像一个不会说话的老师，无声地为学生指引着思维的方向，使其不会偏离正确轨道，从而有效地完成课堂的学习任务。

6. 现代学习方式的标志之一

导学案的使用，让课堂从传统的"满堂灌"变成了学生自主学习的大舞台，从单一的"听"变成了多角度的"学"，使学生主动参与、独立思考、合作探究、大胆发言，使课堂生动而高效，是现代学习方式的标志之一。

三、导学案与教案的区别

既然导学案在课堂教学中有如此重要的意义，那么它是否可以完全代替传统的教案呢？当然不能，二者的区别如下。

1. 服务对象不同

众所周知，教案是教师为上课而做的准备，是"为教"；而导学案是为学生课堂学习而设计的引导式学案，是"为学"。二者一个为教师服务，一个为学生服务，服务对象完全不同。

2. 立足点和出发点不同

教案的内容立足于"怎样教"，是从教师的角度出发，看怎样讲才可以让学生易于接受，忽视了学生作为学习主体的能动性；而导学案立足于"怎样学"，是从学生实际出发，基于他们的知识水平和理解能力为他们量身打造的学案，二者的立足点与出发点完全不同。

3. 师生关系定位不同

以教案为指导的课堂以教师的"教"为主，教师是主角，学生是配角；而新课堂使用导学案，把舞台让给了学生，学生成了学习的主角，教师则退居幕后适时引导，成了配角，师生关系的定位完全不同。

4. 支撑理念不同

教案是以教师为课堂主体设计的，是为教师上课服务的，着力于研究"怎样教"；导学案是以学生为课堂主体设计的，是为学生学习服务的，着力于研究"如何学"。

四、导学案与练习册的区别

我们了解了导学案与教案的不同之处，便能更好地认识导学案，使其更好地为教学服务。那么，它与练习册一样吗？一起看看二者有何区别。

1. 作用不同

练习册以训练、巩固学过的知识为目的；而导学案是学生课堂学习的导师，以学习和掌握新知识为目标。

2. 内容不同

练习册中只有习题，重在练习，而导学案中除了学习内容外，还有学习方法、学习活动、评价要求等。练习册中的习题只有范围，通常没有逻辑层次；而导学案中的内容有很强的逻辑层次，一般要做到从易到难，阶梯式引导，这是练习册所不能达到的。

3. 目标指向不同

练习册重在使学生增长知识，发展能力；导学案旨在使学生全面发展，二者有本质区别。

通过以上内容，我们全方位地了解了导学案的意义及其与教案和练习册的区别，明白了它在新课改中的重要性，那么接下来就要着手准备一套适用于学生的、因地制宜、科学高效的导学案了。

五、导学案的编写

1. 编写原则

导学案的编写要体现导学性、探究性、层次性、开放性和创新性，要遵循"以教师为主导、学生为主体"和"面向全体学生"这两个先进理念，并坚持以下几个原则。

（1）主体性原则。导学案编写要注重引导学生参与学习活动，发挥其主体作用；把时间和空间还给学生，让学生自主学习、全面发展；为学生发挥聪明才智提供和创造必要的条件，让学生真正成为学习的主人。

（2）探究性原则。导学案编写离不开对问题的探究，设置的问题应富有启发性，能充分调动学生的思维，要有利于学生进行探究学习，能让学生在问题的探究和解决过程中体验到成功的喜悦，使学生在探究过程中、在积极的思考中进入思考和创造的王国。

（3）层次性原则。导学案编写要有梯度，能把教材处理成有序的、阶梯性的、符合学生认知规律的学习文本，能引导学生层层深入地理解教材，使学生乐于接受新问题的挑战，让大多数学生"跳一跳"就能够摘到"果子"，体验到成功的喜悦，从而调动学生进一步探索的积极性。

（4）实践性原则。导学案编写要坚持实践第一的原则，让学生在实践中学习、巩固、创新。主要表现在以下几点：学习活动多样，读、思、写、讲、辩、议等；感官投入多元，看、听、闻、问、做等；学习过程亲历，自己阅读、自己思考、自己体验、自己尝试、自己探索、自己感悟等。

（5）预见性原则。导学案编写要充分考虑学生已有的知识结构、能力层次，提前预设学生可能会生成哪些问题，教师应组织学生以什么样的方式去解决，一节课需要完成哪些内容等，这样才能做到有的放矢。

（6）差异性原则。差异性原则就是面向全体原则。其实就是在学习过程中照顾学生的差异，学优生可能只需要依照学习流程就可完成学习任务，中等生则需要依靠学法提示方可顺利完成学习任务，学困生除了需要学法指导外，可能还需要复习相关知识。总之，导学案就是要给不同层次的学生提供不同的学习帮助，让他们自主探究、尝试成功、拾级而上。

2. 编写程序

（1）商定规则。各教研组召开会议，依据导学案编写要求，讨论学科特点，商定编写规则。

（2）分工完成。备课组组长分配编写任务，各成员按要求完成任务。

（3）集体研讨。召开备课组会议，对编写的内容进行集体讨论。

（4）修改定稿。以备课组为单位，按讨论的情况进行修改完善。

3. 编写内容

(1) 学习目标。包括知识与能力、过程与方法、情感态度与价值观三个维度的目标,目标表述要简洁、准确且有可检测性。

(2) 重点难点。指每一课时学生必须掌握的知识点和难以理解的知识点,要把突破重难点的方法教给学生,表述要到位,不可泛泛而谈。

(3) 学习方法。学生在自主学习过程中遇到问题用什么方式解决最有效?要根据教学内容列出一些学习方法,以提高学生的学习效率。

(4) 学具准备。学习新课时,需要帮助学生准备什么学具?学科不同,需要的学具也不同。

(5) 学习内容。学习内容分横向和纵向两个方面,横向包括学习内容、学法指导(为中等生提供学习依据)、知识链接(为学困生提供学习依据)三个方面。

纵向包括自学、研学、示学、检学。

① 自学:根据学科特点自学,大致分为基础达标、能力提升、综合应用、中考链接四个方面。

② 研学:主要解决学生自学中不能独立完成的题目,自学时无法很好把握的内容。

③ 示学:展示本课重点知识、组内有争议的内容、大部分学生无法理解或无法解决的问题。展示学习成果时,如果是书面展示,要求做到工整美观、双色笔勾画重点;如果是口头展示,则要做到大方得体、声音洪亮、脱稿展示。

④ 检学:针对本节课要掌握的基本内容及重要知识点,进行当堂检测批阅,发现问题及时解决。

a. 题型要灵活多样,题量要适中,以5分钟左右的题量为宜。

b. 紧扣学习目标,具有针对性和典型性。

c. 每一个学习目标都应设置相对应的练习。

d. 难度适中,面向全体,关注差异。可设置一些选做题,以促进学优生成长。

(6) 格式要求。导学案要用相同的字体格式,要注明编写人、审核人、编写时间等。

六、导学案的修改

编写好的导学案在实践过程中会出现这样那样的问题，需要我们根据实际教学和学情不断修改，使之能更好地为教学服务。三年来，我校全体教师在日常教学中不断发现问题、解决问题，先后经历了三次大修改，使导学案日趋完善。

（1）第一版：内容包括自学、研学、示学、检学四个方面，把较为简单的题放在自学环节，稍有难度的题在研学环节让学生组内讨论完成，示学时要求学生展示研学中解决不了的问题，之后完成检学部分，组长及时批阅。

（2）第二版：在第一版的基础上进行了目标整改和纵向修改。

学习目标是学生整节课学习的航标，学生要怎样学，学到什么程度，培养什么能力，都要通过目标来体现；同时，它也是学生整节课学习任务是否顺利完成了的一个衡量标准。因此在修改时，我们特别注重对学习目标的整改，主要包括以下五个方面：①学习目标确定的行为主体必须是学生；②学习过程应明确；③行为动词的使用应准确，可操作性强；④学习结果的表述应清晰；⑤三维目标相融合，表述清楚精练。

纵向修改时，要求自学分层，包括基础达标、能力提升、综合应用、中考链接四层。"基础达标"部分由学生自己独立完成；"能力提升"和"综合应用"部分中不会的题放在研学组内研讨交流；最后结合本节课内容链接相关中考题，使学生明确每一节课的考点，做到有的放矢。

（3）第三版：进行横向修改，将导学案分为学习内容、学习方法、知识链接三个板块。

学习内容分为自研课、展示课、反馈课，用表格的形式呈现；在每一个环节加上具体的方法指导，让学生可以非常明确地知道每一步怎么去做；每节课都增加知识链接，可以是拓展延伸、中考真题、生活实例等，让学生在45分钟的课堂上拓宽视野、掌握知识、提升能力。

经过修改，导学案日趋完善，其中饱含了每一位教师的心血，所以我们会最大限度地发挥它的作用，在每一节课上科学地使用。

七、导学案的使用

导学案遵循学生的学习规律，在先学后教的基础上实现了教与学的最佳结合。

1. 学生的使用

（1）学生根据导学案的使用说明、学习目标、重难点进行预习，然后有层次地学习教材，完成导学案上的问题，对无法解决的问题应做好标记，以备课堂上与同学或老师交流讨论。

（2）课堂教学中，学生能依据导学案提供的思路通过小组合作探究、集体讨论解决相关的问题，对于组内存在的问题，做好标记全班讨论时提出。这一环节时间一般控制在 10 分钟左右。

（3）学生在班内共同解决问题，一些教学重难点可由教师进行点拨和精讲、归纳，此环节用时 10 分钟左右。

（4）学生最后用 5 分钟时间完成导学案中的检学试题，对本节课的学习情况进行当堂检测，了解自己对知识的掌握情况。

2. 教师的使用

（1）课前巡视，或通过收发导学案及时检查学生导学案的完成情况，了解学生对本节课知识的掌握情况，以便及时了解学情，帮助学生解决问题。

（2）课堂上依据学生对导学案的处理情况，随时把握学情，灵活进行调控，学生自己能解决的问题坚决不讲，只讲学生的疑点，要引导学生总结规律、提炼方法，最大限度地减少多余的讲解和不必要的指导，确保学生有足够的学习时间和训练时间。

（3）在学生展示时，教师要及时关注，注意引导学生的讨论方向，帮助学生解决难以理解的问题。

（4）导学案中检学部分的内容是教师了解学情的最佳途径，教师通过抽查、全批、针对性批阅等多种形式，可迅速了解学生对课堂知识的掌握情况，以便对后面的学习内容做出方向性判断。

八、导学案运用的误区及应对策略

1. 重显性目标，轻隐性目标

误区：知识目标和能力目标是写在导学案上的，属显性目标，主要通过学生自学和课堂教学达成，教师普遍重视；而情感态度与价值观目标是隐性目标，不能写在导学案上，要靠教师适时调控，多数教师认为可有可无。

策略：三个维度的目标都是可以通过文字表述出来的，且同样重要。教学中，教师要注意学生学习活动方式的选择，注意倾听学生的想法，培养学生的参与意识。如学生的性格不同，有的内向，有的外向，在小组讨论时，外向学生的参与度较高，而内向学生的参与度较低，教师要注意对内向学生的引导，鼓励他们多发言，多发表个人见解，从而培养学生的参与意识和自信心。

2. 重讲评，轻探究

误区：有些教师的教学观念落后，教学方法陈旧，重教轻学，所以在使用导学案导学时习惯走老路。如对那些学生可以自己解决的问题仍以讲为主，注重讲深、讲细、讲透，认为导学案中安排的那些让学生自我探索、独立思考、相互交流等环节太耽误时间，不如自己讲的效果好，结果忽视了学生创新能力和探究能力的培养。

策略：在教学中要鼓励学生以学习的内容为中心，根据导学案提出自己的问题，教师要适时介入讨论或指导、点评，并从创新、求异、实用方向对学生加以引导，给予正面鼓励。一些在课堂上没能完成的复杂问题可留到课后继续讨论，有的还可以作为研究性课题留待学生课余时间钻研，从而提高学生的学习层次。

3. 重学生的学，轻教师的导

误区：有些教师认为导学案中很多内容是安排学生自学的，所以课堂上多数时间采取了"放羊式"，该讲的也不讲，结果不仅效率低，还出现了很多知识漏洞。导学案的使用旨在让学生自主学习，但自主不等于放任自流。教师在使用导学案时，要控制好学生的自由度。

策略：动态地把握课堂教学中教师与学生的"分"与"合"是导学案运用的关键。教师在课堂上要实施"适时登场"和"主动撤离"策略，以学生的学为核心，在突出学生主体地位的同时，适时引导，强化课堂教学的民主性、互动性，提高课堂教学效率。

4. 重学生展示，轻教学任务的完成

误区：很多教师在使用导学案时，过于注重学生的展示，认为展示的形式多样、内容丰富就表明学生学得好。其实，学生展示多存在以下问题：一是展示时将问题无限延伸，尤其是成绩好的学生，其思维敏捷、灵活，想象力丰富，会将问题无限延伸，有时会将问题想偏，偏离了课堂主题；二是学生展示时间过长，从而影响整节课的教学进度。

策略：在学生展示时，教师要认真倾听学生的思路，在偏离主题过远时，要及时纠正，告诉学生学习是渐进的，有些内容要留到大学去解决，学到中学要求的程度就可以，如果有兴趣，可以作为研究性课题在课外做进一步探究。要将展示时间明确告诉学生，使学生掌握好展示的时间，用最简练的语言来表达。另外，教师要驾驭好教学的节奏，教师的精讲要适时、适度、适量，利用好有限的时间讲清一节课的重点和难点。教师在精讲时要把握一个原则：学生能自主学会的内容不讲，讲了学生也不会的内容不讲，学生自学有疑问，通过教师点拨能茅塞顿开的内容要精讲。

只有充分把握教学过程的两个方面——"学生的学"和"教师的导"，才能使学生在充分展示的基础上顺利完成学习任务。

第二节 导学案编写与修改的实施方案

导学案作为高效课堂改革中由教到学的一个重要抓手，需要教师结合学情进行适时、适度、适量的编写。为使以导学案为载体的课堂教学常态化、制度化、特色化，从而不断提高课堂教学效率，提高教育教学质量，我校特制订本实施方案。

一、编写目标

突出新课标的三维目标，即知识与能力、过程与方法、情感态度与价值观，使之符合学情，更好地指导学生学习，从而打造高效课堂。

二、编写学科

思想品德、语文、数学、英语、物理、化学、历史、地理、生物。

三、内容要求

学习目标	要体现知识与能力、过程与方法、情感态度与价值观三维目标。
重点难点	紧扣课标要求，抓住每节课教学内容的特点。
学习方法	根据内容选择学习方法，要具体、科学，具有可操作性。
学具准备	根据学科特点，考虑准备的难度，一切为课堂服务。

	学习内容	学法指导	知识链接
自学	基础达标：紧扣课本。	根据本节课内容进行学法指导，要科学、具体、有指导性。	本节课相关的知识、背景、趣闻等；结合生活实际，让学生掌握更多的内容；链接中考题。
	能力提升：提高难度。		
	综合应用：学以致用。		
	中考链接：拓展延伸。		
研学	全班讨论自学未完成、组内未解决的问题。		
示学	展示本课重点知识及研学有疑问的内容。		
检学	当堂检测本课必须掌握的知识点，紧扣课后题。		

四、编写、修改思路

每节课的导学案都必须设置学习目标、重点难点、学习方法三项，个别科目可根据实际情况增加其他项目，如学具准备等。

自学环节的学习要深入、全面。要使学生通过自学，能全面了解本节课的知识结构，掌握本节课大部分的知识，提出本节课学习中不明白的问题；能够通过自学帮助其他同学解决问题，并提出自己的问题。学生的学习是否到位要以能否独立完成课后习题或自学环节中设计的问题为依据，自学时间占本节课三分之一的时间即可，这是导学案修改的重点。

在自学环节，最后一个问题均为"我的疑惑"，要留出适当空白，要求学生写出自学过程中的问题，同时自学环节中不再设计学生讨论或对照答案等教学活动。

研学环节的设计要基于问题的解决。设计的问题要精练，要针对本节课的重难点进行。学生在自学的基础上，结合研学中的问题展开讨论，保证研讨的问题具有针对性、有讨论的必要。小组内通过交流讨论，要基本解决课堂所学内容。

示学环节要基于课堂的提升进行设计，要变换展示的方法与形式，除口头展示外，还可以以表演、模仿等不同形式进行。

检学环节的设计要以优化作业设计为主，习题的设置应针对本节课的学习内容，不同层级的题目数量要适中。

总之，整个导学案的编写要与教材相结合，教材中有的内容，导学案中不再重复出现，同时应充分考虑学生整节课的时间安排，保证学生能当堂消化学习内容。

五、实施步骤

第一阶段（6月—7月）：编写。

目标任务：各备课组按导学案编写要求制订本备课组导学案模板。

（1）7月10日前，成立学校导学案编写督查组（由孙铁龙校长、各级领导和各教研组组长组成）。

（2）7月15日前，各备课组把本组导学案模板上报学校。

（3）7月15日，学校导学案编写督查组对各备课组导学案模板进行专项检查。

（4）7月16—18日，导学案模板质量不合格的备课组向学校导学案编写督查组进行书面解释。

（5）7月16—20日，导学案模板质量不合格的备课组进行修改，经学校导学案编写督查组检查合格后上传，若不合格则继续修改。

负责人：各备课组组长。

第二阶段（9月—12月）：使用与修改，重在根据要求修改。

目标任务：各备课组成立教师导学案编写组，明确编写与修改的分工，并按导学案编写原则、编写要求，依照本备课组导学案模板编写第一学期导学案，完成后上交教研组组长，由教研组组长把关验收，合格后上交学校主管领导王志强副校长处。

具体要求：

（1）学校导学案编写督查组对各备课组及时进行检查，对不能及时完成任务或编写质量不达标者，追究相关责任人责任。

（2）9月底，开展修订后的新导学案展评活动。学校导学案编写督查组针对新导学案进行专项检查，新导学案被学校导学案编写督查组认定质量不合格的备课组进行修改，相关备课组组长要向学校导学案编写督查组做出书面解释。

（3）10月底至11月中旬，开展新导学案课堂实践活动。各备课组选出新导学案课堂实践示范教师进行赛课（语数外备课组各3人，其他备课组各2人）。

（4）11月下旬，召开新导学案编写调度会。各备课组进行新导学案编写及使用情况说明。

（5）12月上旬，进行新导学案编写使用总结。各备课组总结新导学案编写过程中存在的问题，并根据课堂实践进行反思，提出导学案的下一步修改方案。

负责人：各备课组组长。

第三阶段（12月—次年2月）：再编写，进行整理修改。

目标任务：各备课组成立教师导学案编写组，明确编写与修改的分工，并按导学案编写原则、编写要求编写第二学期导学案，及时上交学校。

（1）12月底，各备课组成立教师导学案编写组，负责编写第二学期的导学案。

（2）次年1月初，召开导学案编写组会议，提出第二学期导学案编写思路、编写要求，并对编写组成员进行编写分工。

（3）1月下旬，召开导学案编写调度会，了解导学案编写进度及存在的问题。

（4）2月上旬，集中上交第二学期导学案，并对编写组成员进行修改分工，开始对每个导学案进行修改。

（5）2月中旬，学校导学案编写督查组对第二学期导学案进行检查验收。

（6）2月下旬，各导学案编写组对被学校导学案编写督查组认定质量不合格的导学案进行重新编写,并及时交学校导学案编写督查组验收。

(7) 2月底,各年级各学科第二学期导学案结集成册。

负责人:各备课组组长。

第三节　导学案编写与修改的范例

"矩形的判定 (2)"[①] 第一版导学案

【学习目标】

1. 会证明矩形的判定定理,会根据矩形的定义和判定定理判定一个四边形是矩形,能进行有关的论证或计算,能利用矩形的判定定理解决实际问题。

2. 经历探究矩形判定条件的过程,通过观察—总结—猜想—证明,发展合情推理能力,培养主动探究的习惯。

3. 在探究过程中加深对矩形的理解,激发求知欲望,在类比与转化的数学思想学习中,进一步体会矩形的结构美和应用美。

【学习重点】矩形的判定定理2。

【学习难点】平行四边形、矩形的判定及性质的综合应用。

【学习方法】根据平行四边形的判定方法的学习,通过观察、猜想、验证,得到判定矩形的方法。

自学

学法指导:阅读课本相关内容,用蓝笔画出重点内容,用红笔标出有疑问的地方。先独立完成第96页的思考题和练习题,然后组长检查,统一答案后口述结果。

仔细阅读课本第96页"思考"与"练习"前完成下列问题。

1. 李芳同学的判断对吗?你能证明吗?

答:

2. 由李芳同学的画法能得出画矩形的方法吗?怎样画?自己尝试画一画。

[①] 采用的是人教版(2003年版)八年级下册教材。

答：

画出矩形：

研学

学法指导：先独立完成下面的第一题，组长检查，有疑问的分组讨论，然后以小组为单位口述展示。然后完成第二题，组长检查，有疑问的分组讨论，最后到黑板上展示结果。

一、独立思考

由第 96 页"思考"可得出一个什么结论？

结论：_____。

1. 请证明你发现的上述结论。

已知：如图在四边形 $ABCD$ 中，

$\angle A = \angle \_\_\_\_ = \angle \_\_\_\_ = 90°$。

求证：_____。

分析：因为已知四边形 $ABCD$ 有一个角是 $90°$，只需再证四边形 $ABCD$ 是_____。（填图形名称，应用矩形定义填写）

证明：

2. 由此得到矩形的判定定理 2：

① 用文字语言表示：_____。

② 用符号语言表示：

∵ 在四边形 $ABCD$ 中，$\angle A = \angle \_\_\_\_ = \angle \_\_\_\_ = 90°$，

∴ 四边形 $ABCD$ 是矩形。

定理剖析：要证明一个四边形是矩形，必须要满足的条件是此四边形有_____。

归纳：矩形的判定方法共有_____种。

定义：_____。

判定定理 1：_____。

判定定理 2：_____。

二、新知应用

在数学活动课上，老师让同学们判断一个四边形门框是否为矩形，下

面是某合作学习小组的4位同学拟定的方案,其中正确的是( )。

A. 测量对角线是否相互平分　　B. 测量两组对边是否分别相等
C. 测量一组对角是否相等　　　D. 测量其中三个角是否都为直角

示学

1. 独立完成自学部分,小组对照,补充导学案。提出小组无法解决的问题,全班讨论解决。

2. 独立完成研学中的第一题后小组内讨论,并派小组代表口述结果,其他组质疑;独立完成研学中的第二题后小组内讨论,并派小组代表到黑板上展示结果。

检学

独立完成下面的练习后组长检查,统计结果。

必做题

1. 完成课本第96页的练习2。

提示:应用平行四边形性质3及矩形判定定理1解答。

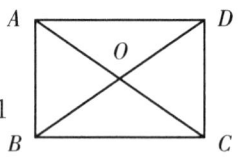

选做题

2. 下列判定矩形的说法正确的是_____。

(1) 对角线相等的四边形是矩形。
(2) 对角线互相平分且相等的四边形是矩形。
(3) 四个角都相等的四边形是矩形。
(4) 有三个角都相等的四边形是矩形。
(5) 有三个角是直角的四边形是矩形。
(6) 一组对角互补的平行四边形是矩形。

小结

1. 本节课我的收获是_____。
2. 本节课的优秀小组是_____。

"矩形的判定(2)"[①] 第二版导学案

【学习目标】

1. 会证明矩形的判定定理,会根据矩形的定义和判定定理判定一个四

---

① 采用的是人教版(2003年版)八年级下册教材。

边形是矩形,能进行有关的论证或计算,能利用矩形的判定定理解决实际问题。

2. 经历探究矩形判定条件的过程,通过观察—总结—猜想—证明,发展合情推理能力,培养主动探究的习惯。

3. 在探究过程中加深对矩形的理解,激发求知欲望,在类比与转化的数学思想的学习中,进一步体会矩形的结构美和应用美。

【学习重点】矩形的判定定理2。

【学习难点】平行四边形、矩形的判定及性质的综合应用。

【学习方法】根据平行四边形的判定方法的学习,通过观察、猜想、验证,得到判定矩形的方法。

自学

一、自主探究

仔细阅读课本,完成下列问题。

1. 李芳同学的判断对吗?你能证明吗?

答:

2. 由李芳同学的画法能得出画矩形的方法吗?怎样画?自己尝试画一画。

答:

画出矩形:

二、能力提升

由课本中的"思考"可得出一个什么结论?

结论:_____。

1. 请证明你发现的上述结论。

已知:如图在四边形 $ABCD$ 中,

$\angle A = \angle \_\_\_\_ = \angle \_\_\_\_ = 90°$。

求证:_____。

分析:因为已知四边形 $ABCD$ 有一个角是 $90°$,只需再证四边形 $ABCD$ 是_____(填图形名称,应用矩形定义填写)。

证明:

2. 由此得到矩形的判定定理 2：
① 用文字语言表示：_____。
② 用符号语言表示：
∵ 在四边形 ABCD 中，∠A=∠_____=∠_____=90°，
∴ 四边形 ABCD 是矩形。

定理剖析：要证明一个四边形是矩形，必须要满足的条件是此四边形有_____。

归纳：矩形的判定方法共有_____种。

定义：_____。

判定定理 1：_____。

判定定理 2：_____。

三、超越自我

在数学活动课上，老师让同学们判断一个四边形门框是否为矩形，下面是某合作学习小组的 4 位同学拟定的方案，其中正确的是（　　）。

A. 测量对角线是否相互平分

B. 测量两组对边是否分别相等

C. 测量一组对角是否相当

D. 测量其中三个角是否都为直角

四、我自学中的困惑

研学

对学：两人一组对照导学案交流自学中的收获与困惑。

群学：组长带领本组成员解决本组的疑难问题，若解决不了，组与组之间相互探讨。

示学

各小组展示自学部分出现问题较多的题目。

检学

独立完成以下练习后组长检查，统计结果。

必做题

1. 完成课本第 96 页的练习 2。

提示：应用平行四边形性质 3 及矩形判定定理 1 解答。

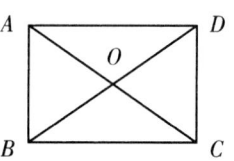

选做题

2. 下列判定矩形的说法正确的是_____。

(1) 对角线相等的四边形是矩形。

(2) 对角线互相平分且相等的四边形是矩形。

(3) 四个角都相等的四边形是矩形。

(4) 有三个角都相等的四边形是矩形。

(5) 有三个角是直角的四边形是矩形。

(6) 一组对角互补的平行四边形是矩形。

小结

1. 本节课我的收获是_____。

2. 本节课的优秀小组是_____。

"矩形的判定（2）"[①] 第三版导学案

学习目标	1. 会证明矩形的两个判定定理，会应用矩形的判定定理解决简单的问题。 2. 经历探究矩形判定条件的过程，通过观察—总结—猜想—证明，发展合情推理能力。 3. 培养主动探究的习惯，在类比与转化的数学思想的学习中，进一步体会矩形的结构美和应用美。
重点难点	重点：矩形的判定方法的推理。 难点：平行四边形、矩形的判定及性质的综合应用。
学习方法	类比平行四边形的判定方法，通过观察、猜想、验证，得到判定矩形的方法。
学具准备	尺子或三角板。

	学习内容	学法指导	知识链接
自学	**基础达标** 仔细阅读课本第 54～55 页，独立完成下列问题。 1. 利用矩形定义如何判定一个平行四边形是矩形？		

---

① 采用的是人教版（2013年版）数学八年级下册教材。

（续表）

	学习内容	学法指导	知识链接
自学	2. 求证：对角线相等的平行四边形是矩形。 已知：如下图，在 ▱ABCD 中，对角线 AC=BD。 求证：四边形 ABCD 是矩形。 证明：（说清思路即可） 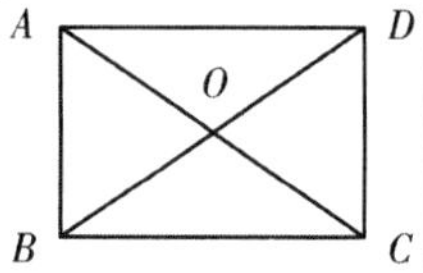 由此得到矩形的判定定理1：_____。 用符号语言表示： ∵ 在 ▱ABCD 中，AC=_____， ∴ 四边形 ABCD 是矩形。 3. 求证：有三个角是直角的四边形是矩形。 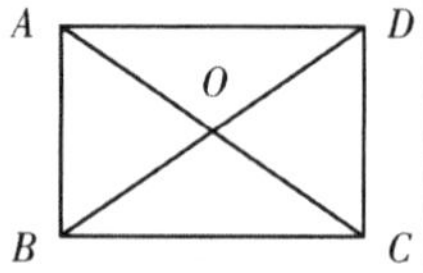 已知：如上图，在四边形 ABCD 中，∠A=∠B=∠C=90°。 求证：四边形 ABCD 是矩形。 证明：（说清思路即可） 由此得到矩形的判定定理2：_____。 用符号语言表示： ∵ 在四边形 ABCD 中，∠A=∠_____=∠_____=90°， ∴ 四边形 ABCD 是矩形。 归纳：矩形的判定方法共有_____种。 分别是_____。	利用三角形全等及矩形定义可证。	有一个角是直角的平行四边形是矩形，这是判定一个平行四边形是矩形的最重要和最基本的方法。

(续表)

	学习内容	学法指导	知识链接
自学	**能力提升** 1. 如右图，在四边形 ABCD 中，AD∥BC，∠D=90°，若再添加一个条件，就能推出四边形 ABCD 是矩形，你所添加的条件是_____。 2. 工人师傅在做门窗或矩形零件时，①测量两组对边的长度相等，是为了保证它是_____（填图形名称）。②测量两条对角线的长度也相等，是为了保证它是_____（填图形名称）。 **中考链接** 已知：如图，在△ABC 中，∠ABC=90°，BO 为中线，延长 BO 到点 D，使得 OD=BO，连接 AD、BD，求证：四边形 ABCD 为矩形。	应用矩形定义填写。	
研学	自学：解决个人困惑。 研学：解决组内困惑。		
示学	1. 展示矩形判定定理的符号语言表示方法。 2. 展示各小组存在的问题。		
检学	**必做题** 1. 完成课本的练习 1 和练习 2。 **选做题** 2. 下列判定矩形的说法正确的是_____。 (1) 对角线相等的四边形是矩形。 (2) 对角线互相平分且相等的四边形是矩形。 (3) 四个角都相等的四边形是矩形。 (4) 有三个角相等的四边形是矩形。 (5) 有三个角是直角的四边形是矩形。 (6) 一组对角互补的平行四边形是矩形。		

第四节　导学案编写与修改的感悟

导学案编写的收获

张　红

随着素质教育的全面实施，为了切实落实构建有效课堂的教学理念，提高学生自主合作探究的能力，使学生成为自主学习的主人，我校实施"四学一导"高效课堂模式已经三年了。编写导学案，对于我们实验初中的老师来说已经不是新鲜事了。我们人人都会编写导学案，而且能编写一篇篇优秀的导学案。

导学案，就是把新知识点问题化，就是把新知识点拆解成学生可以通过思考就能解决的小问题，每个小问题解决后，新知识点即所谓难点的解决就水到渠成了。

一篇优秀的导学案，应能充分体现导学的功能，要把知识问题化，即通过导学案能引导学生更好地去阅读课本，使学生带着问题去主动思考课本知识，有效地参与学习过程，最大限度地还原科学发展的过程，这有利于学生养成发现问题、解决问题的能力。在课堂教学中使用导学案，把学习的主动性还给了学生，很好地调动了学生主动学习的兴趣，从而有效提高了教学效率。经过三年对导学案的编写，我有以下体会。

导学案的编写是整个导学过程的最重要的环节，要求教师对教材要有深层次的理解，对知识点要有正确的把握，对学情即认知程度要有足够的了解。我们要把握好导学案的编写原则。

（1）围绕学习目标，紧扣教材，从整体上体现教材的知识结构和知识间的内在联系，设计出符合学生实际情况的学习目标，使学生明确自己的学习目标，以及自己将要掌握的重点知识和要突破的难点知识。

（2）设计的问题要有启发性，对学生难以理解的内容要有适当的提示，配以一定数量的思考题，以引导学生自主学习，使学生在问题的解决中培养能力，激发求知欲。

（3）问题设计应有层次性、梯度性，应根据学生的实际情况逐渐增加问题的难度，做到循序渐进，使学生意识到要解决教师设计的问题不看书不行，看书不认真也不行，光看书不思考不行，思考得不深、不透也不行。这样，学生就能在解决问题的过程中，学会看书，学会自学。

同时对编写导学案的目的一定要清楚。

首先，编写导学案是为了营造和谐的课堂教学氛围。"四学一导"高效课堂模式，要求以学生的自主学习为主，教师进行适当的指导，师生共同合作完成教学任务，所以，有利于构建和谐的课堂教学氛围，真正提高学生的学习兴趣和积极性。

其次，编写导学案是为了提高课堂教学效率。怎样让四十分钟的课堂更高效，更充实；怎样让我们的课堂教学过程更优化，减少无效或低效活动，这是我们的最终目标，导学案的使用就是为了提高我们的教学质量。

最后，编写导学案是为了发挥集体教研的力量。通过本组内各位教师的出谋划策，不断创新，不断修改，共同设计出版面精美、环节清晰、重点突出的导学案。

为了切实上好每一节课，刚开始我们在编写导学案的过程中，将导学案分为"自学""研学""示学""检学"四个环节，并结合课堂教学过程的要求将导学案分为学习目标、学习重点、学习难点、学法指导、学习过程、检学等部分。

三年来，导学案的编写侧重点在不停地变化，导学案也在不断地完善，如将导学案分成了学习内容、学法指导、知识链接三大板块，以使学生掌握更多的学习方法，增强自学能力。

为了设计好导学案，我们分工合作，每个人负责一部分内容的备课，组内的每一位教师都绞尽脑汁，仔细认真地设计每一个教学环节，先个人编写成稿，再到组内讨论修改，再由组长审核定稿，力争呈现给学生最完善的导学案。

导学案能起到指导学生预习的作用。每节课前，把导学案发给学生，使学生在课堂上的预习活动中能有的放矢，学生有了清晰的思路，对本节课的学习目标、学习重难点有所了解后，便能有针对性地进行课堂学习。

导学案在课堂上能起到引导探究的作用，在独学的基础上，按照具体环节引导学生进行学习。导学案能指导学生针对主要问题进行独学或者对学、群学，然后学生分组讨论，合作交流，积极展示学习成果。在课堂上，师生共同解决问题。

导学案对知识具有巩固作用，导学案中的检学不仅可以巩固课堂学习内容，还能进行拓展提升练习，让课堂内容和课外知识能够有序地联结起来，便于学生掌握。

当然，导学案还有待改进的地方。

第一，在导学的过程中，学习方法和学习策略以及知识链接的指导显得有些流于形式，学法指导太空泛，应该把学法指导渗透到各个环节中去。

第二，由于时间的关系，在导学案的实际应用中，容易忽视导学步骤，忽视对学生合作交流探究能力的培养。

第三，对导学案不能做统一标准要求，因为各个学科都有自己的特点。

总之，我认为导学案的使用规范了课堂学习过程，培养了学生的自主合作探究能力，有利于因材施教，有利于提高学生的学习成绩。但每一个新事物的出现，总要经历不断的更新与完善，我想在今后的不断摸索与创新的过程中，我们一定会设计出更科学、更实用的导学案，真正做到教学相长。

编写导学案，让我们有了一起学习、共同成长的平台，虽然辛苦，但受益匪浅。课改的路上，我们继续前进！

第四章
课例研修

课例研修是以课例为载体,在教学行动中开展的包括专业理论学习在内的教学研修活动。课例研修旨在提高教师的教学能力和理论水平。课堂实践、观察诊断、评议探究,是课例研修的必备环节。

第一节　课例研修的认识

步入信息时代，学生获取知识的途径不仅多样化了，且快捷方便，借助参考资料、网络媒体，皆可获得学习所需的知识。这就使得教师不能仅仅停留于"传道、授业、解惑"的浅层次格局。时代呼吁教师要与时俱进，摆脱一身的匠气，由传授知识的学者型教师成长为研究型教师，研究教法，研究学法，努力构建启智、高效的课堂模式，让课堂真正成为"知识的超市，生命的狂欢"，让学生的智慧、能力在课堂上获得提升。这就需要教师加强教研能力，重视课例研修，提高课堂教学效率。

一、课例研修的概念

课例，顾名思义是关于一节课的教与学的案例。课例研修，是拟定明确的研究主题，以教师的课堂教学实践为基础，以一节课的教学为案例，对课堂教学活动进行观察诊断、反复修改，寻找解决问题的方法和技巧，从而打造启智、高效的课堂的一种教学研修活动。课例研修旨在通过反复的课堂实践、明晰的观察诊断、深度的评议研讨、高效的方法探索，在真实的教学情境中发现问题、探究方法、解决问题，从而提升执教者的教学能力和理论水平。课堂实践、观察诊断、评议探究，是课例研修的必备环节。

二、课例研修的目的与意义

课例研修是教师研修团队的共同行为，以某一人或某几人的课堂教学实践为例，诊断评析，反复修改，以探求科学高效的教学方法。教师在学习、实践、研讨、反思、改进、再实践中得到提升，提高课堂时效性，使学生最终受益。

课例研修是最本色的一种教研方式，其意义是多方面的。一是聚焦课堂，反复研磨，便于教师结合实践在反思中提升。课例研修聚焦课堂，以发现、解决教学中的问题为目的，教师通过听课、评课，发现问题，剖析原因，寻找解决问题的有效方法，在实践中反思，在反思中提高，潜心打造高效课堂。二是协同合作，全员参与，有利于形成虚心真诚的学术风气。课例研修倡导同组互助，构建学习共同体，旨在查漏补缺，取长补短，提高教师整体教学能力。三是基于困惑，勇于实践，有利于调动教师的研究热情。课例研修为教师集体观课、集体评议、探究改进教学提供了平台，为深化教学研究奠定了基础。四是探寻方法，提升理论，有利于教师素养的提升。课例研修的价值不仅是探寻教育的规律，更是在此过程中生成教育智慧，让教学更加优化，而且，能使教师培养研究型教师所具备的专业素养：悉心观察、勇于实践、善于学习、勤于反思、乐于探究。

三、课例研修和课题研究的区别

1. 研究对象不同

课例研修主要是针对某一节课或者某一类课，研究课堂教学中启智、高效之法，寻找教学规律，达到举一反三、触类旁通的目的。课题研究的对象极为广泛，教育教学中的问题都可以研究，可以是学习方法方面的，可以是教师施教方面的，也可以是学生行为习惯方面的。课例研修的对象仅限于课堂学习，而课题研究则由课堂辐射到校园、家庭、社会。

2. 研究方法不同

课例研修要聚焦课堂，发现问题、分析评议、反复实践、寻找规律，其核心是听课、诊断、改进。而课题研究的方法有观察法、实验法、案例研究法、问卷调查法、活动促进法等，要根据课题研究的内容、需要，用多种形式展开研究。

3. 组成人员不同

课例研修只能在同年级同学科之间开展，研究人员必须是同学科教师，最好是以教研组为单位开展。而课题研究则无此限制，可以是不同年级、不同学科的教师，只要有益于课题研究即可。

总的来说，课例研修比课题研究聚焦点明确，范围小，更容易操作。

四、课例研修的组织方法

开展课例研修，首先要组建研修小组，形成课例研修共同体，并选好组长、主要施教者、拟定主题、制订研修计划。可以是一个教研组组建一个研修共同体，也可以是同年级的五到六个教师组成一个研修共同体。

一个完整的课例研修过程需要经过"三次实践，反思评议，总结改进"的过程。"三次实践"，就是针对同一个主题或内容的课堂教学，在同一个年级、学生学习水平比较接近的不同班级，反复进行听课诊断，从而发现问题，寻求改进方法。经过三轮实践诊断，得出的观点、方法才有信度和效度。"反思评议"，是指每次听课诊断后，要发现问题，集体评议，探究解决问题的有效途径，改进教学方法，并设计出更好的课堂教学方案。经过反思评议，每位研修成员都能提高教学能力。"总结改进"，是指在三次实践、反思评议之后，将探究所得的有效方法进行归纳总结，并以理论做指导，以案例做依据，形成可操作的经验材料，智慧共享，全面改进课堂教学。

课例研修的基本流程如下。

（1）拟定主题，使整个研修过程有明确的方向。

（2）设计方案。依据新课程理念和教材内容，结合所设想的初步方法，设计教学方案，并由执教者对研修共同体进行说课。教学方案的设计要有可操作性，突出对主题的探究。

（3）听课诊断。把教学方案运用于课堂实践，研修组成员深入课堂，听课、观察、发现问题、记录诊断。

（4）反思评议。听课观察之后，研修组成员对课堂实践的得失进行反思、诊断、评议，寻求解决问题的更好方法。

（5）进行第二轮研修，再次进行选课设计、听课诊断、反思评议，将第一轮的研讨所得运用于实践，进一步修正改进。

（6）进行第三轮研修，没有最好，只有更好，要精益求精。

（7）活动总结，形成研修报告，进行经验推广。

在课例研修流程中，最关键的环节是听课诊断和反思评议。听课诊断时要客观公正地去关注，目标明确地去观察，科学准确地去诊断。反思评议时要注意指出问题，分析原因，探寻方法，集思广益。

五、课例研修应注意的问题

1. 主题拟定力求明确具体

选择教学中的一个问题，一般是教学中普遍存在的某一类值得研究的共性问题，可以是对教师教学行为的研究，也可以是对学生学习方式的研究。例如，如何处理教材、设计教学方案才能体现新课程理念？课堂探究活动如何组织才有效？各种类型的课如何组织效果更佳？怎样突出学生的主体地位？这些都可以作为课例研修的主题。课例研修离不开真实的课堂，而一节课的研究容量是有限的，研修主题必须目标明确、内容具体、范围适宜，围绕主题设计的研究问题不宜过多，不能太宽泛、太笼统。那种大而空、针对性不强的主题往往科学性较差，主攻目标不清楚，难以实施。

2. 不能把课例研修的课堂实践当作公开课、示范课来上

课例研修活动与平时的公开课、示范课教学观摩活动比较接近，都是通过听课、评课的形式进行。但公开课、示范课的目的是教学水平的"亮相"，教学技能的"示范"，教学成果的"交流"，旨在让每个教师学习借鉴，以提高教学能力。而课例研修是要发现问题，通过探究评议来寻求解决问题的方法，一定要立足最本真的课堂教学，从常态课堂中发现问题，探寻方法，凝聚群体的智慧，使教师获得更快、更好的发展。比起公开课、示范课，课例研修是一种更本色的教研方式。

3. 要围绕主题展开研修活动

课例研修以发现问题、解决问题，提高课堂教学效率为目的。首先，要在课前召开课例研修会议，明确课例研修的主题，以及要解决的问题，以便备好课，上好课。不是备一节课、上一节课、听一节课和评一节课地完成"任务"。其次，要在组员独立备课的基础上，组织组员集体备课，预设解决问题的策略、方案。再次，执教者在课前说课，让听课者明白课堂流程、设计意图，确保课堂观察有针对性。最后，根据要解决的问题，确定课堂观察重点，进行组员分工。课前会议、观察诊断、评议探究，都要围绕主题展开。

4. 课堂的观察诊断应体现四个基本维度

四个基本维度是学生学习、教师引导、学科性质、课堂文化。这四个基本维度其实对应着四个问题：学生在课堂中是怎样学习的，是否有效？教师在课堂上是如何引导的，哪些行为适当，哪些行为不适当？这堂课的学科性体现在哪里？自己在听课中发现了什么问题，应如何改进？听课者要眼观六路，耳听八方，方能发现问题，进而诊断评议。听课者要围绕研修目标进行观察，要善于发现问题，分析研究，提出改进意见。

听课前，要设计出全方位、多角度的听课记录表，以保障课堂观察和课后反思活动的有效开展。听课记录表的设计可采用复线型的，把课堂观察分为五栏：教学活动的设计、学情分析、教师的组织引导、成功之处及原因、不足之处及原因和改进方法。这样的设计，促使听课者共同体在听课时能从教师的教法、学生的学法、措施手段等方面全面观察，增强观察的实效性，从而为诊断评议提供依据。课中观察时，听课者不宜坐在教室后面，而应坐在学生旁边，必要时也可在教室里巡视，以了解学情。

5. 议课要抓住关键事件，避免先入为主

议课，即课后反思评议。评议探究时不可泛泛而谈，应围绕研修主题进行，聚焦课堂的关键事件、关键问题，深入讨论分析，进行思维碰撞，提出改进措施，做到问题明朗化，建议明晰化。所提的意见应基于课堂教学本身，用课堂实录来说话，不能在议课时先入为主，基于自身固有的经验对执教者评头论足，脱离课堂行为。议课还要立足"学生的学"，只有从学生学的角度出发，才能知道教学有效与否，才能帮助教师提高自我反思能力，利用相关理论更好地指导、改进教学行为。议课可采用"话题式"，先提出问题，再围绕问题逐条进行探究，这样的方式便于教师全面、清晰、深入地分析问题，探究教学方法。

6. 要重视研修经验的总结

研修经验的总结要力求视角独特。创新是衡量课例研修成果价值的依据之一。发现别人未曾发现的教育教学中的真实问题，尝试新的教学方法，获取新的教学经验，产生与原行为不同的效果，才能使课例研修成果富有新意。研修成果的展示可多样化，包括公开发表的论文、著作等。其他成果材料包括优秀课例、课堂实录、议课实录、教学课件、学生优秀作品、教具制作等。在课例研修过程中，组长要注意经验的总结，写好研究成果报告。

课例研修，要求研究教师要有洞察力、判断力、创新力，要有不怕困难和挫折、勇于创新的精神，要有独立思考和创造性工作的能力，要善于与他人协同合作。教师要善于学习先进的教育理论，更新教育理念，提高自身的专业素质，只有这样才能使课例研修取得显著成效。在课例研修过程中，教师的知识在充实、能力在发展、素质在提高。课例研修，为广大教师提供了历练的机会，发展的舞台。

第二节 课例研修的实践

为了使教师更好地运用"四学一导"高效课堂模式进行授课，提高教师理解课标、处理教材、驾驭课堂的能力，我校积极倡导教师进行课例研修实践，并制订了相应的实施方案、课例研修活动计划书、课例研修活动记录样表等。

一、课例研修实施方案

1. 课例研修的目标

通过开展课例研修活动，要求教师能够了解不同科目、课型中"四学一导"高效课堂模式的特点，能够运用新的教学模式上好不同类型的课，能够掌握"四学一导"高效课堂模式中各个环节的操作要领，熟练地驾驭课堂。

2. 课例研修的主体

我校思想品德、语文、数学、英语、物理、化学学科教师。

3. 课例研修的安排

从2012年12月开始至2013年5月底结束，分三个阶段进行。

（1）学习培训阶段。

2012年12月初，学校召开"四学一导"课例研修活动培训会，组织教师学习课例研修的方法，要求教师积极参与课例研修，同时下发课例研修的相关学习材料。

（2）实施研修阶段。

本次课例研修以教研组为单位，由各领导牵头，教研组组长组织完成研修工作，主题的确定及人员的分配见课例研修安排表（略）。要求各组在第二学期前8周完成"三课三反思"这一研修过程，做好听课、议课等资料的填写，以及收集与整理工作。

（3）成果整理阶段。

参考研修过程，利用2周时间，完成课例研修报告，其他成员结合研修情况，选取课例中的"关键事件"形成研修论文。

4. 课例研修的流程

（1）确定主题。根据此方案要求，由各领导牵头，教研组组长组织召开教研组会议，安排人员分工，确定研修主题、示范课课题，各课题组组长制订研修计划，保证圆满完成研修活动。

（2）三课三反思。

① 课前会议。

根据研修安排，教研组组长组织召开课前会议，评议执教者的导学案，主要由执教者向研修小组成员阐述本节课的设计理念、教学模式的应用、重难点的突破等问题。执教者在导学案设计中应体现自己对研究主题的理解。同时，针对主题确定课堂观察的重点、课堂观察人员的分工、下次议课时间等相关事宜，保证按时按量完成研修活动。

② 第一轮课（原行为阶段）。

开始上课时，研修小组成员做好记录工作，完成课堂观察表。

③ 第一轮反思。

在第一轮课结束后，课例研修组的所有成员根据课堂观察表进行第一次反思。

由组长主持，在集体反思的过程中，要让每一位成员都有发言的机会，同时安排一名成员做好记录工作，记录要求完整、原始。

集体反思不可泛泛而谈，要描述观察到的现象并进行解释，发现教学问题并提出改进措施，做到问题明朗化，建议明晰化。

④ 第二轮课（新设计阶段）。

执教者参与集体反思后，结合自身情况，对课例研修组成员提出的问题与建议进行认真反思，并对导学案进行修改。

再次上课时，课例研修组成员同样做好记录工作，完成课堂观察表。

⑤ 第二轮反思。

第二轮反思的程序和内容与第一轮反思基本相似。有所差别的是，第二轮反思侧重先进理念与实际教学效果之间的差距，以便继续调整教师的教学行为。

⑥ 第三轮课（新行为阶段）。

执教者根据第二次上课的情况和反思，重新对导学案进行设计，再次授课，课例研修组成员同样做好记录工作，完成课堂观察表。

⑦ 第三轮反思。

第三轮反思与以上两次基本相同，仍然侧重缩小先进理念与实际教学效果之间的差距，以便继续调整教师的教学行为。

（3）总结成果。课例研修成果的种类主要分为过程性成果和终结性成果。过程性成果有导学案、课堂观察表、议课记录表、课堂实录（文字和光盘）等。由于课例研修小组内成员分工不同，过程性成果往往是由成员个人负责完成，内容具有单一性和纪实性；把每个成员的过程性成果汇集起来，就形成了能够指导自己和他人教学的学科课例培训资源包。

终结性成果包括课例研修报告、学术论文等。课例研修报告是最具典型意义的、以文字形式呈现的课例研修成果。它是课例研修中必不可少的部分，包括研修的背景、过程与方法、结果、分析与讨论、改进与建议等方面的内容。课例研修论文的选题可以选取课例中的"关键事件"，也可以以课例研修主题命名，宜小而实，忌大而空。

二、"四学一导"课例研修活动计划书

本学期，我校的校本研修工作计划以课例研修活动为载体，分2个阶段进行，具体安排如下。

时间	研修内容
2月21日	教研组会议，确定研修主题，安排人员分工
2月25日	根据研修主题确定课例、执教者及其他人员分工，安排具体操作事宜
第一周	执教者备课
3月3日	课前会议，评议执教者的导学案，安排听课人员分工
第二周	第一轮课
3月10日	第一轮反思
第三周	第二轮课
3月17日	第二轮反思

(续表)

时间	研修内容
第四周 3月24日	第三轮课 第三轮反思
第五周 3月31日	第一阶段成果总结 执教者备课 课前会议，评议执教者的导学案
第六周 4月7日	第一轮课 第一轮反思
第七周 4月14日	第二轮课 第二轮反思
第八周 4月21日	第三轮课 第三轮反思
第九周	第二阶段成果总结

三、"四学一导"课例研修活动记录样表

____年__月

科目		教学模式	
课题			
研修人员			
课标要求			
课型特点			
课型设计	自学		
	研学		
	示学		
	检学		
课前会议			
导学案设计			

(续表)

研讨过程	环节实施情况	自学	
		研学	
		示学	
		检学	
	具体改进	自学	
		研学	
		示学	
		检学	
	创新亮点		
结题研讨	课型特征		
	实施的基本依据		
	课型设计的基本观点		
	课堂实施应注意的问题		

第三节 课例研修的范例

语文组"四学一导"课例研修活动记录表（一）

2013年3月6日

科目	语文	教学模式	"四学一导"高效课堂模式
课题	名著导读《水浒》		
研修人员	王锐　吴春苗　马晓曼　齐爱云　王小丽　杨亚萍　朱江华		
课标要求	《义务教育语文课程标准（2011年版）》（以下简称"语文新课标"）在总目标中提出："认识中华文化的丰厚博大，汲取民族文化智慧。关心当代文化生活，尊重多样文化，吸收人类优秀文化的营养，提高文化品位。"还提出："具有独立阅读的能力，学会运用多种阅读方法。有较为丰富的积累和良好的语感，注重情感体验，发展感受和理解的能力……能初步鉴赏文学作品，丰富自己的精神世界。"而且在学段目标中指出："学会制订自己的阅读计划，广泛阅读各种类型的读物，课外阅读总量不少于260万字，每学年阅读两三部名著。"语文新课标还在附录部分明确具体地指出了中学生课外的必读书目，让学生与名著为友，与大师对话，在经典中净化灵魂，陶冶情操，升华人格。		

(续表)

课型特点	采用"四学一导"高效课堂模式，让学生自主学习、合作探究、大胆展示、挑战补充、总结学法。让学生积极参与学习，主动获取知识，提升能力，真正成为学习的主人。	
课型设计	自学	浏览全书简介和阅读建议，了解作者、整体感知主要内容和本书特点。
	研学	阅读精彩片段，概括故事情节，评价人物形象。
	示学	大方展示，质疑补充。
	检学	制订阅读计划。
课前会议	1. 组长解说课例研修的主题、意义，推选执教者。 2. 选定课例，由执教者设计导学案。 3. 执教者说课，说明本节课的设计思路、各环节设计的目的。	
导学案设计	**名著导读《水浒》导学案（第一轮）** 设计人：王 锐 【学习目标】 1. 通过默读，初步了解作品内容，激发阅读名著的兴趣。 2. 细读精彩片段，感受作品的艺术魅力。 3. 制订阅读计划，促进有效阅读。 【学习重点】通过阅读思考，感受人物形象，感悟人生道理，提高理解、感悟能力。 【学习难点】制订阅读计划，促进有效阅读。 一、导入 播放歌曲《好汉歌》。 师：刘欢老师的《好汉歌》，气势恢宏，铿锵有力。这是哪部电视连续剧的主题歌？这节课，我们一起走进名著《水浒》，认识梁山上的英雄好汉，感受他们的疾恶如仇、侠肝义胆、义薄云天。 二、自学 阅读名著简介，走进名著。 1. 阅读内容简介部分，归纳阅读收获。 作者： 主要内容： 主题思想： 该书特点：	

（续表）

导学案设计		2. 你知道《水浒》中的哪些故事，简要概括出来，讲给大家听听。 三、研学 阅读精彩片段，思考下面的问题。 1. 简要概括节选部分的主要内容。 2. 评价鲁提辖的形象。 3. 读了精彩片段，你有何感受，简要谈谈。 四、示学 1. 组内交流自学部分，提出自学困惑，进行合作探究。 2. 组内合作探究研学部分，确定展示形式。 3. 分工预演，准备展示。 4. 聆听展示，大胆追问，精彩补充，激情点评。 五、检学 你一定很想了解《水浒》中英雄豪杰的故事，感知他们除暴安良、义薄云天的个性吧，赶快去拜读经典吧。请制订出自己的阅读计划。
研讨过程	环节实施情况	
	自学	能做到静、专、思，70%的学生能自主完成自学任务，部分学生只在书上圈点勾画，懒于书写。
	研学	讨论激烈，但是大多是组长讲解，组员补充。
	示学	示学形式有板书展示，有口头展示，落落大方。但是大多是组长展示，有学优生独霸课堂的嫌疑。
	检学	检学题学生无从下手，不会制订阅读计划。
	具体改进	
	自学	自学部分任务应再明确一点儿。要求学生圈点批注，或者书写。 教师要加强巡视，了解学情。
	研学	研学部分要分工合作，照顾到学困生。 教师要参与讨论，杜绝假讨论。
	示学	示学部分应改进学优生独霸课堂的现象，尽量让中等生和学困生展示。
	检学	在制订阅读计划方面适当给予方法提示，让学生有思路，有重点。
	创新亮点	1. 能采用"四学一导"高效课堂模式，让学生自主学习、合作探究，突出了学生在学习中的主体地位。 2. 引导学生展示、点评，使学生提升了能力，树立了自信心。
结题研讨	课型特征	"四学一导"高效课堂模式，自主学习，合作探究。
	实施的基本依据	1. 语文新课标的要求。 2. "四学一导"高效课堂模式的基本理念。

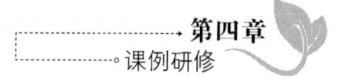

(续表)

结题研讨	课型设计的基本观点	1. 知识方面：使学生初步了解名著，丰富知识积累，激发阅读兴趣。 2. 能力方面：提高学生的自主学习能力、合作探究能力、理解表达能力。
	课堂实施应注意的问题	1. 解决学优生独霸课堂的问题，展示时参与的学生要多，课堂参与率要高。 2. 学生小组讨论、合作探究时，要有主导者，不能用组长的讲解代替讨论。

语文组"四学一导"课例研修活动记录表（二）

2013 年 3 月 28 日

科目	语文	教学模式	"四学一导"高效课堂模式
课题	名著导读《水浒》		
研修人员	王锐　吴春苗　马晓曼　齐爱云　王小丽　杨亚萍　朱江华		
课标要求	语文新课标在附录部分明确提出了中学生课外阅读的书目，让学生与名著为友，与大师对话，在经典中净化灵魂，陶冶情操，升华人格。语文新课标在阅读教学方面的具体导向："应加强对阅读方法的指导，让学生逐步学会精读、略读和浏览。""要重视培养学生广泛的阅读兴趣，扩大阅读面，增加阅读量，提高阅读品位。""提倡少做题，多读书，好读书，读好书，读整本的书。""加强对课外阅读的指导，开展各种课外阅读活动，创造展示与交流的机会，营造人人爱读书的良好氛围。"这些要求，有力地指导了课例研修的方向。		
课型特点	采用"四学一导"高效课堂模式，让学生自主学习、合作探究、精彩展示、质疑补充、激情点评、高效总结、领会方法，让学生真正成为学习的主人，积极参与学习，主动获取知识，提升学习能力。		
课型设计	自学	浏览全书简介和阅读建议，了解作者，整体感知主要内容、本书特点，并完成知识整理。	
	研学	阅读精彩片段，概括故事情节，评价人物形象，总结阅读方法。	
	示学	合作探究，大方展示，追问补充，点评激励，小结方法。	
	检学	能在温馨提示下，制订出阅读计划。	
课前会议	1. 组长归纳第一轮听课所发现的问题，评议诊断，改进方法。 2. 集体改进导学案。 3. 执教者说课，说明本次导学案改进的亮点及其意图。		

(续表)

导学案设计	名著导读《水浒》导学案（第二轮） 设计人：王　锐 【学习目标】 1. 通过自主默读，初步了解作品内容、人物及相关故事，激发阅读整部名著的兴趣。 2. 细读精彩片段，感受作品的艺术魅力，有自己的理解和感悟。 3. 能在温馨提示下，制订阅读计划，促进有效阅读。 【学习重点】通过阅读思考，感受人物形象，感悟人生道理，提高理解、感悟能力。 【学习难点】从相关描写中感知人物形象，准确进行评价。 一、导入 播放歌曲《好汉歌》，并齐唱，营造学习氛围。 师：刘欢老师的《好汉歌》，豪气冲天。这是哪部电视连续剧的主题歌呢？这节课，我们一起走进名著《水浒》，认识梁山上的英雄好汉，感受他们"路见不平一声吼"的豪情，及疾恶如仇、除暴安良、侠肝义胆、义薄云天的性格特点。 二、自学 阅读名著简介，整体感知。 1. 阅读内容简介部分，归纳阅读收获。 作者： 主要内容： 主题思想： 主要人物及其个性特点： 2. 你知道《水浒》中的哪些故事，简要概括出来，讲给大家听听。 三、研学 阅读精彩片段，思考下面的问题。 1. 简要概括节选部分的主要内容。 2. 结合相关描写，评价鲁提辖的形象。 3. 读了精彩片段，你有何感受，简要谈谈。 4. 通过阅读精彩片段，你总结出了哪些阅读方法？ 四、示学 1. 由学困生主讲，组内交流自学部分，并提出自学困惑进行合作探究。 2. 由中等生主讲，合作探究研学部分，确定展示内容及展示形式。 3. 分工预演，准备展示。 4. 聆听展示，大胆追问，质疑补充，激情点评。 五、检学 1.《水浒》中的英雄很多，请写出和下面故事相关的人物。 倒拔垂杨柳（　　）　　雪夜上梁山（　　　　） 景阳冈打虎（　　）　　浔阳楼题反诗（　　　　） 2. 你一定很想了解《水浒》中英雄豪杰的故事，感知他们除暴安良、义薄云天的个性吧，赶快去拜读经典吧。请制订出自己的阅读计划（每天阅读的页数，打算多长时间读完，利用什么时间段阅读，怎样阅读……）。

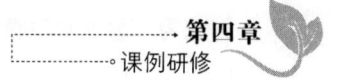

(续表)

研讨过程	环节实施情况	自学	能做到静、专、思，80％的学生能自主完成自学任务，都能工整书写导学案，但是还不够清晰。
		研学	讨论激烈，照顾到了中等生和学困生，学生参与度高，但不能及时纠正自己的错误。
		示学	示学形式有板书展示，有口头展示。参与展示的学生增多，学生热情高涨，积极主动。但是不注意聆听和纠错，点评、追问较少，没有思维的碰撞。
		检学	能写出简单的阅读计划，但是课后是否能按阅读计划阅读，就很难保障了。应该设计出检查方式，以促进学生的有效阅读。
	具体改进	自学	自学部分任务应更明确化、条理化，任务最好用表格的形式呈现。要特别关注学困生，以了解学情。
		研学	研学时尽量让学困生主讲，其他学生补充纠错。也可由中等生、学困生分工主讲，学优生纠错补充。教师要适当参与小组讨论，点拨方法。
		示学	引导学生一边聆听，一边改错补充，多种感官参与学习活动。用评价来激励学生大胆质疑。
		检学	设计出督促整本阅读的方法，并实施检查。
	创新亮点		1. 能照顾到中等生、学困生，使课堂展示参与率高，课堂气氛活跃，学生学习热情高涨。 2. 内容上有所改进，增加了对阅读方法的归纳。 3. 注重了教师的导学。
结题研讨	课型特征		"四学一导"高效课堂模式，自主学习，合作探究。
	实施的基本依据		1. 语文新课标的要求。 2. "四学一导"高效课堂模式的基本理念。
	课型设计的基本观点		1. 知识方面：使学生初步了解名著，丰富知识积累，归纳阅读方法，激发阅读兴趣。 2. 能力方面：提高学生的自主学习能力、合作探究能力、理解表达能力。 3. 照顾到不同层次的学生，课堂学习参与度高。 4. 教师随时了解学习情况，注重点评激励。
	课堂实施应注意的问题		1. 继续改进学优生独霸课堂的问题，展示时参与的学生要多，让人人都展示，人人有事做。 2. 展示时，要引导学生及时补充，大胆纠错，适当追问，要注意用鼓励性的语言评价学生，要进行正面引导。 3. 要设计出督促学生课外阅读的方法，检查学生的阅读情况。

语文组"四学一导"课例研修活动记录表（三）

2013 年 4 月 20 日

科目	语文	教学模式	"四学一导"高效课堂模式
课题	名著导读《水浒》		
研修人员	王锐　吴春苗　马晓曼　齐爱云　王小丽　杨亚萍　朱江华		
课标要求	语文新课标在总目标中提出："认识中华文化的丰厚博大，汲取民族文化智慧。关心当代文化生活……提高文化品位。""具有独立阅读的能力，学会运用多种阅读方法。有较为丰富的积累和良好的语感，注重情感体验，发展感受和理解的能力。""能初步鉴赏文学作品，丰富自己的精神世界。"而且在学段目标中指出："学会制订自己的阅读计划，广泛阅读各种类型的读物，课外阅读总量不少于 260 万字，每学年阅读两三部名著。"语文新课标还在附录部分明确提出了中学生课外的必读书目，让学生与名著为友，与大师对话，在经典中净化灵魂，陶冶情操，升华人格。 语文新课标在阅读教学方面的具体导向："应加强对阅读方法的指导，让学生逐步学会精读、略读和浏览。""要重视培养学生广泛的阅读兴趣，扩大阅读面，增加阅读量，提高阅读品位。""提倡少做题，多读书，好读书，读好书，读整本的书。""加强对课外阅读的指导，开展各种课外阅读活动，创造展示与交流的机会，营造人人爱读书的良好氛围。"这些要求，有力地指导了课例研修的方向。		
课型特点	采用"四学一导"高效课堂模式，让学生自主学习、合作探究、精彩展示、挑战补充、激情点评、高效总结、领会方法，让学生真正成为学习的主人，积极参与学习，主动获取知识，提升学习能力。		
课型设计	自学	浏览全书简介和阅读建议，了解作者，整体感知主要内容、本书特点，并完成知识整理，填写表格。	
	研学	阅读精彩片段，概括故事情节，评价人物形象，有自己独特的阅读感受，总结阅读方法。	
	示学	合作探究，大方展示，追问补充，激情点评，总结方法。	
	检学	能在温馨提示下，制订出阅读计划，积极为读书交流活动做准备，制订出开展活动的时间。	
课前会议	1. 组长归纳第二轮听课所发现的问题，讨论改进方法。 2. 再次改进导学案。 3. 执教者说课，说明本次导学案改进的亮点及其设计意图。		

(续表)

导学案设计	名著导读《水浒》导学案（第三轮）
	设计人：王　锐 【学习目标】 1. 通过阅读教材，初步了解作品，感知精彩的故事情节、鲜明的人物形象，激发阅读整部名著的兴趣。 2. 细读精彩片段，感受作品的艺术魅力，总结阅读方法。 3. 制订阅读计划，安排相关读书活动，促进有效阅读。 【学习重点】通过阅读思考，感受人物形象，感悟人生道理，提高感悟能力。 【学习难点】通过精读，总结读书方法。 一、导入 播放歌曲《好汉歌》。 师：刘欢老师的《好汉歌》，豪气冲天，荡气回肠。这是哪部电视连续剧的主题歌？这节课，我们一起走进名著《水浒》，认识梁山上的英雄好汉，感受他们"路见不平一声吼"的豪情，和疾恶如仇、除暴安良、侠肝义胆、义薄云天的个性特点。精彩的故事情节、鲜明的人物形象，会让你折服于施耐庵的妙笔与构思。 二、自学 阅读名著简介，走进名著。 1. 用圈点批注法阅读内容简介，然后归纳阅读收获，完成下面的表格。

书名		评价	
作者		朝代	
主要内容			
主题思想			
梁山好汉共性			
个性特点与主要事件	鲁智深（　）		
	李逵（　）		
	林冲（　）		
	武松（　）		

(续表)

导学案设计	三、研学 阅读精彩片段，画出描写主人公的相关语句，批注阅读感悟，然后思考下面的问题。 1. 简要概括精彩节选的主要内容。（开端、发展、高潮、结局） 2. 结合相关描写，评价鲁提辖的形象。（从精彩描写中感悟） 3. 读了精彩片段，你有何感受，简要谈谈。（内容、启示、写法均可） 4. 通过阅读，你总结出了哪些阅读方法，与大家分享一下。 四、示学 1. 由学困生主讲，组内交流自学部分，并提出自学困惑进行合作探究。 2. 由中等生主讲，组内合作，探究研学部分。 3. 分工预展，准备展示。 4. 聆听展示，大胆质疑，精彩补充，激情点评。 五、检学 1.《水浒》中的英雄很多，请写出和下面故事相关的人物。 倒拔垂杨柳（　　）　　雪夜上梁山（　　） 景阳冈打虎（　　）　　浔阳楼题反诗（　　） 智取生辰纲（　　）　　拳打镇关西（　　） 2. 用《水浒》中的一个故事情节，仿写句子。 黄泥冈上，吴用智取生辰纲。 _____ 3. 你一定很想了解《水浒》中英雄豪杰的故事，感知他们除暴安良、义薄云天的个性吧，赶快去拜读经典吧。请制订出自己的阅读计划（每天阅读的页数，打算多长时间读完，利用什么时间段阅读，怎样阅读等）。 六、课堂延伸 1. 四周之后要举行一次"讲《水浒》故事"的小小故事会，邀请你参加，请认真阅读，做好准备吧。 2. 六周之后要举行一次"我评《水浒》英雄"的演讲比赛，请留心英雄好汉的个性特点，相信你一定会有真知灼见的。认真阅读，处处留心，功到自然成。 3. 学期末要举行"《水浒》拾贝"读书笔记展览活动，阅读过程中要做好读书笔记。

(续表)

研讨过程	环节实施情况	自学	能做到静、专、思，95%的学生能自主完成自学任务且能工整书写，也有些学生进行了批注。教师能关注学困生，了解学情。
		研学	讨论激烈，照顾到了中等生和学困生，学生参与度高。学生只是讨论，不能自觉改错补充，完善自己的导学案。
		示学	示学形式有板书展示，有口头展示，均落落大方。参与展示的学生增多。学生热情高涨，敢于质疑挑战，大胆追问，课堂上有思维的碰撞，智慧的交锋。教师能参与讨论，指导学生学习方法。
		检学	准确度不高，部分学生没完成。能写出简单的阅读计划，相信也会认真阅读，为后续工作积极准备。
	具体改进	自学	自学任务采用表格的形式呈现，更加清晰明了。
		研学	研学由中等生和学困生分工主讲，关注到了学困生。
		示学	示学时参与率高，能分工展示，合作默契。能做到一边聆听，一边改错补充。教师可多用激励性的语言，激发学生质疑追问，使课堂出现思维的碰撞，智慧的交锋。
		检学	设计出了督促、保障整本阅读的方法，要注意将方法落实。
	创新亮点		1. 能照顾到中等生和学困生，使课堂展示参与率高，课堂气氛活跃，学生学习热情高涨。 2. 内容上有所改进，增加了对阅读方法的归纳，并通过课堂延伸的检查来督促学生阅读。
结题研讨	课型特征		"四学一导"高效课堂模式，自主学习，合作探究。
	实施的基本依据		1. 语文新课标的要求。 2. "四学一导"高效课堂模式的基本理念。
	课型设计的基本观点		1. 知识方面：使学生初步了解名著，丰富知识积累，归纳阅读方法，激发阅读兴趣。 2. 能力方面：提高学生的自主学习能力、合作探究能力、理解表达能力。 3. 照顾到不同层次的学生，课堂学习参与度高。
	课堂实施应注意的问题		1. 继续改进多由学优生展示的问题。 2. 引导学生在展示时要及时补充，大胆纠错，适当追问，归纳点评，要有思维的碰撞、智慧的交锋，提高学生的辨析应对能力。 3. 导学案的设计要有知识，有方法，有拓展延伸，要重视三个维度的把握。

第四节　课例研修的成果

名著导读课例研修报告

一、课例研修提出的背景

在高考指挥棒的指导下，初中语文教学应试教育愈演愈烈，名著阅读在学习活动中几乎被遗忘。因为名著阅读的阅读量大，阅读时间长，但在高考中所占分值少，对于应试来说，属于"广种薄收"，甚至是"颗粒无收"的活动。学生普遍对名著阅读的兴趣一般，大多数学生是在老师的要求下才勉强去阅读名著的，在名著阅读教学中，常常以"压缩饼干"式的阅读取代"原汁原味"的阅读，将整部名著分为作者常识、基本情节、主要人物及其性格特点、写作特色、人物评价等若干知识点，扼要地编印成一份备考资料，让学生背熟。加之当今已进入信息时代，人们被图像所包围，影视、多媒体课件、动画、VCD、网络视频等，使读图替代了读文，娱乐替代了思考。名著阅读被目的化、快餐化，导致大多数学生有可能已经与名著绝缘。面对这种现状，我们提出了"名著导读"课例研修活动，以探究名著导读教学的有效方法，激发学生的阅读兴趣，让名著阅读能从课内延伸到课外，促使学生好读书、读好书。同时，探究用"四学一导"高效课堂模式，上好名著导读课的有效方法。

二、课例研修的指导思想

语文新课标在总目标中提出："认识中华文化的丰厚博大，汲取民族文化智慧。关心当代文化生活，尊重多样文化，吸收人类优秀文化的营养，提高文化品位。""具有独立阅读的能力，学会运用多种阅读方法。有较为丰富的积累和良好的语感，注重情感体验，发展感受和理解的能力。""能初步鉴赏文学作品，丰富自己的精神世界。"而且在学段目标中指出："学会制订自己的阅读计划，广泛阅读各种类型的读物，课外阅读总量不少于260万字，每学年阅读两三部名著。"同时，还明确而具体地指定了课外必读书目，让学生与名著为友，与大师对话，在经典名著中净化灵魂，陶冶情操，升华人格。

三、课例研修的内容

（1）探寻"名著导读"教学的有效方法，使课堂教学省时高效，时效性更强。

（2）通过"名著导读"，指导学生阅读方法，提高学生的阅读能力、理解能力、文学鉴赏能力，为其广泛涉猎名著奠定基础。

（3）通过"名著导读"，提高学生的感悟能力，使学生真正把"文学"读成"人学"，提高文化素养，了解社会人生。

（4）激发学生阅读名著的兴趣，使他们养成良好的阅读习惯，让书香一路相伴。

四、课例研修的方法

（1）跟踪观察法。深入课堂教学，观察记录，使研修过程有据可依。

（2）评议交流法。听课后，同组教师评议交流，寻求名著导读教学的有效方法。

（3）反思完善法。善于反思，查漏补缺，不断改进，寻找高效教学方法，并将其付诸课堂实践，改进完善。

五、课例研修的步骤

本课例研修主题点面结合，分步实施。

第一阶段：研读课标，研读教材（2012年2月）

第二阶段：课堂实践，诊断改进（2013年3月—2013年4月）

第三阶段：完善方法，推广交流（2013年5月）

第四阶段：结题归纳，形成材料（2013年5月）

六、课例研修的过程

1. 研读课标，研读教材

课例研修组的成员认真研读语文新课标，明确语文新课标中关于名著导读的目标要求，做到方向明确，以便有力地指导教学。经研读，一致明确了语文新课标的导向："应加强对阅读方法的指导，让学生逐步学会精读、略读和浏览。""要重视培养学生广泛的阅读兴趣，扩大阅读面，增加阅读量，提高阅读品位。""提倡少做题，多读书，好读书，读好书，读整本的书。""加强对课外阅读的指导，开展各种课外阅读活动，创造展示与交流的机会，营造人人爱读书的良好氛围。"

教材内容，是课例研修的课堂基础。义务教育课标实验教科书每册都编写了名著导读。7~9年级六册教材推荐的名著：《繁星》《春水》《伊索寓言》《童年》《昆虫记》《朝花夕拾》《骆驼祥子》《钢铁是怎样炼成的》《海底两万里》《名人传》《水浒》《傅雷家书》《培根随笔》《格列佛游记》《简·爱》。每篇名著导读都包括全书简介、阅读建议、精彩片段、探究思考等内容。

2. 课堂实践，诊断改进

在我校"四学一导"高效课堂模式研讨初见成效的大背景下，语文组开展了"四学一导"高效课堂模式下的名著导读课例研修。所谓"四学一导"课堂，主要是"自学""研学""示学""检学"四个环节，"一导"主要是指贯穿这四个环节之中的老师的指导。这种课堂模式，有利于学生自主学习、独立思考、合作探究、深入理解、相互学习、共同提高，突出了学生在学习中的主体地位，让学生真正成为学习的主人。

名著导读，顾名思义就是要引导学生读名著，激发学生阅读整本书的兴趣。这不是一课时就能完成的学习任务，而是一个有计划、有方法、有过程的读书活动；是一个有交流、有体验、有展示的过程。经讨论，我们初步理出名著导读课的任务：了解主要内容，赏读精彩情节，指导阅读的方法，激发学生读整部名著的兴趣。在读书的过程中，举办读书交流活动，促使学生有效阅读。读完整本书后，举办一个读书笔记展。

具体安排如下。

一课时：导读名著。（阅读简介，走进名著；阅读精彩片段，学习读书方法；制订读书计划，有效阅读）

4~5周后：读书交流活动。（故事会、读书论坛、演讲比赛、有奖抢答等形式）

期末：读书笔记展，展示读书笔记。（读完整本书，宏观探讨问题。收集、整理自己的读书笔记，或心得感受，或手抄报，或制作的名人书签等，全班范围内展示）

针对一课时的名著导读，进行三次课堂跟踪观察，分三周进行。由一人主讲，组员观察记录，发现问题，记录案例。只有来自实践的理论方法，才能更好地指导实践。

3. 完善方法，推广交流

（1）观察评议，探究方法。每次对课堂跟踪观察之后，就课堂上暴露出的问题进行议课。议课时，先由执教者反思，接着由观察跟踪者各抒己见，指出问题，组长对问题进行归纳。然后展开讨论，就所归纳的问题，逐一探寻改进方法。最后全组成员群策群力共同改进导学案，说明下一次课堂实践应注意的问题。发现问题、探究方法、交流碰撞、反思改进、提高完善，每一次议课都是一次质量的提升，方法的超越。

（2）案例引领，共同提高。研修共同体中的每一位组员都能积极参与案例研修，主动承担导学案的设计者、课堂的施教者，最终打造出精品导学案作为范例，归结出高效的教学方法。先后有马晓曼老师的《钢铁是怎样炼成的》、吴春苗老师的《朝花夕拾》、王锐老师的《水浒》，受到课例研修组员成的一致好评。

（3）尝试评价体系的构建。通过读书笔记展、故事会、读书论坛、名著阅读手抄报展、辩论赛等丰富多彩的读书活动，使学生在交流中感受到名著阅读的成功，激发阅读名著的兴趣。

4. 结题归纳，形成材料

做好结题的相关工作，包括结题报告的撰写、课堂教学案例的整理、论文、学生成果（习作、小论文等）、课件、录像等，课例研修组成员都能分工合作，主动承担。

七、课例研修的几点思考

1. 如何处理好名著阅读与减轻学生课业负担的关系

①减少机械抄写与记忆的作业，让学生腾出更多的时间进行课外阅读。②提供阅读时间，允许学生自习时间看书，提倡学生完成课内作业后主动阅读。③在假期给学生布置阅读名著的作业，并要求学生写出心得体会。

2. 如何克服阅读倦怠、走马观花等问题

读一本名著，需要的时间较长，初中生自我约束力不强，容易产生阅读倦怠。在阅读时走马观花，只看情节，看热闹，效果不佳。在这个过程中，教师要采取检查笔记的方式督促，采取表扬的方式激励引导。如果只布置读书，过后不闻不问，落实起来就比较难了。读书论坛活动、读书笔记展示活动、讲名著故事活动、好书伴我成长的演讲比赛等，都能有效地促使学生阅读，也是对读书效果的一种检查。

第五章
同课异构

同课异构的教研方式,为教师提供了一个面对面交流互动的平台。这个平台,可以展示不同教师对文本不同的解读方式,引发参与教师的智慧碰撞,使各教师取长补短,从而大幅度提高教学水平和教学质量。

第五章 同课异构

第一节　同课异构的认识

一、什么是同课异构

所谓同课异构，是指选用同一教学内容，由不同的教师从现有的教学条件和学生实际出发，根据自己对课标、教材的理解，结合教学经验和自身特点等独立进行教学设计，并公开示范展示，使同一教学内容以不同的课堂结构、不同的教学风格、不同的方法策略呈现，课后统一进行反思交流，方便教师取长补短，相互学习。

在同课异构中，"同课"是基础，"异构"是核心，是灵魂。选择同一教学内容，决定了"异构"是在一个共同的基础上进行的；而不同的教师由于自身学识、经验、性格等差异必然导致最后的教学设计呈现出五彩缤纷的效果。教学内容的共性决定了同课异构的"同"，不同教师的个性决定了同课异构的"异"，能够反映出同课异构魅力的恰恰是"异构"。我们能够在不同教师的个性化教学设计与实践中，发现问题、解决问题，最终优化课堂教学，使自己对课堂教学的认识、对课标与教材的理解、对教学规律的把握经历一个"认识—实践—再认识—再实践"的不断螺旋上升的教学认知过程。

二、同课异构活动的重要意义

你有一个苹果，我有一个苹果，交换后每人还是一个苹果；你有一种思想，我有一种思想，交换后每人有两种思想。同课异构活动可以展示不同教师对文本的解读方式，引发参与教师的智慧碰撞，使教师取长补短，从而大幅度提高教育教学水平，提高教学质量。具体来说，同课异构活动具有以下重要意义。

1. 有利于解决课堂教学中的实际问题

我们搞教研活动，就是要摒弃那些不利于学生发展的落后的教学思想、教学观念，改变陈旧的教学方法，这将有利于学生的发展，有利于教师将新思想、新观念和新方法运用于自己的教学实践之中。同课异构活动立足于课堂教学，着眼于课堂教学中存在的各种实际问题，能够充分发挥教师集体的智慧和力量，共同分析、研究并解决课堂教学中存在的问题。通过这一活动，不仅能解决教师个人在教学上存在的个性问题，还能解决教师群体在教学中存在的共性问题。

2. 有利于激发教师的教学热情，形成浓厚的教研风气

同课异构活动以课例为载体，研究的是教师感兴趣的具体的课堂教学，能够帮助教师解决课堂教学中存在的问题。所以，在研讨中，教师人人有话说、有问题可研，人人有启示、有收获，大大增强了教师的职业幸福感。教师们积极参与听课、评课活动，积极实践，教研风气愈来愈浓，教学热情也愈来愈高。同课异构活动将教师的教学与研究融为一体，让教师在教学中研究，在研究中教学，保证了教师的课堂教学常上常新，每次都有新的体验，每次都有新的收获。

3. 有利于资源共享，优势互补

同课异构强调"同中求异、异中求同"，它可以让我们清楚地看到不同教师对同一教材内容的不同处理方式，不同的教学策略所产生的不同教学效果，并由此打开教师的教学思路，彰显教师的教学个性，真正体现了资源共享、优势互补、共同发展的特点。

4. 有利于提高教师的教育教学水平，提高教学质量

在同课异构活动中，教师不仅能认真去听、去想、去感悟，还能反思自己的教学行为。在同课异构活动中，教师们通过共同探讨教学重难点的突破，探讨学法的指导，探讨教学的艺术，交流彼此的经验等，使不同教学策略在交流中碰撞、升华，从而学到很多新的教学方法和教学理念，并在课堂教学中积极实践。一旦有了成功的体验和感受，教师就会把它内化成自己的教学方式，并能在实践中不断改进和提高，逐步形成独具个人魅力的教学风格和教学艺术。这样，教师的教育教学水平就会提高，教学质量也会不断提高。

5. 有利于教师更新教育教学理念，转变教学行为

教师是课堂教学的组织者、引导者、合作者和实践者，其教学行为决定着课堂效率的高低。在同课异构活动中，通过对各种新旧教学方法的比

较，教师会看到符合课标要求的课堂绝对是胜出一筹的，认识到新课改的重要性，从而自觉地加入到新课改的行列中来，改变自己的教学方法，改变学生的学习方法，真正把课堂交给学生，把课标落到实处，在实现三维目标的同时，实现课堂高效。

总之，课堂是教师的实验田。同课异构活动为教师的课堂教学注入了生机和活力，为教师的专业发展提供了平台。通过这个平台，教师的教学生活丰富了，教学水平提高了，与同伴的关系更融洽了，与学生的距离更近了，职业幸福感也更强了。

三、同课异构活动的基本流程

同课异构活动的基本流程：确定教学内容；研究教材、课标，分析学情及现有资源；撰写教学设计；共同上课；课后进行比较性反思研讨，认识教学的基本规律。具体来说，应做到以下几点。

1. 确定教学内容

召开教研组会议，根据同课异构活动的目的，选定有研究价值的教学内容。

2. 研究教材、课标，分析学情及现有资源

根据选定的教学内容，各教师仔细分析教材、研读课标，明确教材的编写意图，知道课标对这一教学内容的具体要求。并在此基础上了解学生的实际情况，包括学生的知识掌握情况、已有经验、存在的问题，以及学生的学习习惯、性格特点等。同时，要对现有的教学资源、条件等进行分析，充分利用有利的教学资源及条件。

3. 撰写教学设计

教师在分析教材、研读课标、了解学情的基础上，广泛收集、整理相关资料，并结合自身的特点构思课堂框架，撰写教学设计。还可以召开备课组会议，对本组教师的教学设计从教学切入点、教学的方法策略、重难点的把握及突破等多个方面进行研究优化。

4. 共同上课

各教师根据自己的教学设计逐个上课，其他教师听课并做好课堂观察记录，以备课后评课及进行比较性反思、讨论。

5. 课后进行比较性反思研讨，认识教学的基本规律

教师上完课后，召开教研组会议，先让执教教师谈自己的教学设计及课后反思，听课教师要针对各教师上课情况及时对每一位教师的课堂进行评价，然后大家主要从不同风格、不同课堂结构、不同教学方法策略等方面对各位教师的课进行比较分析，探讨每一种课堂的优缺点，解决课堂教学中存在的问题。这是实现同课异构真正意义的最关键的一个环节。通过这一环节，人人谈见解、谈启示、谈收获，使各位教师更好地认识教学的基本规律，不断改进自己的教学方式、教学策略，优化课堂教学，提高教学效率。

四、开展同课异构活动应注意的问题

同课异构活动以提高教师的教育智慧，不断优化课堂教学，实现高效课堂为目的，在实施的过程中应该注意以下问题。

1. 要以同一教学内容为基础

同课异构的基础是"同课"，即同一教学内容，这样才能保证教师进行比较性研究。同中求异、异中求同，没有了"同课"这一"同"，比较就失去了基础，就不能称其为同课异构了。

2. 执教教师要精心备课

在同课异构活动中，确定教学内容后，各执教教师要认真研究教材，并根据课标的要求确定教法和学法，精心备课。这样，各位教师才能"八仙过海，各显其能"，为后面集体研讨打下坚实的基础。备课时一定要用上教材，教材是众多专家、学者智慧的结晶，如果我们把教材完全抛弃，就有点绕远路了。但我们在使用教材时，一定要在原有教材的基础上有所创新，把自己认为比较好的例子或材料用上，体现自己的智慧和闪光点。

3. 要仔细观察，做好课堂记录

没有仔细的观察就没有精细的分析，没有精细的分析就难以发现问题，没有问题的发现与解决就难以取得进步。所以，我们在听课时要仔细观察，做好课堂记录，听课教师最好能分别从课堂的各个环节或课堂教学的不同方面分工进行观察、记录，并从自己观察的方面进行评课，

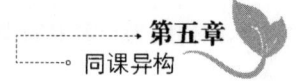

帮助执教教师对自己的教学行为进行反思，同时为集体研课打下坚实的基础。

4. 要重视课后的比较研究

课后的比较研究是实现同课异构重要意义的关键所在，我们要明确比较的主题，关注同课之中的异构"异"在何处，各种异构在课堂教学行为中的表现有什么不同，取得了什么效果，存在着什么问题等。只有这样，才能对各位教师的课堂进行深入的分析比较，得出科学的结论，达到这一教研活动的最终目的。

5. 教师之间要团结协作

奥斯特洛夫斯基有句名言："不管一个人多么有才能，但是集体常常比他更聪明和更有力。"当我们在日常教学中遇到难以解决的问题时，我们的第一反应常常是寻求同伴的帮助。没有同伴的互助，仅靠我们个人的单打独斗是很难进步或快速成长的。在同课异构活动中，我们要力求团队成员之间进行广泛的对话与合作，营造浓厚的互助合作氛围，将个人的才智与集体的智慧紧密地结合起来，从而在促进教师个体快速成长的同时，促进整个教师团队的进步，实现学校教育教学整体质量的提高。

6. 要以解决问题为目标

教师的课堂教学水平、教学智慧只有在不断解决问题的过程中才能逐步提高，所以，在同课异构活动中我们要以解决问题为目标，不断发现问题，这就需要我们通过集体的分析和研讨明确问题的关键，提出解决问题的方法和途径。然后在以后的课堂教学中不断地尝试，不断地改进解决问题的方法。但每个教师都有自己的特点和教学风格，我们在教学中不能盲从，而要扬长避短，打造自己的课堂教学特色。

总之，同课异构活动是有价值的。通过这一教研活动，会给教师队伍注入一股新鲜的血液，让每位教师受益匪浅，更让那些求知若渴的莘莘学子能在充满生机和活力的课堂上尽情地汲取营养，早日成长为现代化建设的栋梁之材。

第二节　同课异构的实施方案

为充分调动我校教师积极投身课堂教学改革，探讨校本教研的有效方法和途径，进一步提高课堂教学的实效性，全面落实素质教育"全体发展、全面发展、科学发展"的要求，我校决定开展同课异构活动。为把活动开展好，特制订活动方案如下。

一、同课异构活动的目标

同课异构本身属性决定了授课教师授课形式的多样化，目的在于让广大教师感受不同的授课风格，在鉴赏中寻找差异，在比较中学习提高。通过同课异构活动，让教师明白课堂教学是个性化的艺术，在教学过程中我们精心设计的教学环节也许对学生来说是无效甚至是有弊端的，只有通过教师们的共同研讨，集思广益，我们才能发现自己设计的不足，从而进行改正，打造高效课堂。

（1）促进教师对教材、教法的钻研，提高课堂教学的实效性和有效性，提高课堂教学效率。

（2）优势互补，集思广益，使更多的教师能够自由地交流教育教学思想，营造更加和谐的教学研究氛围。

（3）促进反思和实践的优化，加快教师专业成长的步伐。

（4）推动教师对现代教育理念与教学方法的学习和运用。

（5）推进课堂教学改革，促进教学方法与教学手段的更新。

（6）让每一个学生都能获得生动活泼、积极主动的发展。

二、同课异构活动的内容

同课异构一般是指选用同一教学内容，不同教师根据学生实际、现有的教学条件和教师自身的特点，进行不同的教学设计。我们可以理解为"同备、同上、同听、同评一节课"。

（1）同备一节课，就是参加活动的教师选定一节课，并认真备课写出一份教学设计。相关教师对执教教师的教学设计提出意见与建议，使之能更好地把握教学目标，加深对课标、教材的理解，在此基础上完善教学设计。

（2）同上一节课，就是同一学科的不同教师执教同一教学内容，这定会有不同的味道、风格和效果，也就有了不同的精彩、不同的遗憾。因为教师的差异是客观存在的，教师的理论素养、教学经验和教学对象各不相同，这样教师们就有了讨论的材料和研究的问题，从而彼此学习，共同提高。

（3）同听一节课，就是所有参与教师共同听课。

（4）同评一节课，就是同组教师（包括执教教师）根据自己对教材、学生的理解，针对执教教师的教学活动谈出自己的感受。通过大家的互动、沟通、分享，推动每一位教师在教育、教学研究领域中的发展。

三、同课异构活动的组织领导

1. 领导小组

组长：孙铁龙

成员：王志强　秦艳刚　武　卫　刘军民　王华刚　党　纳

2. 分工负责

每一次活动都由分管教学的学校领导具体负责，具体分工：武卫老师负责语文、王华刚老师负责数学、秦艳刚老师负责英语、刘军民老师负责思想品德、党纳老师负责理化、王志强老师负责史地生。同时，同课异构教研组组长负责协同执教教师选定课题、参与教学设计及教研活动全过程，并按照要求做好活动记录，收集活动图片、执教教师的总结与反思记录表、听课教师的听课材料，以备查阅。

四、同课异构活动的步骤

（1）本学期第一周，由教务处牵头制订同课异构活动实施方案，并积极向教师宣传开展同课异构活动的意义，正确认识同课异构活动对提高我校教研水平、促进教师专业成长的意义，引领广大教师积极投身于同课异构活动之中。

（2）从第二周至学期末，各学科依次开展同课异构活动，主要分为以下几步。

一是独立钻研，写好教学设计。

课题确定后，各位教师积极主动地收集相关资料，精心研究教材，潜心钻研教学方法，形成高水平的教学设计，彰显自己的教学特色。

二是网上集体备课，集思广益。

活动进行前一周，执教教师将教学设计发送到教研组组长的邮箱，教研组组长发给相关学科教师，待各位教师提出修改意见与建议后，汇集到教研组组长处，并反馈给执教教师，执教教师进行二次备课。

三是实施教学，集中听课。

按照同课异构活动计划安排一览表规定的时间、地点参加听课活动。

四是互动研讨，总结提高。

首先由执教教师进行教后反思，教研组内所有教师根据自己对教材、学生的理解，针对执教教师的教学活动谈自己的感受。然后大家主要从教学风格、课堂结构、教学方法策略等方面进行比较分析，探讨不同课堂的优缺点，解决课堂教学中存在的问题。

五是自我反思，撰写活动心得。

各教师结合本次活动的开展情况，每人在会后针对自己感悟最深、收获最大的地方写一篇"活动心得"，上交学校教务处存档。

五、同课异构活动的评价奖励

每学年，学校都要对同课异构活动进行检查评价，并纳入学校对教研组和教师的评价中。同时，组织同课异构活动先进个人和先进教研组评选活动，对先进个人和先进教研组积极推荐上报，进行表彰奖励。

实验初中 2013—2014 学年第二学期同课异构活动计划安排一览表

周次	节次	科目	执教教师	周次	节次	科目	执教教师
第二周（周五）	1	语文	杨银华	第十一周（周五）	1	地理	奚爱丽
	2	语文	杨亚萍		2	地理	屈益华
	3	数学	何晓丽		3	生物	井瑶
	4	数学	张萍		4	生物	李苏红
第三周（周五）	1	英语	户文敏	第十二周（周五）	1	语文	齐爱云
	2	英语	赵丽		2	语文	白爱丽
	3	思品	张莉		3	语文	王锐
	4	思品	张艳		4	语文	张翠玲

(续表)

周次	节次	科目	执教教师	周次	节次	科目	执教教师
第四周 (周五)	1	物理	雷晓敏	第十三周 (周五)	1	数学	王晓艳
	2	物理	李雪艳		2	数学	张夏玲
	3	化学	李淑倩		3	数学	胡婉会
	4	化学	王 军		4	数学	张秀茹
第五周 (周五)	1	历史	李 盼	第十四周 (周五)	1	英语	王 玲
	2	历史	王彦峰		2	英语	赵荔萍
	3	地理	任 强		3	英语	白改丽
	4	地理	薛晓娟		4	英语	夏 红
第六周 (周五)	1	生物	雷冬梅	第十五周 (周五)	1	思品	张 晶
	2	生物	武 丹		2	思品	陈红英
	3	语文	张 娟		3	物理	张 丽
	4	语文	张 红		4	物理	李爱玲
第八周 (周五)	1	数学	靳成民	第十六周 (周五)	1	数学	雷 艳
	2	数学	张艳丽		2	数学	李 洁
	3	英语	韩 娟		3	英语	康 萍
	4	英语	张 燕		4	英语	赵晓莲
第九周 (周五)	1	思品	宋新丽	第十七周 (周五)	1	思品	党晓月
	2	思品	肖冰荔		2	思品	王建琴
	3	物理	马斌艳		3	语文	朱江华
	4	物理	叶艳萍		4	语文	王晓梅
第十周 (周五)	1	化学	潘红萍	第十八周 (周五)	1	数学	李聪玲
	2	化学	谷 盼		2	数学	马淑倩
	3	历史	纪 荣		3	英语	贾 薇
	4	历史	王荔萍		4	英语	张献丽

说明：（1）讲课地点统一在大厅，所有教师提前调整好课务，按时参加听课，不得迟到、早退、无故缺席。（2）执教教师统一着正装，学生着校服。（3）所有领导小组的成员为评委，为参赛教师客观、公正打分，项目要填全。

实验初中同课异构活动记录表

时间		班级	
科目		记录人	
参加人员			
活动内容			

实验初中同课异构课堂评价表

科目：_____ 执教教师：_____ 日期：____月__日

指标	权重(分)	指标要求	优秀(分)	良好(分)	合格(分)	一般(分)	得分
一看学习目标	15	1. 目标设计体现三个维度。 2. 目标准确、简明。 3. 目标可检测。	15	11	7	3	
二看导学案设计	25	1. 知识问题化：有思维含量，不照搬教材、教辅。 2. 问题层次化：由浅入深，由易到难，由特殊到一般。 3. 过程探究化：方法提炼，过程归纳，教材整合，中考链接。	25	19	13	7	
三看学生展示	40	1. 小组互展，脱稿展示。 2. 提炼、类比、归纳知识，不照搬教材、教辅。 3. 不仅展示问题，同时标注重点，强调难点，指出易错点，提炼方法，总结规律。 4. 学生思维有交锋，有碰撞。	40	30	20	10	
四看课堂评价	20	1. 教师重视评价，且多采用鼓励性语言。 2. 适时评价，提升课堂高度。 3. 重点处组织学生变式陈述，多元评价；难点处组织学生分层阐释，分段评价。 4. 归纳、总结、提炼时能通过评价提升学生的思维水平。	20	16	12	8	
评分人			总分				

注：使用此表各项得分要齐全。

实验初中同课异构活动总结与反思记录表

姓名		班级	
科目		内容	
课堂主要优点			
存在问题以及改进措施			

实验初中同课异构活动心得

撰写人		课题	
听课体会与思考			

第三节 同课异构教学设计范例

下面是我校关于思想品德"特殊保护，自我保护"一课的同课异构教学设计范例。

"特殊保护，自我保护"教学设计

设计人：宋新丽

【学习目标】

1. 能够说出法律对未成年人进行了哪些特殊的保护，及其保护的原因。

2. 能够辨别哪些保护属于家庭保护，哪些保护属于学校保护，哪些保护属于社会保护和司法保护。

3. 增强自我保护意识，能说出在日常生活的各种特定条件下进行自我保护的方法和技能。

4. 能够说出未成年人的合法权益受到侵害后，获得法律帮助的方式和途径。

5. 知道如何运用法律武器同违法犯罪行为做斗争。

【学习重点】掌握家庭保护、学校保护、社会保护、司法保护、自我保护的相关内容。

【学习难点】学会自我保护。

【学法指导】案例分析法、小组合作讨论法。

自学

复习"特殊保护，自我保护"的相关内容，独立完成以下问题，及时用红笔标记自己的疑惑。

1. 基础知识的梳理。

(1) 特殊保护 ｛ 原因 ｛ A.　　　　　　　　　
　　　　　　　　　　B.　　　　　　　　　
　　　　　　　　　　C.　　　　　　　　　
　　　　　　专门法律：＿＿＿＿＿＿＿＿＿＿＿＿＿
　　　　　　四大保护：＿＿＿＿＿＿＿＿＿＿＿＿＿

(2) 防范侵害，自我保护的方法：

①

②

③

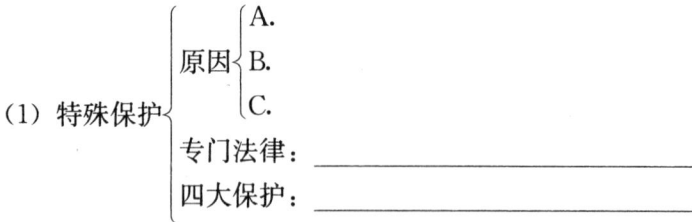

(3) 同违法犯罪行为做斗争 ｛ 维权的途径 ｛ 1.＿＿＿＿＿＿（最常用）
　　　　　　　　　　　　　　　　　　　2.＿＿＿＿＿＿（最有效）
　　　　　　　　　　　　合法权益受到侵害时 ｛ 不能＿＿＿也不能＿＿＿
　　　　　　　　　　　　　　　　　　　　　 正确做法：＿＿＿＿＿＿

2. 复习探究。

(1) 情境分析

情境一：小青早晨上学，发现学校门口有一位警察叔叔在巡视。询问

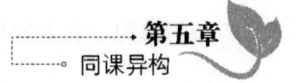

老师才知道，最近，为保护学生的安全，当地政府在各中小学和幼儿园配备了大量警力。同时，学校也增加了保安和录像监控设备。

小青的这些所见所闻，体现了＿＿＿＿＿＿＿＿＿＿＿＿＿＿＿

情境二：八年级学生小猛因为在校外参与打群架造成他人伤残而被学校开除。

① 小秦认为，小猛和学校的做法都是违法的，因为＿＿＿＿＿＿＿
＿＿＿＿＿＿＿＿＿＿＿＿＿＿＿＿＿＿＿＿＿＿＿＿＿＿＿＿＿

② 小猛要维护自己的合法权益应该＿＿＿＿＿＿＿＿＿＿＿＿＿＿
＿＿＿＿＿＿＿＿＿＿＿＿＿＿＿＿＿＿＿＿＿＿＿＿＿＿＿＿＿

（2）材料分析

2013年6月1日，在松花江中一名16岁少年溺水身亡，21个小时后尸体被打捞上来，就在十天前几乎是同一水域已经有一名少年溺水身亡。

6月10日，绥化市北林区太平镇中学四名学生溺水身亡。

7月10日，哈尔滨市呼兰区沈家镇吉卜村八名学生在村外一处存有积水的深坑内玩耍时，三名学生不慎溺水身亡。

8月1日，湖南省娄底市新化县温塘镇车田水库发生一起五名初中学生在补课期间结伴游泳齐遭溺亡的事件。

……

① 未成年人溺水身亡事件连续不断发生的原因有哪些？（提示：请从家长、学校、社会、自身的角度分析）

② 如果你的同伴下水游玩时遭遇溺水，你就在岸边，这时你会怎么办？

未成年人溺水身亡事件不绝于耳。社会公众呼吁：不要让"未成年人溺亡"悲剧继续上演。有关教育安全专家指出："其实悲剧可以最小化，甚至完全可以杜绝。"

③ 当遭遇意外伤害与险情时，我们青少年应该如何防范侵害、保护自己？

④ 你认为加强对未成年人的安全教育有什么意义？

3. 我的疑惑。

研学

1. 对子间交流基础知识的梳理,解决自学疑惑。
2. 在组长的带领下进行群学,即有序地讨论对子间未解决的问题。注意及时总结并记录解题的思路、方法和技巧。

示学

1. 第1组:情境分析题中情境二的第一个问题;第2组:情境分析题中情境二的第二个问题;第3组:材料分析题的第一个问题;第4组:材料分析题的第二个问题;第5组:材料分析题的第三个问题;第6组:材料分析题的第四个问题。组长要注意合理分工,力求全员参与,让更多的人从不同方面对本组展示的题目进行分析。
2. 运用术语激情点评,大胆质疑、追问。

检学

要求:独立完成,小组成员互批,组长检查。

必做部分:

1. 一天晚上,某中学八年级学生张林的妈妈送奶奶去了医院,爸爸上夜班还没有回来。突然一个陌生人来敲门,自称是他爸爸的朋友。如果你是张林,最恰当的第一反应是(　　)。

A. 出于礼貌,马上开门让客人进来

B. 立即拨打"110"报警

C. 不开门,告知对方:"我父母不在,请下次再来。"

D. 向邻居或周围的人大声呼救

2. 2013年10月23日,最高人民法院、最高人民检察院、公安部、司法部印发《关于依法惩治性侵害未成年人犯罪的意见》的通知。该通知规定:"办案人员到未成年被害人及其亲属、未成年证人所在学校、单位、居住地调查取证的,应当避免驾驶警车、穿着制服或者采取其他可能暴露被害人身份,影响被害人名誉、隐私的方式。"这表明(　　)。

①法律保护未成年人的名誉权、隐私权;②党和国家关心未成年人的健康成长;③法律对全体社会成员具有普遍约束力;④最高人民法院等部门具有立法权

A. ①②　　　　B. ①④　　　　C. ③④　　　　D. ②③

3. 火灾无情，它直接威胁人们的生命财产安全。据统计，近几年，我国每年发生火灾约 4 万起，死伤数千人。如果哪一天我们身陷火海，正确的逃生方法有（　　）。

①背向烟火方向迅速撤离；②如果消防通道充满烟雾，用湿毛巾、口罩捂住口鼻匍匐前进；③尽量往楼层上面跑；④乘坐普通电梯逃生

A. ①② 　　　B. ①④ 　　　C. ③④ 　　　D. ②③

选作部分：

4. 某中学学生小殷，多次受到三个不法分子的勒索。第一次，他们要她交 50 元"保护费"，声称不给便要打她，不准她上学，她只好把存起来的零花钱给了他们。三天后，他们又要她交出 100 元，声称不给便要划破她的脸，她只好偷偷地向别人借钱，凑足后给他们。但过了不到一周，这些人又来勒索她，要她再交 500 元。一个初中生哪来那么多钱？他们便把她劫持到一个宾馆，企图侵犯她，幸亏被宾馆保安人员发现，她才得救。

请根据材料，结合所学设计一个问题并回答。

课堂小结

1. 学生对照学习目标对本节课进行小结。
2. 评选本节课的优秀小组及个人。

"特殊保护，自我保护"教学设计

设计人：张　莉

【复习目标】

1. 熟悉法律对未成年人的特殊保护，熟练说出四大保护。
2. 学会自我保护，总结自我保护的方法。
3. 归纳知识之间的联系，能够运用知识解决实际问题。

【复习重点】 法律对未成年人的特殊保护。

【复习难点】 学会并应用自我保护的方法。

【学法指导】 自主探究法，合作探究法，案例分析法，对话法，问题法。

自学

请同学们快速阅读试题研究第 35～37 页内容，然后用红笔标出重点、难点，有疑惑的地方用蓝笔标出来。

1. 请同学们根据教材内容，梳理出本专题的重点知识，并绘制结构图。

2. 材料探究。

小童系列故事一：小童上七年级时，父母离异，与没有经济来源的奶奶一起生活，父亲再婚后，对小童不管不问，小童的成绩直线下降。为了生活费，小童第一次从亲戚家偷了50元。父亲知道后，和继母一起对他大打出手……

小童系列故事二：老师对成绩直线下降的小童越来越反感，有一次，他因为陪奶奶看病没有背过课文，放学后，老师不问原因就把他训斥了一顿……

小童系列故事三：郁闷的小童开始放纵自己，经常旷课、逃学。一次偶然的机会，小童被网吧老板"招呼"到网吧，从此，迷上了网络游戏……

小童系列故事四：为了弄到上网的钱，小童和几个"朋友"对同学威胁、敲诈，共作案19起，抢得现金380元和手机一部。在小童又一次作案时，被警方当场抓获。由于小童是未成年人，公安机关对外没有透露其姓名，法院也进行了不公开审理……

(1) 小童父母的做法对吗？为什么？

(2) 老师的做法对吗？为什么？学校应该怎样履行好学校保护的职责？

(3) 网吧老板的做法合法吗？为什么？小童这样发展下去会怎样？

(4) 小童违法了，可国家又是如何对待他的？

3. 典例回放。
(1) 见试题研究第38页第一题，针对"救还是不救"，同学们展开了讨论。你认为观点正确的是（　　）。
　A. 小望："我不会救人。救人是成年人的事情，与我无关。"
　B. 小金："我不会救人。别人都不救，我也不救。"
　C. 小萝："我不会救人。因为见义勇为不是未成年人的法定义务。"

D. 小丽:"我会救人。但我会寻求他人的帮助,共同施救。"

(2) 未成年人溺水身亡事件不绝于耳。社会公众呼吁:不要让"未成年人溺亡"悲剧继续上演。有关教育安全专家指出:"其实悲剧可以最小化,甚至完全可以杜绝。"

① 当遭遇意外伤害与险情时,我们青少年应该如何防范侵害、保护自己?

② 你认为加强对未成年人的安全教育有什么意义?

4. 我的疑惑。
你在自学的过程中,肯定有疑惑,请将它记录下来。

研学
要求:小组长搞好组织调控。先一对一讨论,在组内跨层交流,重点讨论答题的规律和方法,形成的答案要条理清晰、要点化、序号化。提高效率,力争全部解决疑难问题,达成学习目标。在小组长的带领下进行高效讨论,要求全身心投入。

对学:进行对学,交流自己的疑惑。

群学:组内成员围成一个圈,在小组长的带领下进行讨论与交流,形成统一的答案,并用双色笔将导学案进行完善。然后各小组派代表在黑板上展示,要写清楚组名和展示人的姓名。组内就展示的方案、形式进行商讨,为展示做准备。

示学
要求:全组成员共同参与,能呈现出本组的展示策略,可采用多种方式,要有创意。

1. 展示的形式多种多样,富有创新意识。
2. 认真倾听,及时追问,积极点评,大胆质疑,适时补充。

检学
请同学们在 5 分钟内顺利完成检学内容,对子互阅。

1. 2010 年 11 月 29 日 12 时许,新疆阿克苏第五小学发生一起踩踏事故,当时正是课间操时间,学生下楼至楼梯口发生拥挤,前面的学生摔倒后引起踩踏事故,造成 41 名学生受伤。事件警示我们(　　)。

① 校园安全至关重要,直接关系到孩子能否健康成长

② 学校保护做好了，孩子们就能免受各方面的意外伤害
③ 我们要提高自我保护意识和能力
④ 天灾人祸避免不了，发生点意外很正常

A. ①③④　　　B. ①②④　　　C. ①③　　　D. ①②③④

2. 辨析题。

2011年，我国发生多起校园砍杀事件，这给我们敲响了安全警钟，公安部门下发紧急通知，部署全国公安机关坚决严厉打击侵害师生安全的违法犯罪行为，要求全国学校加强安保工作。对此小张同学说："这样我们的安全就有保障了。"

你认为小张同学的说法对吗？

3. 阅读下列材料，回答问题。

据报道，一些乞丐头子为了获利不择手段，把遗弃或拐卖来的孩子弄成伤残，并把他们作为乞讨的工具。这些事情随着微博"打拐"的进行引起了全社会的关注，"随手拍照解救乞讨儿童"成为许多人的共同行动。

"随手拍照解救乞讨儿童"体现了对未成年人哪一方面的保护？

收获平台

同学们，学习了本课，你有什么收获？

我知道了＿＿＿＿＿＿＿＿＿＿＿＿＿＿＿＿＿＿

我认识到了＿＿＿＿＿＿＿＿＿＿＿＿＿＿＿＿＿

我今后会＿＿＿＿＿＿＿＿＿＿＿＿＿＿＿＿＿＿

课堂评价

你认为哪个组或个人是最优秀的？请你评出你认为最优秀的小组及最优秀的个人。

第四节　同课异构的感悟

同课异构活动让我成长

张　莉

2013年4月,我有幸参加了我校与《中国教师报》合作开展的同课异构活动。本次活动不仅让我明白了不同构思造就不一样的艺术课堂,还让我学会了辩证地、全面地看待问题,更让我的教育理念和教学技巧有了进一步提高,可以说收获甚多。

1. 转变理念,坚定课改的决心

我们在课改的道路上有成功、有困惑,也遇到了前所未有的困难与挫折,我们曾经踌躇、迷惑、质疑。而同课异构活动是一场及时雨,给我们指明了方向,让我们看到了在新课改的背景下思想品德课究竟该怎么上,让我们有了坚定走下去的信心。一位年轻的思想品德教师面对陌生的学生时,双方也可以配合得如此默契,师生的沟通自然而热情,对学生方法的指引、课堂的驾驭他都做得游刃有余,学生的思维活跃,充满了能量,真正实现了"生命的狂欢、知识的超市"。原来,课改也可以如此深入人心,学生也可以这样快乐、兴奋,这更坚定了我课改的决心。

2. 取长补短,完善自我

俗话说:"你有一个苹果,我有一个苹果,交换后每人还是一个苹果;你有一种思想,我有一种思想,交换后每人拥有两种思想。"同课异构活动可以引发参与者的智慧碰撞,可以让每一个参与者都能长善救失、取长补短,提高教育教学效果。这种异构体现的是教师的个人风格、个人教学技能、个人教学风采,这必然会张扬教师的个性,让课堂更精彩。在这次同课异构活动中,有两位教师的教学风格和教学艺术感染了我。她们各有所长。张艳老师始终面带微笑、不断激励学生的赏识教育值得我们学习。湖南那位年轻的教师,语言丰富,点燃了学生学习的兴趣,其方法的指引、评价的多元、导学案的精细,使课堂充满了生动与灵动,值得我们去深思和学习。从他们身上，我看到了自己的不足，我要学习他们的长处，不断改变自己，不断完善自己，让自己的课堂充满活力。

总之，通过这次同课异构活动，大家都学到了很多东西，认识到了自己的不足，看到了别人的长处，对于如何改进自己的教学有了明确的方向。我将不断努力、不断改进、不断反思、不断学习、不断完善、不断成长，努力将自己的思想品德课打造成学生成长的乐园。

教学应以学生为主体，符合学生的认知规律

李 丹

我校的同课异构活动已经进行了三个多月。在提倡以"学生为主体"的新教学理念下，学校开展了同课异构活动，针对每门学科中的同一内容，由不同的教师构思授课，从而达到改变教学理念、完善教学方法的目的。在本次活动中，我收获颇丰，现就其中一点谈谈自己的感想。

在学习人教版历史七年级下册第6课"对外友好往来"时，我以教材为基点，结合学生的认知规律，设计本课教学，我将本课教学分三步进行。

第一步：展示一些表现唐朝繁盛的图片，从而激发学生的学习兴趣，引入对本课的学习。

第二步：同样通过图片直观地为学生展示一些中国与日本、朝鲜、印度文化的相似之处，让学生结合教材内容思索：为什么中国文化与东亚、西亚一些国家的文化有相似之处？

第三步：在第二步的基础上继续追问，拓展延伸。提出："你能说说唐朝对外交往是受到哪一个朝代的启示吗？为什么唐朝的对外交往如此活跃？""在唐朝对外交往中做出巨大贡献的有谁，唐朝的对外交往给了我们怎样的历史启示？"整节课紧紧围绕这三个问题展开，问题符合学生的认知规律，层层递进，为学生的自主学习铺好了路，学生一步步推出结论，明确了不能"闭关锁国"，而要"开放创新"。

而同年级的教师在引导学生学习本课时，直接以问题引导，分两步完成本课教学。

第一步：先由学生阅读教材出发，将所有知识以知识框架图的形式展现出来，重点的知识由学生填写，强调"玄奘西游、鉴真东渡"。

第二步：出示一些历史典籍中的句子，要求学生理解。重点考查"玄

奘西游"这个知识点,最后提出:"唐朝的对外交往给了我们什么启示?"

这两节课本着"以学生为主体"的教育理念,以学生自主学习、自主探究为课堂主旨,各有侧重,第一节课直观明了,第二节课直入主题。所以我以为,无论怎样授课,只要能以学生为主体,依据学生的认知规律去教学就应该是成功的。

同课异构活动后的教学心得

李 瑛

开学第三周,我们英语组几位老师对人教版英语八年级上册的一课进行了同课异构教学。与以往的听课、交流相比,这次因为有了比较,我的收获更大了,它不仅体现在我对同课异构这个词的进一步理解上,还使我开始积极主动地要求自我蜕变,加速成长。

最初,我对同课异构的理解只局限在教学内容的呈现上,显然这样的理解是有问题的,准确地说,同课异构可以体现在教学过程的各个环节上。

接下来,是我在这次同课异构活动之后的一点儿心得,在此与各位同人分享。

我和王老师讲的是同一课,但在这一课的设计和实施上有很大的不同。通过这次活动我认识到,同课异构不应该只是"先教后学"和"先学后教"的博弈,抛开这个思维定式才有下面的比较。

1. 我们的热身(呈现)不同

因为是借班上课,面对陌生的学生,我期望通过自我介绍拉近与他们的距离,为后面的授课做准备。在自我介绍的时候,我有意利用板书句子营造情境,把本课的新单词呈现给学生。自我介绍完立即进行操练,我把县城特别有名的黄河宾馆作为临时的 neighborhood,画在黑板上,既复习旧单词,又引出新单词,同时以自己的生活为例子进行本课的练习。

而王老师则利用几个关于 think about it 的问题进行热身,我觉得这几个问题和新授课文没有关联,换成跟本文有关的句子会更好。

2. 我们的导入不同

我通过故事引入课文人物(介绍迈克是自己的朋友,他搬到了新社区,使同学们产生了解这个社区的想法,调动学生的兴趣,使学生带着问题读课文），之后马上要求学生看练习 1 的问题，读第一遍课文。

王老师则直接要求学生带着练习 1 的问题读课文，找答案，核对答案，之后开始段落处理。

3. 学生主体性的体现不同

我没有突出学生的主体地位，而王老师则注意到了这一点，他让学生复述课文内容，之后让学生之间相互问答，扫清有关课文的所有疑点，这是很大的亮点，很好地关注了学生的主体性。

教学之后，王老师给我提了一些建议：导入时间太长；教师指令模糊；课堂要么没有反馈，要么反馈不及时。其他教师还提到我受黑板限制过多，不能眼观六路，耳听八方，课堂时间把握不到位，教态不够大方，课堂气氛不够活跃等问题。

通过这次学习，我认识到，我必须提高自身素质，而且迫在眉睫。教师是一本活的教材，只有自身素质提高了，学生的素质才会提高，学生才能学得更好，学得更多。在以后的教学中，不管是平时的课堂还是示范课，都要努力为他们营造一个真实的英语学习环境，让学生把所学的知识尽可能地运用起来，提高课堂效率。

第六章 微教研

微教研,顾名思义,是一种小型的网络教研模式,教师可以就教学中某一个小问题随时、随地发起,旨在解决教育教学中的各类实际问题,提升教师的专业素养和教学能力。

第六章 微教研

第一节 微教研的认识

一、什么是微教研

提起微教研,不由得让我们想起微电影、微型小说、微信等,不言而喻,微教研是相对于我们平时的大型教研而言的,那么,到底什么才是微教研呢?

微教研是教师因某一话题的需要而随意、即时发起的小型网络教研模式。

根据这一定义,我们提炼出微教研的几个要素:发起者——教师;发起原因——某一话题的需要;发起的地点、时间——随意、即时;发起的形式——网络模式;发起的目的——为了解决教学困惑。

既然微教研是因某一话题的需要而引发的教研,那么,结合教育教学实际,就可以将它的研究对象分为两大板块:教育与教学。

教育方面:①某个教育事件,如教师在处理某件事时,学生极力反对,怎么办?②某个教育主题,如如何保障留守儿童的家庭教育不缺失?如何培养独生子女的责任意识?③某个教育行为,如面对品行恶劣的学生,教师是否该施以体罚,还有没有更好的办法?④某个教育环节,如如何更好地利用班会对学生进行教育?家长会上如何更好地与家长进行沟通?⑤某个生活习惯,如如何培养学生养成早晚刷牙、不随手乱扔垃圾等良好的生活习惯?

教学方面:①某个教学环节,如学生在自学环节应该如何做?②某个教学事件,如学习中,学生貌似懂了,其实没懂,教师该怎么办?③某个教学行为,如教师的课堂点评艺术不到位怎么办?④某个学习习惯,如如何培养学生爱读书的好习惯?⑤某个学习主题(主要知识点),如话题作文如何拟题?

二、微教研的特点

(1)活动及时。教师可针对某一突发灵感即刻开展微教研活动,活动由教师自由发起,无须提前组织。

（2）内容任意。教师可对某一教学方法、某一社会热点等任何问题发起微教研活动。

（3）地点灵活。微教研基于普通计算机和网络，教师办公室、家庭等只要具有连接网络的计算机设备即可进行微教研活动。

（4）参与广泛。参与人员无须提前组织，此时正好有人在，乐意参与讨论即可开展。

（5）实用性强。能够适时解决教学过程中随时出现的教学突发事件，并将研究成果及时应用到日常教学中的指导教学，有利于高效课堂的构建。

三、开展微教研的原则

1. 大中做小

所谓"大中做小"，就是开展微教研一定要有大视野，否则就小论小，就微论微，就不能体现微教研的功能。

就"如何提高学生学习物理的兴趣？"的问题，一位物理老师说："课堂上要多用一些新鲜词语，如'美眉、帅哥'，从而拉近与学生的距离，学生就爱上物理课了。"这种认识显得太肤浅，根本解决不了实际问题，应从大处着眼，针对物理教学，只有让学生有了探知事物原理的思维意识，学生才会真正有兴趣。可见，开展微教研的背后一定要有大视野、深认识才对。

2. 小中见大

所谓"小中见大"，也就是说开展微教研活动的时候，要想着大的原理，否则就现象论现象，也不能体现微教研的价值。

例如，"学生不爱上语文课，怎么办？"这个问题，我们首先要分析他不爱的原因。提到原因，无外乎内因和外因两个方面，是他本身不喜欢语文学科呢？还是他不喜欢我的教学方式？更或许他不喜欢我本人？一定要从本质上去考虑如何解决问题。开展微教研活动时一定要透过现象看本质，以科学原理为指导，帮助学生真正解决问题。

四、微教研的价值

1. 解决教育教学中的各类实际问题

微教研是一种由教师因某一话题的需要发起的小型网络教研模式，它最终会在大家的相互研讨中解决一些实际问题。

例如，我们的英语微教研"词汇学习有妙招——语块学习法"，让所有英语教师达成了一个共识：在实际教学中，我们不仅要教给学生什么是"语块"，如何积累"语块"，还要引导学生运用自己积累的"语块"进行语言表达。这便解决了英语词汇学习中学生易忘、词汇拼写中易出现语法错误，以及学生不能根据语境选择合适的词汇进行口语表达和书面表达等实际问题。

再如，我们针对示学中个别学生的冷淡、漠然心理，开展了"这个主人太委屈"的微教研，解决了鼓励学困生回答问题，让他们更有自信心的问题。

不难看出，微教研最大的价值在于它的实用性。

2. 有效提升教师的专业素养和业务能力

在微教研的世界里，老师们见面（也可能是在虚拟空间里）常讲的话是"本周××课的导入你是怎样设计的?""××实验你是怎么做的?""这篇作文你是怎样引导学生构思的?""这种题型的解题思路是什么?"……处处营造着教研氛围。教师会在这样的氛围中受到熏陶和感染，不断地去思考问题，分析问题，进而解决问题，教研能力和学科素养不断提高。

3. 推进校本研修的有效载体和构建高效课堂的主要抓手

众所周知，正规的、区域性的教研活动的次数是受限的。而微教研虽然每次活动的人数不多，解决的问题不大，但经常进行微教研，会使教师的教学理念得到更新，教学知识得以完善、补充，教学技能得以加强。经常进行微教研，会在教师之间形成一种随时进行教学研究的氛围，使人的正能量得以不断的聚集。

五、微教研的基本流程

规范的微教研流程由哪几部分构成呢？

1. 问题的提出

微教研的问题从哪里来呢？很简单，来自一线教学，来自任何一位教师，来自教育教学中的任何一个环节。总之，微教研的问题要来自实际教育教学中。

对于微教研的问题有何要求？首先，微教研的问题要有普遍性，即所提问题是一部分人的困惑，而不是个别人的困惑，问题本身有研究的必要和价值。其次，问题不嫌小，却不能太大。微教研的问题可以很小，小到对一个物理量单位漏写的指正；问题不能太大，大了，两个人在两三天的时间里不一定能解决，那就不是微教研，而变成课题研究了。

2. 微教研结论的得出

问题抛出后，凡是遇到过类似问题或对此类问题感兴趣，或在这类问题上有所研究的同事都可以参与研讨，各抒己见，并将理论上可行、具有可操作性的有价值的方法整理、记录下来。

3. 结论的展示与呈现

一般来说，通过研讨会得出初步结论，但这一结论并未普及到每一位教师。如何使研讨结果被更多的教师了解和掌握呢？应该搭建一个平台——微教研展示。

微教研展示具体操作如下。

首先，由问题的发起者、研讨者或结论的整理者将问题及结论以PPT的形式整理好。

其次，统一时间召集所有教师参与微教研展示活动。

再次，由PPT的制作者进行展示。

最后，听课教师点评和补充。

4. 公开课实践验证

虽然已有了初步的研讨结论，但这些结论是否可行而且有效呢？这就需要研讨这一问题的教师利用两周的时间进行公开课实践，以检验教研结论是否可行，是否可以解决实际问题。

下面以物理学科刘小娜老师的公开课"能量"为例来介绍。

原导学案：

能量：一个物体能够对另一个物体_____，那么这个物体就具有能量。

新导学案：

能量：一个物体能够对另一个物体做功，那么这个物体就具有能量。

请同学们找出概念中的关键词是什么。

注意：

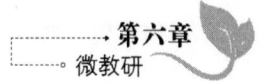

(1) 能量是物体做功的本领,不管它有没有做功,只要它_____做功,就具有能量。

(2) 一个物体能够做的功越多,它具有的能量就越_____。

练习:

A. 飞行的子弹穿过鸡蛋,它是否具有能量?

B. 山坡上静止不动的石头是否具有能量?

新导学案比原导学案的问题设计更具思维含量,也避免了学生只照搬答案而不能从本质上理解"能量"的含义的问题。

5. 反思、改进、提升

课堂实践之后,大家对自己提出的解决问题的方法有了更进一步的了解,如有的可行,有的效果不佳,有的实践性不强,等等。这时,要以教研组或问题组为单位,集体反思,研究改进措施,同时撰写微教研心得体会,从而使我们的微教研更加完善。

六、开展微教研应注意的问题

微教研开展过程中应注意以下问题。

1. "问题的提出"环节中的问题

① 随机性。微教研问题的提出不讲形式,不分场合,教师办公式、家庭等只要具有连接网络的计算机设备的地方都可以,具有随机性。

② 现实性。微教研的问题不是凭空想象的,它不仅可以来自一线教学,还可以来自任何一位教师,来自教育教学中的任何一个环节。总之,它来自实际教育教学中。

③ 价值性。提出的问题要有普遍性,要有研究的必要和价值,即问题研究要能解决教育教学问题,为教育教学服务。

2. "微教研结论的得出"环节中的问题

① 随时性。微教研研讨应立足于快节奏、小范围、近距离。倘若一时碰不到合适的人交流,可以超越空间的束缚打一个电话、发一条微信给某位老师或朋友,进行交流。因为不是正规的教研,所以微教研在时间和空间上都有其足够的灵活性和自由度。

② 针对性。微教研研讨必须针对所提问题就题说题,不能延伸过多,

否则就成了大的课题研究了。

③ 综合性。微教研研讨是集体智慧，有许多教学艺术和教育艺术方面的问题是完全不受学科限制的，因而，需要教师们集思广益。

3. "结论的展示与呈现"环节中问题

① 多媒体使用。既然是展示，就要求用多媒体，一方面可以再现问题情境，另一方面便于听课教师倾听和理解。

② 条理化。展示内容要注意条理化，不宜拖泥带水，含糊不清。结论最终要经过课堂实践验证才行，所以展示时必须有条理，让听课教师听明白，如此才能使听课教师更好地进行实践。

4. "公开课实践验证"环节中的问题

在该环节中，教师要注意反思，与听课教师共同研讨，分析得失，总结经验，提高教学效率。

5. "反思、改进、提升"环节中的问题

① 进行对照性反思。既可对照以前的教学进行反思，也可对照其他教师的教学进行反思，使反思可以促进自己的教学。

② 进行提升性反思。多总结经验和收获，不断完善自己的教学，提高个人的专业素养。

③ 进行启示性反思。要注意触类旁通，从一个问题的解决延伸到对更多问题的思考和解决，将微教研的成果扩大化。

在微教研中，人人都是参与者，谁也不能强人所难，谁也不必拘谨畏缩。谁的发言正确，自会有公正的评判。

总之，通过商讨、交流、推敲、比较等多种形式，按照"平等参与、互动研讨"的原则开展的微教研活动，能使广大教师及时发现问题、剖析原因、梳理经验、归纳提升，在学习切磋中提高教学艺术和智慧，在研讨实践中提升专业素养和能力水平。微教研搭建了一个教师相互学习、资源共享的平台，它必将有力地推动校本研修的深入开展和教师的专业化成长。

第二节 微教研的实施方案

为了使我校的"四学一导"课堂改革迈上一个新台阶，真正做到以教研促教改，努力构建高效课堂，新学年伊始，我校转变理念、大胆创新，特开展微教研活动。

一、教研主体

总负责：教学研究及评价部（负责人：党　纳）
协助：教学过程及评价部（负责人：武　卫）
协助：小组建设及评价部（负责人：王华刚）
成员：全体教学人员

二、研究的要素和对象

研究要素：教师、学生、教学内容、导学案设计、教学媒体等。
研究的主要对象：某个教学主题（主要是知识点）、某个教学环节、某个教学事件、某个教学行为（策略）。

三、教研过程

首先，任何一位教师在任何一个教育教学环节或过程中遇到的有普遍性的问题都可以作为微教研的问题。任何一位教师都可以不讲形式、不分场合，随时随地抛出问题，从而确定研讨主题。

其次，问题抛出后，凡是遇到过类似问题或对此类问题感兴趣，或在这类问题上有所研究的教师都可以参与研讨，各抒己见，并将理论上可行、具有可操作性的有价值的方法整理、记录下来。

再次，得出初步结论后，借助微教研展示平台进行交流。然后进行实践，以验证教研结论是否可行，是否可以解决实际问题。

最后，实践后，以教研组为单位，集体反思，研究改进措施，同时撰写微教研心得体会。

四、具体安排

活动时间：每周五中午

活动地点：餐厅

活动内容：讨论各教研组提出的问题

参加人：全体教师

活动顺序：

顺序	教研组	顺序	教研部
1	物理地理组	7	教学过程及评价部
2	思品历史组	8	小组建设及评价部
3	数学组	9	教学研究及评价部
4	语文组		
5	化学生物组		
6	英语组		

实验初中微教研评价标准

科目：_____ 展示人：_____ 日期：___月___日

指标	权重（分）	指标要求	优秀（分）	良好（分）	合格（分）	一般（分）	得分
一看选题	20	1. 选题新颖，针对性强，有研究价值。	10	8	6	4	
		2. 选题能突出学科特点，找准切入点。	10	8	6	4	
二看内容	60	3. 内容真实，紧扣选题。	20	15	10	5	
		4. 能凸现问题，为教研提供方向。	20	15	10	5	
		5. 能展开分析，为教研提供依据。	20	15	10	5	
三看展示	20	6. 幻灯片设计条理清晰，文字精练。	10	8	6	4	
		7. 展示人表述准确，自然大方。	10	8	6	4	
得分人			总分				

注：使用此表各项得分要齐全。

第三节　微教研的范例

如何避免写流水账作文

周翠丽

作为一名语文老师，尤感作文教学之难。每到作文课，学生总是唉声叹气，咬破笔头写不出几个字，写的作文要么错别字特别多，错得离谱，错得不可思议；要么套话假话一大堆，内容空洞无物。然而，最多的是流水账式的作文，事无巨细，只要是那天发生的，都一一记下来，没有中心，没有重点，不分主次，读这样的作文就像念账目一样，索然无味。那么，学生为什么爱炮制流水账式的作文呢？又如何引导学生改掉记"流水账"的陋习呢？我们七年级语文组就此做了一些粗浅的探讨，总结出以下几点原因，并提出了相应对策。

原因一：日常生活中缺乏深入细致的观察，对事物往往只了解大概，不能深入其本质。

对策：不会观察就不会写作。日常生活是作文取材的源泉，身边的人、事、物，我们都应留心观察，关注过程，抓住特征和关键。当然，细致的观察之后，还需要深层次的思考，要有所感悟，以揭示其本质。

原因二：缺乏应有的写作目的。

自我表达和与人交流是所有作文的目的。作者写每一篇文章，都应该有"这一篇"的目的。比如，写游记，是要让读者分享旅游之地的美丽风景和游览的感受。再如，写一件委屈的事，是要向读者倾诉自己内心的委屈，希望读者像知心朋友一样倾听这件事并产生共鸣。而记"流水账"的学生却不懂得作文有这样的功能，没想过写作文的目的，也从来没有体验到作文带给自己心灵的快乐。在他们的眼里，写作文就是为了写够字数，就是为了向老师交作业。在这种迫于师命的状态下作文，"流水账"便应运而生了。

对策：老师在布置作文时，每次都要让学生明白写这次作文的目的——是要表明什么看法，还是要表达什么思想感情，还是要告诉别人你获得的启示、道理，还是为了表现特别人物的特别品质等，以使学生做到作文前心中有数，作文中牢牢记住，作文后对照检查。此外，通过让学生自由表达和写生活作文等手段让学生悟到：作文其实是用笔说话的一种方式，是为了自我表达和与人交流。

原因三：不会运用修饰性词语，不能巧妙地运用各种短句。

对策：加强扩句训练，充分运用修饰语，将人、事、物形象化、具体化。

在作文时力求避免句子的主干式表达，应通过扩充状语、定语、补语等，丰富句子的内涵，使其枝繁叶茂。如"马路上过来一辆小车"可扩展为"宁静的马路上，吱呀吱呀地过来了一辆黄色小车"，虽只是几个词语的插入，却使声、色、形俱现，文采大增。再如："我接过试卷，50分！"可扩展为："我忐忑不安地接过那熟悉而又陌生的试卷，看到了试卷上刺目的50分！我只觉得脑中'嗡、嗡'作响，真不知道自己是怎样走回座位的。"修饰语的运用，具体而生动地展示了考试失败后的心理感受，使文章真切可感。类似主干式的句子在学生的作文中很常见，只要让学生稍稍留意一下，适当运用一些修饰语扩充，其作文语言就可以生动起来。

原因四：不会运用修辞手法，不能很好地安排行文。

对策：（1）巧妙运用修辞手法，增加作文语言的含金量。

修辞是使语言生动的催化剂，恰当巧妙的修辞不仅能增添文采，而且能使事物的形象更加突出，给人留下深刻的印象。

一位学生在《当我被误解的时候》一文中写道："我刚踏进教室，闹哄哄的教室立刻变得鸦雀无声，几十道带着问号的目光向我直射而来，这些目光古怪而陌生，仿佛他们盯着的不是一个朝夕相处的同学，而是动物园里新来的什么珍稀动物似的。"作者选择了"动物园里的珍稀动物"这个喻体，准确而生动地写出了被误解后同学们怪异的目光。在文章的开头、结尾可以让学生运用排比句式，或抒情，或怪异议论，或描写，语言不多，效果却不同凡响。

（2）专项训练，使行文生动。

在写人记事中对人物、环境做适当的描写，虽三言两语，却似神来之笔，能为平淡的行文增添不少波澜。写人时，选择较能突出人物形象、性格的描写方法，让人物形象生动具体地展现于读者面前。环境描写可以渲染气氛，烘托人物心情。一位学生在《考试之后》一文中写道："天阴沉沉的，似乎要将大地吞没；风冷飕飕的，几乎要将我冰冷冷的心吹破，我紧揣着语文试卷，徘徊在回家的路上。"作者将环境与考试失败后的心境巧妙结合，表现了人物的特殊心理。平时作文训练中，要有意识地让学生进行专项训练，如各种心理描写、人物描写、环境描写等，让这类训练深入平时的练习之中，只有这样，学生作文时才能信手拈来，不断有妙手偶得之句。

（3）以议论抒情画龙点睛、深化中心。

在完成对人物或事情的刻画之后，通过议论抒情来深入事物的本质，或引名言警句，或抒哲理感受，避免蜻蜓点水、浮光掠影式的描写。某学生在《当我面对诱惑的时候》一文中写自己面对诱惑、战胜诱惑，由己及人时写出了深意："我愕然回想着这一切：不是吗？现实生活中有几个人能不为钱财所迷惑，能不沉湎于安逸的生活？但愿所有的人都能抵制住诱惑守住纯真……"

综上所述，消灭流水账式的作文，是一个较漫长的、系列化的过程，是一个循序渐进的过程，需要学生对文章做通盘的构思、全局的酝酿，同时，更离不开学生严谨、认真的态度和持之以恒的毅力。但只要坚持下去，学生的写作之路定会越来越宽广。

如何提高学生化学实验中的自主探究能力

潘红萍

义务教育阶段的化学课程以提高学生的科学素养为主旨，以激发学生学习化学的兴趣，帮助学生了解科学探究的基本过程和方法，启迪学生的科学思维，培养学生的实践能力，发展学生的科学探究能力为目的，而科学探究的重要途径是实验。

回顾近五年中考题中实验题分值的变化，可以发现，实验题的分值逐渐增加。此外，实验题的改变不光表现在分值增加上，还表现在题型的变化上。2009年化学中考题中的实验题重在考查学生的基本操作能力和知识应用能力，而2013年实验题考查的知识和生活联系更加紧密。

基于以上原因，我们化学教研组开学初就"如何上好实验课"进行了微教研，通过相互听课发现问题，寻求解决办法。以下是我们在微教研中发现的问题。

1. 动手多，动脑少

我们经常可以看到，学生在课堂上经过一番猜想、讨论与交流之后，就展开了轰轰烈烈的探究，而且探究时间比较长。在探究的过程中，学生是动手操作了，但往往只是动动手而已，缺乏严谨认真、持之以恒、实事求是的探究精神和科学的探究方法。到底探究什么，怎样观察，观察到了什么现象，观察到的现象说明了什么，从中发现了什么，学生却说不上来。这样的探究几乎流于形式，绝大多数学生并没有真正参与进去，热闹的是课堂气氛，冷却的是学生思维。

2. 学不能致用

很多学生用错误的操作方法使用实验仪器。比如，不会正确给试管内的液体加热，不能正确使用胶头滴管和收集气体等。

3. 少数学生当主角，多数学生是观众

学生的探究活动往往以小组合作的形式进行，但由于学生认识上的差异、性格上的不同和探究能力上的高低等原因，在小组活动中，个别学生承担了探究的全部任务，成了小组探究活动的主角，其他学生则成了观众的现象不在少数。调查发现，有五分之二的学生基本上不参与小组活动，只是看别的学生探究，所谓探究交流也只是少数学生的福利。

4. 没养成实验结束后反思的习惯

学生在实验完成后应进行必要的反思，以内化知识、拓展知识面。结合具体、有针对性的问题进行分析，有助于他们将实验中所学的知识系统化，从而既起到画龙点睛的作用，又起到思维辐射的作用。但在现实教学中，学生常常做完实验不进行任何反思。

根据《义务教育化学课程标准（2011年版）》（以下简称"化学新课标"），及对近几年中考试题的分析，针对以上问题，我们教研组全体教师经过上课、听课、评课，归纳出以下解决办法。

1. 精心设计导学案，以理论指导课堂操作

目的是让学生在自学中通过阅读思考，了解并掌握实验探究的目的及相关的理论知识，使学生在实验前对所探究的实验有系统性的认识，做到心中有数。

2. 多次提醒，减少不规范操作

实验前先让学生结对互述实验步骤及操作注意事项；实验中采用提醒、互评、监督等方法使学生能够逐渐减少操作过程中的不规范操作。

3. 发挥组长的组织协调能力，细化组内分工

为了使课堂活而有序，全体学生能够共同参与，组长的作用是至关重要的。实验前，组长对组内成员进行详细分工，如实验过程中装置气密性的检查、固体药品的取用、液体药品的添加、气体的检验等，组长事先都要分配到人，保证课堂活动的有序。

4. 书写实验反思，完成当堂检测

在理论学习和实验操作之后，让学生及时书写实验反思，可以让学生及时反思操作中出现的问题，及如何在今后的实验操作中进行改进。

第四节　微教研的感悟

微教研使我们共同成长

胡婉会

本学期，我们在匆忙中度过了每一天，学校每周五的微教研活动使我受益匪浅。下面我简单谈谈自己的体会。

1. 对微教研的认识

微教研是一种由教师因某一话题需要而随意、即时发起的小型网络教研模式。其有四个特点：即时性、任意性、随意性、广泛性。我们学校充分利用计算机和网络资源，给教师提供了一个教学研讨平台——微教研，由我们自己展示教研组和备课组的最新微教研成果，要求全组教师共同参与，共同交流，共同提高。

2. 对微教研活动的体会

我们数学组开展了"数学学科课堂导学案编写要求"的微教研活动，全体数学教师明确了导学案编写的基本内容、基本要求后，分工合作，反

复研究，认真编写、修改，最终形成了七、八、九年级上册数学导学案，并印发投入使用，实现了高效的课堂教学。

通过这次微教研活动，全体数学教师收获了很多。

第一，明确了导学案编写的基本内容：学习目标，学习重点，学习难点，学习方法，学习内容（自学、研学、示学、检学），作业优化设计。

第二，明确了导学案编写的基本要求，明确了编写学习目标时必须从以下两个方面入手：①目标设计要体现三个维度（知识与技能、过程与方法、情感态度与价值观）。如何理解三维目标？通俗地讲，知识与技能目标可以理解为"学会"，过程与方法目标可以理解为"会学"，情感态度与价值观目标可以理解为"乐学"，从学会、会学再到乐学，基本诠释了三维目标的落实。②目标准确、简明，具有可操作性、可观察性和可检测性。例如，目标行为动词"了解"，到什么程度才算是了解？具体是指能说出还是能辨认、复述、识别、背诵、举例？比如，培养，是指养成还是形成、具有？针对这些问题，要多研究数学新课标，最好能把数学新课标中各学段的学习目标贴到教学材料上，常看常对照，达到理解和灵活运用的目的。

第三，通过微教研活动，我们深深地体会到学习过程的编写发生了巨大的变化，对老师的要求更高了。

明确了如何编写"自学"的内容（基础知识）：①阅读教材内容，让学生说出本节课主要学什么。②将学习内容以问题形式呈现，设计的问题要满足层次化、探究化、情境化的要求。应针对教材中的例题提出问题，引导学生学习，而不应仿照例题出题。③以本节的课后习题为主，要求学生通过自学，能够独立完成对应的课后习题。要说明让学生独立完成教材第几页练习题中的第几题。④最后必须有"我的疑惑"来总结。

明确了如何编写"研学"的内容（能力提升）：此部分内容以学生合作学习为主，强调对重点知识的突破，对学习方法的提炼，一般分两个板块设计。第一个板块，重难点突破。结合本节学习目标及自学内容，为了突出重点，突破难点，设计一道关于提升能力的题，引导学生课堂学习的深入。第二个板块，方法提炼。让学生针对本节课的学习，归纳总结出本节课学习的数学方法是什么，体现了什么数学思想，达到了什么目的，拓宽学生课堂学习的广度。

明确了如何编写"示学"的内容（课堂升华）：此部分内容以学生展

示交流为主,包括展示内容、展示形式两个方面。展示内容要明确,尽可能让不同层次的学生展示不同的内容,让更多的学生有展示的机会。要求学生对展示的内容要进行提炼、类比、归纳,不能照搬教材、教辅。展示形式要丰富,可以是口头展示,可以是书面展示,还可以通过表演的形式展示,展示中学生思维要有交锋,有碰撞。

明确了如何编写"检学"的内容:检学分为必做题(基础题)和选做题(能力提升题或中考链接)两部分,题目数量设计1~3个为宜,要满足不同层次学生的学习需求。

明确了这次变化最大的是,编写导学案时要将作业优化设计的内容附在后面,作为学生的自习任务。题目数量设计1~5个为宜,要有层次性、针对性。

另外,数学组的教师们通过开展关于数学课题研究的微教研活动明确了课题研究的意义、方法等,获得了很好的成果。

总之,经常开展这种微教研活动,会使教师的教学理念得以更新,教学知识得以完善,教学技能得以加强,使教师获得专业成长,提高教学效率。

第七章
优化作业设计研究

作业在我们的教学过程中起着举足轻重的作用,它是课堂教学的延伸,是检测学生学习情况和反馈教师教学效果的重要途径。优化作业设计可以提高教学质量,减轻学生的课业负担。

第七章 优化作业设计研究

第一节 优化作业设计研究的认识

一、优化作业设计研究的背景

1. 减轻学生过重课业负担日显迫切

如何理性认识作业的内涵和价值？如何让作业促进学生全面素质的提高？怎样优化作业的质量和形式？怎样设计作业才能照顾到学生的差异和个性？怎样才能让学生兴趣对接？……一系列问题不仅需要从理论上廓清，更需要在实践中验证，还需要广大一线教师把正确的科学作业设计落实到自己的教学中去，任重而道远。

2. 沟通课内外联系成为深化课改的需要

随着课改的日益深入，我们越来越发现，仅仅提高课堂质量，而不针对作业进行科学性、有效性、针对性、多样性的研究，不从根本上改变教师的作业观，控制作业总量，是无法减轻学生过重的课业负担的。

如何把自主、合作、探究的学习方式延伸到课后作业中？如何让作业像课堂一样关注学生的学习兴趣？学生的学习方式、学习效能成为摆在我校课改路上的又一重要课题。

3. 校本研修呼唤全员参与的现实命题

综观国内作业设计研究，大多是教师个体的、单个学科的琐碎的研究，实践方面也由于教师个体的原因有着很大差异。要想真正减轻学生过重的课业负担，每个教师都必须投入学科作业设计的研究和探索中，采取措施推进落实科学的作业设计。

二、优化作业设计研究的内容与任务

以初中学段各科作业设计为研究内容，调查、分析当前作业设计中存在的主要问题，提出优化作业设计的原则和策略，探求优化作业设计的方法，走出一条提高教学质量、减轻学生负担的全面育人之路。其主要任务有以下几点。

（1）组织全校教师进行初中学段各科作业优化设计的整体研究和实施。

（2）立足人的全面发展研究作业设计。

（3）沟通课堂内外各个学科，将学习与生活、与社会相结合，设计作业。

三、优化作业设计的原则

1. 整体规划与设计的原则

作业是提高教育教学质量，实现学生整体素养提升的重要途径之一，内容涉及学校教育的各个方面，从学校层面讲，有学科作业、学校活动作业、社会实践作业；从教学层面讲，有课前预习作业、课堂练习、课后作业；从学期层面讲，有课堂作业、单元作业、期中复习作业、期末复习作业；从学年层面讲，有校内作业、校外活动作业、寒暑假作业等。那种零敲碎打的安排和计划，势必会顾此失彼，甚至相互抵触产生矛盾，影响作业的质量和效益。所以必须整体规划、统筹安排。

2. 着力于实践能力和创新精神的培养，体现时代要求的原则

重视实验教学的开展和落实，重视课本知识与社会实践的联系，重视社会实践活动的开展。学校要利用一切校内外资源为培养学生的实践能力创造条件。教师要想方设法让学生明白知识来源于生活原型和解决实际问题的现实情境中，从而让知识与学校、家庭、社会生活相联系。

通过作业努力培养学生的批判思维、求异思维、发散思维，从而培养学生的创新思维，进而培养学生的创新精神。

3. 落实当代的教育主题——立德树人的原则

各科作业都要结合学科实际，落实立德树人的育人主题。思想品德学科要培养学生健康的价值观、人生观、世界观。语文学科要本着"潜移默化、熏陶感染"的原则提高学生的人文素养。物理、化学等学科要以实验和探究为手段培养学生的实践能力和创新精神。历史、地理、艺术等学科要以提高人的素养为宗旨，培养人，发展人，成就人。

4. 凸显学科本质特征的原则

作业设计要体现学科的自身特征，不能一把尺子，一个标准。如语文

学科要多读多写，注重感悟、体会；数学、物理、化学、生物等学科要注重探究，训练思维；体育、音乐、美术等学科要注重课内外结合等。

5. 吸收最前沿的学习策略的原则

随着课堂理念的转变，人们由过去过度关注"教"到越来越关注"学"，特别是课改以来，关于"学"的研究可谓异彩纷呈。高效读写、云课堂、翻转课堂、思维导图、网络学习等，诸多成果让人耳目一新，经过实践检验也颇具成效。这就要求我们的作业设计要自觉吸收和运用这些成果，不能闭目塞听，因循守旧。

6. 分层次设计，照顾差异的原则

"既要照顾差异，又要面向全体，使全体学生都获得发展"既是课堂教学的原则，也是作业设计的原则。作业设计既要观照课标的基本要求，又要在此基础上分层级设计，以照顾不同学习基础的学生。例如，导学案主体部分，我们通常分为基础达标、能力提升、拓展迁移、中考链接几个部分；而课堂作业，通常分为必做题、选做题，以满足不同层次的学生。另外，对基础特别差的学生我们可以允许他不达标，有进步就行。对学有特长，特别有潜力的学生，我们可以单独为其布置一些探究性强的任务，以满足其个性发展的需要，挖掘其潜力。

7. 注重课本知识与社会生活、生产实践相联结的原则

语文学科就是要培养学生收集、整理、处理信息的能力，使学生学会规范的表达与交流，养成文明交往的素养和能力。数学学科要注重培养学生运用数学知识解决各类生活实际问题的能力。生物、物理、化学学科，要注重培养学生运用科学知识解释生活现象和处理实际生活问题的技能。历史、地理学科的知识只有和家乡的、民族的文化、风俗联系起来，才能使学生有现实感，体会到它的价值。而体育、音乐、美术学科，无不通过实际的运动、体验让学生感受美、品味美、形成美。可见，离开或脱离社会生活、现实问题、生产实践的作业注定不是优化的作业。

8. 功能明确的指向性、针对性原则

课前预习作业，旨在引导学生自主学习、检测学习起点。课堂练习主要是让学生巩固新知、掌握重点。当堂检测主要是反馈当堂教学效果。单元、期中、期末复习主要是分阶段进行知识巩固与能力提升。社会实践活

动主要是沟通课内外，让学生在社会生活中体会知识的价值和力量。寒暑假作业除了使学生巩固本学期知识外，还使学生拓展了学习视野。只有准确地定位各类作业的功能，设计时才能保证作业具有明确的指向性和针对性，克服指向模糊、功能呆板、千篇一律的问题。

9. 坚持个人设计与集体研讨相结合的原则

就作业设计而言，个人设计有利于照顾班级学生的实际情况，集体研讨有利于集思广益，发挥学科骨干教师的教学智慧和优势。优化作业设计应坚持在教学实践基础上不断汲取个人和集体的智慧，不断修改和完善，循环往复，达到更优化。

10. 基于达标和突出个性特长相结合的原则

通常情况下，我们要求全体学生都完成作业，但对于学困生，可以允许其达不到基本要求。对于学优生，完全可以鼓励其研究和掌握更高更深的内容，以使其发展兴趣、特长。同时，对于有某方面特长的学生，不但应允许他其他方面薄弱，更应鼓励他在自己擅长的领域多花精力和时间，给他创造发展的环境和空间。总之，我们要尊重人与人之间的差异，并尽可能地包容和支持各类人才的成长，作业设计也不例外。

四、优化作业设计的一般流程

经过多次教研会的研讨，我们将优化作业设计分为作业预设、作业观察、作业批阅、信息统计处理、反馈与交流、评析与反思六个步骤。

1. 作业预设

教师要依据学情、课标、考试大纲设计作业，明确设计意图和考查的知识点。作业的预设是一个复杂的过程，是在专家引领的前提下，同伴互助的学习、讨论过程。

首先，教师必须了解什么是有效作业，如何才能设计出有效作业。为此我们购买了大量图书，让教师先从理论上武装自己。学校领导利用教研会对全体教师进行培训，深入各教研组、备课组具体指导教研工作。其次，教研组、备课组最少召开两次专题会议。第一次备课组专题会议，进行学情调查分析，并根据学情、课标、考试大纲设计作业，明确设计意图、该作业考查的知识点、预期学生完成的时间及完成率等。共同探讨作业的设计意图和考查的知识点，确保作业的针对性，确定题型，并由一名教师设计作业初稿。第二次备课组专题会议，各教师先将印制的作业初稿做一遍，记录所需时间，亲身感知作业的各项指标；个人先分析作业考查的知识点是否达标，之后共同探讨作业的难易度、题量大小等，从而修改优化，达成共识，确定作业。再在学校制订的量表基础之上，根据学科特征确定作业观察的维度，制订相应的量表。

2. 作业观察

作业观察是获取信息的一个重要途径，是分析作业有效性的一个重要的信息来源，教师观察时应注意观察的维度，合理分工，确保观察的全面性、准确性，并做好记录。作业观察要注意以下几个维度。

①学生完成作业的方式是独立自主，还是同伴互助。哪些题目是学生独立自主完成的，哪些是讨论完成的。②完成作业的时间。③完成作业的积极性。④书写是否规范。

3. 作业批阅

作业批阅是获取信息的又一重要途径。在批阅作业时，应详细批阅并做相关数据记录。批阅作业过程中应特别注意以下几点：作业完成率，作业正确率，作业书写是否规范。

4. 信息统计处理

做好信息的汇总、归类，明确每项信息从哪个角度反映了什么问题，说明了什么问题。主要从以下几个方面分析。①通过学生作业完成时间、完成率、正确率，分析作业是否适量，难易度是否适中。②通过不同层次学生完成作业的情况，分析作业设计的层次是否合理，思考如何调整才能使作业适应不同层次学生的需要。③通过试题预设、课标研读、考试大纲研读、学情分析等对作业的性能进行分析，看作业是否需要调整。④对作业的可行性做出自己的评价。

5. 反馈与交流

反馈与交流是教师个人、小组在各自观察、处理信息的基础上，通过互相交流，达成共识。交流时，要根据作业预设、获取的信息从各个角度衡量作业是否具有针对性，是否达到预期目标，是否能促进学生有效的学习，从而对本次作业形成基本评价。交流时应注意以下几个原则：简明扼要，抓住核心；分析问题要有依据，即数据和理论依据充分；避免重复，相同看法应简谈，重点阐述不同的见解和主张。

6. 评析与反思

对作业题目性能及作业适切性进行评析。评判作业及课堂教学是否有效，指出作业布置的优缺点是什么，提出改进措施及方法。

评析与反思是作业设计者在团体研修的基础上，对作业、课堂教学进行个人反思：作业布置的优点是什么？不足是什么？课堂教学中哪些知识学生掌握得较好，哪些知识学生还没掌握，今后教学应如何改进？

重点可从以下几点反思：反思作业设计，反思作业的侧重点，反思作业中各类题目的分配比例和题型模式是否适合学生，反思作业是否具有层次性。同时通过作业探究活动反思：学生对教学内容的掌握程度，哪些知识需要详细讲解，哪些知识可以简单点拨……

五、优化作业设计研究的价值

1. 全面落实"育人为本，德育为先，能力为重，全面发展"的育人理念

全面纠正了目中无"人"，心中有"分"的极端功利的作业观，把关注人、研究人、发展人作为作业设计的起点和归宿，要求无论什么科目，无论什么内容，都要充分尊重学生的学习兴趣、学习规律、学习意愿，坚决反对背离人道的烦琐的机械训练和无实际意义的"偏、难、怪、钻"设计。

全面纠正了知识至上、压制人性的作业设计，以培育人、发展人、健全人的理性和良好心态要求、引导、帮助学生探求新知，使学生对世界、对未来、对人生充满热爱与好奇。

全面纠正只要分数、不要能力，只要结果、不要过程的死记硬背式的作业设计，着重培养学生的批判性思维和勇于质疑、敢于挑战、乐于探索、追求真理的精神。

全面纠正了只要智育、不要体育和美育，只要成绩、不要素质的作业观，加强作业与社会生活的联系，加强各学科作业的相互整合和渗透，利用校内外资源，力争使每个学生都获得全面发展。

2. 进一步践行"自主、合作、探究"的现代学习方式

自2011年8月以来，我校积极推行和实践"四学一导"高效课堂模

式,力求从改变课堂环节开始,改变教学方式,改变学习方式,从而改变课堂形态和师生的生命质量,把"自主、合作、探究"的现代学习方式引入课堂并作为课堂的主要学习形式。基于此,我们在作业设计方面,也做了大胆的实践和革新。

所有的学习,归根结底都是自学,任何不考虑学习者主观感受、实际状况、真切体验的行为都是盲目的、想当然的。于是在这次作业设计过程中,我们要求所有教师都要尊重学情,基于学情,从学情出发,允许学生对作业有选择性地完成,允许学生不完成部分作业,允许学生提前或延迟完成教师布置的作业。另外,我们还提倡小组之间、学习对子之间相互布置作业,并约定时间进行检查。

针对传统作业只重视结果、不说明过程的现象,我们不仅要求学生完成作业,而且要求学生讲出解答的步骤、过程、方法,归纳出规律。

3. 强调实践能力和创新精神的培养

思想品德课让学生参加刷路牙、清理小广告等义务劳动。

语文课让学生收集春节习俗,并自拟春节对联,访问敬老院,参观大荔县民俗博物馆。

数学课引领学生参观丰图义仓,了解古人的智慧。

生物课让学生给校园树木、花草制作标牌,并自己制作生物标本。

地理课带学生参观沙苑,并要求学生写出当地气候特征,研究其成因。

体育课让学生每学期进行一次远足活动,锻炼体质,磨炼意志。

这些作业设计均结合学科特点,联系当地实际,突出了对学生实践能力和创新精神的培养。

4. 结合学科特点,突出思维能力的培养

思想品德、历史、地理等学科以记忆性知识为主,以内化、理解、应用为目标,所以我们要求学生课前或课后自己归纳和总结所学知识,画出详细的知识结构图和思维导图,使作业强调解答的逻辑、条理和观点的提炼。

数学、物理、化学等学科,教材多为例子和习题,学习时以理解为基础,训练时以方法得法为境界。我们要求这几门学科的作业设计要突出探究性,重视引导学生归纳规律,题目要典型,重在触类旁通、举一反三。

语文、英语等学科,以语言积累为前提,所以我们在作业的设计上注重基础的积累,以学习运用为目标,利用最先进的学科研究成果,增强作业的针对性、多样性。

体育、音乐、美术等学科开设各种社团,吸收各界名人到校来做讲座、做培训,然后让学生写出感悟,以提升学生的艺术品位。

以上各科作业,无不结合学科特点,突出对学生思维品质的培养,并指向整体素养,形式多样、内容丰富、针对性强。

5. 真正把人纳入作业的视野,尊重了学生的主体性

要想从根本上减轻学生的课业负担,就要从根本上转变教师的教学理念。因此,在作业设计之前,我们先有计划、有组织地开展课标研读活动,在作业设计的过程中,始终要求教师把目中有学生作为判断作业优劣的核心指标,在此过程中要求教师关注学生的兴趣,关注学生可能完成作业的量,关注训练题目的指向性和有效性,引导学生践行自主、合作、探究的学习方式。这样一来便真正把学生纳入作业的视野,尊重了学生的主体性。

6. 切实优化整合,减轻了学生的课业负担

我们要求教师加强作业设计研究。首先,校长分别约谈各学科组领导和教研组组长,让其先组织骨干力量,制订出本学科作业设计的原则、一般题型和考量指标,然后交教研组集体讨论,定稿后,要求大家开始设计课堂检测、课后作业、单元测试、期中期末测试题,并要求教师在教学实践中,记录学生的作业完成情况及存在的问题,以备进一步完善。

通过骨干引领、全体参与、集体讨论,大大提高了作业设计的质量,减轻了学生的课业负担。

7. 形成了严谨的学术风气

我们要求教师以教研组为单位,对设计的作业逐项进行观察、分析、研究,根据实际检测情况,对作业容量、难易程度、类型、顺序等进行调整和优化。

这样严谨的实验、统计、分析,在教师团队中形成了科学、实事求是、严谨的学术风气。

8. 开发地方课程,进行社会实践,提高了学生的综合素养

从2011年起,学校成立了文学社、广播站、篮球队、舞蹈队、管乐队、跆拳道队等十几个社团组织。以学生为主编辑出版校报《拓荒》,每

天编播校园广播，每周展示班级才艺，与兄弟学校进行各种体育比赛……这些活动作业，沟通了课堂内外，融合了理论与实践，发挥了学生的特长，提高了学生的综合素质。

到现在，我们已经开展了六届"背起行囊走大荔"的远足活动，使学生锻炼了体质，磨炼了意志。我们都想方设法设计活动和作业，让学生触摸家乡土地、感受家乡历史、亲近家乡名人、考察家乡风貌，从课内走向课外，从书本走向现实生活，提高了学生的综合素养。

第二节 优化作业设计研究结题报告范例

语文学科优化作业设计研究结题报告

王 媛

一、研究背景

1. 高效学习的迫切要求

新课改以来，有效教学越来越受到重视，关于提高教学效率的研究也越来越多，而作业作为教学的重要组成部分，既是教师课堂教学的延伸，又是学生课堂学习的延伸，还是师生对课堂学习效果的共同检测形式，理所应当也要追求高效。

2. 教学现状不容乐观

长久以来，有不少语文教师只把作业视为提高学生成绩的重要渠道，片面追求成绩，弱化了对学生语感的培养，割裂了语文学科与生活及其他学科的联系；片面追求具有客观性、抽象性的目标和统一标准，忽视了学生对语文学习内容的品味、感受和体验；忽视了语文学科的教育职能和熏陶感染、潜移默化的作用，人为地缩小了语文学习的天地。

与此同时，很多语文教师在传统教育思想的指导下，一如既往地认定只有用"题海战术"才能提高语文教学质量，于是让学生埋头在大量的套题训练中，置学生身心于不顾，让学生苦不堪言。我们的语文教育也陷入了"负愈减愈重，收效却甚微"的尴尬境地。

3. 全体师生的一致追求

一直以来，语文教师最大的感受就是教语文苦，当别人已经休息时，我们依然跋涉在文山字海里；当别人几分耕耘便有几分收获时，我们却收效甚微。语文教师也希望语文教学事半功倍。随着新课改的深入，"减负增效"的口号愈叫愈响。然而，就目前教育现状来看，"减负增效"口号喊得越响学生的负担越重。由此观之，优化作业设计，精选精编习题，让学生跳出无边的作业苦海，让教师的付出总有回报，是目前我们面临的主要问题之一。

二、研究意义

1. 贯彻课标精神

新课程中作业的设计应是开放的，应努力实现教学内容与实际生活的联系，创设学生积极参与主动探究的平台，从而培养学生学习祖国语言文字的兴趣和了解传统文化的热情，让语文学习成为一种习惯，成为学生一生不可或缺的重要组成部分。

2. 培养学生语文能力

通过优化语文作业能使学生获得丰富的语言积累与文化积累，以及良好的阅读理解能力、表达交流能力和思维能力。

3. 提高学生语文素养

通过优化语文作业，培养学生思想道德修养和科学文化修养、良好个性和健全人格以及创新精神，提高学生的语文素养。

4. 减负增效，让语文教学柳暗花明

通过优化语文作业，把学生从题海战中解放出来，减去无效或低效的作业负担，充分调动学生学习的积极性，真正把"减负增效"落到实处，让我们的语文教育迎来"忽如一夜春风来，千树万树梨花开"的新局面。

三、理论依据

以新课改理念为导向，以第三、四学段的学习目标为依托，结合中考说明的相关要求及题型和本册单元教学目标，从知识与能力、过程与方法、情感态度与价值观三个方面进行设计，着眼于学生学习兴趣的培养与语文素养的提高。优化初中语文作业设计时，我们一定要从学生的实际出发，立足于学生的长远发展，达成语文新课标提出的目标。

四、研究目标

（1）让语文作业成为学生积淀文化、培养能力、提高素养的手段。

（2）让每个语文教师都能命制高质量的试题，提高业务能力。

（3）通过优化语文作业设计达到"减负增效"的目的。

五、研究内容

（1）认真学习新课标，明确目标要求。

（2）研读教材，把握重难点。

（3）研读中考说明和近五年中考试题，熟悉题型，摸索规律，总结考点。

（4）如何引导学生注重积累、重视实践、体验探究、联系生活、渗透整合、提高素养。

（5）如何分层次设题。

六、研究方法

1. 集体研讨法

（1）认真学习语文新课标，明确目标要求，在语文新课标的引导下，研讨如何设计作业，最终达成共识。

（2）以备课组为单位，在语文新课标的引导下，研读中考说明和近五年中考试题，摸索规律，总结考点，设计作业。

2. 课堂跟踪法

以课堂为主渠道，通过对课堂情况的实地观察与记录、对学生试卷的批阅与统计、对课堂及学情的具体反馈，形成对作业设计讨论的材料。最后对所得的第一手材料进行整合与分析，形成各备课组教学研究的成果。

3. 问卷调查法

通过翔实的问卷调查，了解学生在完成作业时的喜悦、存在的问题、乐学的内容、期待的考查形式，以及作业设计中存在的不足和我们应该努力的方向。有针对性地做到扬长避短、查漏补缺，进一步完善作业设计，形成可成为典范的作业设计文稿。

七、研究步骤

第一阶段：准备阶段（2013年9月—2013年10月）

（1）制订优化语文作业设计研究方案，明确目标要求，在语文新课标的指引下，研讨如何设计作业，集思广益，最终达成共识。

（2）认真研读中考说明和近五年中考试题，摸索规律，总结考点，初步形成期末作业设计。

（3）对本年级语文组成员进行分工，准备具体实施工作。

第二阶段：实施阶段（2013年11月—2014年4月）

（1）紧紧围绕研究的目标和内容，制订期末作业设计思路。

（2）以备课组为单位，观察、批阅、反馈，了解学生具体作答情况，对于作业设计中出现的问题及时研讨、反馈，并进一步修订作业设计，让其更全面、更完美、更有针对性。

（3）通过调查问卷，调查学生在完成作业的过程中存在的问题，查漏补缺，采取相应的措施，进一步完善作业设计，形成更优化的作业设计文稿。

第三阶段：总结阶段（2014年5月—2014年6月）

在具体操作的基础上，查找问题，采取相应措施，进一步完善作业设计研究，形成结题报告，撰写论文，并进一步推广。

八、设计要求和编写体例

1. 设计要求

（1）时间控制在90分钟之内。

（2）整合本学期训练重点，检测学生的灵活应用能力。

（3）针对期中训练时学生普遍出错的题型加强训练。

2. 编写体例

（1）基础型。

包括本学期重点字词、重点句段、重要文学常识和文言词汇等，设计灵活多样的形式来检测学生对其的掌握情况。

对于学生在训练时反复出错的基础知识要再巩固练习。

（2）应用型。

阅读方面，结合考试要求，针对本学期阅读训练重点，选取不同文体、不同主题风格的两篇美文，让学生在欣赏美文之后完成文后习题。问题设计要立足于课程目标、考试要求、单元目标、课文目标，将训练重点进行筛选、整合，突出本学期训练重点和考试能力测试点，特别要注意期中阅读训练时学生反复出问题的题型，有针对性地检测学生的应用能力。

(3) 创新型。

写作方面，整合本学期各单元文章风格，选取富有生活气息、具有人文性、与学生生活紧密联系的内容作为写作主题，让学生在确定文体的基础上，借鉴本学期同样文体文章的写作特色进行综合创作训练，让学生从多角度为自己的文章润色，提高写作水平。

九、研究成果

在语文新课标和考点的引领下，在熟知教材训练重点的基础上，优化语文作业取得如下成果。

(一) 改变考查形式，提高了学生各方面能力

1. 积累·运用

进行作业设计时，我们注重考查学生对知识的积累与运用情况。从重点字词、文学常识、文言词汇、诗词名句、运用素材、情感哲理、思想观念等方面进行考查。同时考查学生在积累的过程中能否结合具体的语境更深入地理解和灵活运用知识，形成实际生活中需要的能力。如通过结合句子来选词语，结合句意、词意来填词，结合语段来改错、仿写等灵活多样的题型来考查，大大增强了学生的兴趣。

2. 理解·欣赏

根据语文学科考试要求，设计阅读能力考查题型时，我们注重选取贴近社会生活和学生生活的阅读文章，关注语文教育的人文价值导向。阅读能力考查题可检测学生从整体上把握文章内容的能力，如筛选、提取、整合文中重要信息的能力；理清文章思路，整体把握文意的能力；概括文章主要内容和作者观点、态度的能力。除此之外，学生可以就自己的阅读疑难提出问题，真实反映自己的思考过程。

3. 探究·创新

在理解欣赏的基础上设计开放性的探究问题，让学生能准确地评价语言材料的思想内容和作者的情感态度，发掘其内在价值；也可让学生联系实际或链接材料对文章提出自己的看法、发现和问题。使学生能在深入理解文本的基础上结合文本进行创新，如扩写、续写、改写、仿写等。

4. 名著·综合

进行作业设计时，我们注重通过灵活多样的题型考查学生阅读名著时

能否概括情节、了解人物形象、介绍主要内容等能力，扩大了学生的知识面，增强了学生筛选、提取、概括信息的能力。

5. 口语·写作

在口语交际类作业的设计中，我们通过不同场合、不同对象来设定情境让学生进行交际；或让学生在具体语境中抓住要点进行完整准确的复述、转述，提高了学生的语言表达能力。

写作类作业设计，主要是根据主题单元或文体单元训练重点，让学生借鉴文章构思、写作技巧等来行文，使学生学以致用，提高了写作水平。

（二）变换出题形式，增强了学生完成作业的积极性

有人说：兴趣是最好的老师。教师只有精心巧妙地设计作业，才能让学生兴趣盎然地去完成作业；教师只有对学生的作答情况进行多角度评价，才能让学生喜欢上做作业，并期待着下一次作业。所以，语文作业的形式不能呆板，内容不能枯燥，教师要寻求作业创新，要设计形式多样的作业。

1. 竞赛夺优提兴趣

在单元测试的积累运用部分，我们采用了比赛竞争一决高下的出题方式。学生当堂上交积累运用部分试卷的答题卡，并由老师做出交卷时间记录，待批阅结果出来后综合交卷时间与得分情况，评出先进个人和优秀小组，这便促使学生在求知中树立了一种竞争的意识，在竞争中形成了比、学、赶、超的浓厚学习氛围。

2. 变换形式激兴趣

紧扣中考，变换不同的出题形式，给学生耳目一新的感觉，避免了学生视觉及思维的疲劳。

3. 给学生提供展示的舞台，让其在舞台上张扬自己的个性

在单元测试之前，我们会对学生提出要求，用抽签的方法确定考查短文阅读类习题完成后学生展示的人选。单元测试结束后，让展示的学生谈阅读后的感受；再让其说说各个问题的答题点及答题要求，并谈谈面对这类问题时的分析思路；最后选出一名学生解释自己解答的具体方法。这种学生展示的方法促使学生在学习上投入极大的热情。

学生兴趣盎然地完成了新颖多样的习题，不仅获得了知识，锻炼了全面参与学习的能力，还得到了愉快而难忘的体验，极大地激发了学习的兴

趣，唤醒了学习的主动性。

（三）作业设计注重层次性，尊重了学生的个体差异

从教育心理学角度看，学生的身心发展受先天禀赋以及后天诸多因素的影响，个体之间存在差异。要想让不同层次的学生都能在完成作业的过程中获得成功的体验，使每个学生都在自己已有的基础上得到更好的发展，教师就必须采取作业分层的策略，让不同层次的学生自由选择适合自己的作业，品尝属于他们自己的"果子"。这就要求教师应尊重学生的个性，在作业布置上既要关注学困生和中等生，又要关注学优生。基于此，我们语文组在作业设计上具体做到了以下几点。

1. 作业量分层

对那些学习有困难的学生，适当减少他们的作业量，减轻他们的课业负担。训练中的基础性练习，必不可少，以使学生扎实掌握基础知识和基本技能。至于教师结合课文内容设计的一些拓展性练习，他们可以选做或不做。根据学生接受能力的强弱对学生进行适量、适当的要求，有效地帮助绝大多数学生体会到成功的喜悦，培养其学习的自信心。

2. 作业难度分层

针对学生语文能力有差异的客观事实，我们重视找准每类学生的优势，设计难易有别的作业。单元测试题中，我们把试题分为基础型、提升型、拓展型三个级别，要求一般学生能完成基础题，努力完成提升题，基础较好的学生在完成基础题、提升题的基础上努力完成拓展题。这样让学生针对自身情况自主选择合适的作业，能促使他们的语文能力得到发展。

3. 完成作业时间分层

在完成作业时间上进行分层要求，能有效保障学困生"吃得了"的问题。在课堂上就要求背诵的段落，允许课堂上背不熟的同学回家继续背到熟练为止；要求学优生隔天就交的作业，学困生可以三四天之后交。这样，保证了学困生的作业质量，使之能扎实巩固所学知识，形成良性循环。

由于分层作业难度适宜，选择自主，完成的时间灵活，不同层次的学生完成作业不再有困难，这无疑激发了学生完成作业的兴趣，学生在完成作业的同时既感到轻松愉快，又扎实掌握了知识技能。

（四）以作业引领学生关注生活，提高了作业设计的实效性

语文是实践性很强的课程，应着重培养学生的语文实践能力，而培养

这种能力的主要途径应是语文实践。学习语文的资源和实践的机会无处不在，无时不有。我们充分利用现实生活中存在的语文教学资源，开展丰富多彩的语文实践活动，拓宽了语文学习的视野、丰富了语文学习的内容、开辟了语文学习的新渠道，使学生在广阔的空间里学语文、用语文。

我们结合中考说明，通过作业把学生引向家庭、引向社会、引向生活。

1. "收集整合型"作业

初中阶段为了拓宽学生的视野，教材设计有综合性学习活动。这些活动的开展，离不开学生对相关信息的收集与整理、归纳与表述。每一种活动，我们都会安排学生进行相关信息的收集整理，最后整理出某一类型材料的合集，比如，在母亲节来临之际，我们组织学生收集关于母爱的故事、俗语、名言、歌曲、图片、祝福语等，并将其编辑成《献给母亲的歌》。这样的作业形式就能做到紧扣生活实际，突出其实效性。

2. "口语表达型"作业

我们经常开展讲故事比赛，"复述故事情节我最好"竞赛。这类比赛对学生理解短文的内容、梳理这类习题的解答方法有着十分重要的作用。

3. "观察积累型"作业

观察是积累的前提，学生只有对生活及所见所闻有自己的观察与思考才能形成属于自己的表达和写作的素材。于是我们结合学校组织的活动对学生进行观察指导，要求学生观察要有顺序、有重点、抓特点、多联想，同时要完成一定数量的观察日记，让学生在活动中做到有的放矢的观察与思考，提升写作能力。

4. "生活体验型"作业

语文学习离不开生活，所以我们引导学生在学习中感受生活、体验生活。如在端午节来临之际，我们会鼓励学生参与家里或社会性的祭祖活动，让学生体验中国传统文化的丰厚内涵和人们的朴素情感，让学生有话说、想说话。这样既能提高学生语文学习的兴趣，还能使学生变被动的求知为主动的探究。

总之，语文作业的内容应是丰富多彩的，形式应是多种多样的，能极大地调动学生的学习兴趣，能引导学生关注生活，使学生在生活中应用语文知识形成综合能力，为学生的终身发展奠定坚实的基础。在新课改的大背景下,语文教师要确立以学生为本、新颖多样、面向全体、重视学以致用的语文作业观,要形成新的语文作业设计理念,使学生的个性得到张扬、人格得到尊重、情感得到体验、生命得到发展。

附:成果展示

九年级语文期末测试题

一、积累运用(21分)

1. 下列词语中加点字的读音完全正确的一项是(　　)。(3分)

 A. 蘸水 zhàn　　奄奄一息 ān　　名讳 huì　　阔绰 chuò

 B. 掂量 diān　　契诃夫 kē　　咀嚼 jǔ　　隐匿 nì

 C. 荣膺 yīng　　吹毛求疵 cī　　绽裂 zhàn　　荫蔽 bì

 D. 腻歪 nì　　滑稽可笑 jì　　颓唐 tuí　　干瘪 biě

2. 请选出下列词语中没有错别字的一项(　　)。(3分)

 A. 阔绰　　无原无故　　侍侯　　温顺

 B. 隐匿　　无精打采　　吆喝　　腌臜

 C. 戏谑　　不可救要　　驾驭　　伶俐

 D. 置息　　心甘情愿　　帐蓬　　魁梧

3. 默写。(12分)

 (1)《曹刿论战》中政治上取信于民的句子:_____。

 (2)_____,万钟于我何加焉?

 (3)入则无法家拂士,_____,国恒亡。

 (4)角声满天秋色里,_____。

 (5)_____,白露未已。

 (6)为什么我的眼里常含泪水?_____。

4. 阅读下面语段,按要求答题。(3分)

 ①人类对于环境问题的认识是不断深化的。②只有真正使环境问题得到解决,才能正确地认识环境与发展的关系。③自然环境是由有机界与无机界组成的有机体。④有机界中的各种生物都不过是自然环境的一个成员,人类不是唯一的环境主体,_____人类就不能以自己的主观意愿、自身的需求来确定对自然界的取舍。

 (1)第②句有语病,请将修改后的句子写在下面的横线上。(1分)

_____

(2) 第④句有一处标点符号使用错误,请将修改意见写在下面的横线上。(1分)

_____

(3) 请在第④句中的横线上填写恰当的关联词语。(1分)

_____

二、阅读理解(39分)

(一)阅读下面文字,完成5~8题。(19分)

一棵树的智慧

秦若水

①我喜欢这片黑槐林。它就在我们学校四百米跑道内的操场绿地里。一棵连着一棵,排着有序的队列,像出操的莘莘学子。我更喜欢把它们比做宁静的港湾,它们随着跑道成弧形排列,真的很像静谧的怀抱。早晨或者傍晚,它们沐着阳光而肃立,我就静静地站在某棵树的下面,看它的绿意葱茏,看它的枝繁叶茂,看它的子女成群,看它的阖家幸福,常常看得我满心欢喜。

②我最喜欢的是看黑槐树开花。<u>黑槐树开不出惊世骇俗的艳绝丽绝之花,它的花很小、很白,一蓬蓬,一穗穗,那么小心,那么内敛,那么自得,默默地开着自己的花。</u>不争艳,不媚俗,只开自己心喜之花,只做自己的白衣仙子。然后,会结荚子,名曰槐角,字连墩。清清爽爽开花,利利落落做树,可以与他人无关,确实与他人无关。

③所以,我一直在等黑槐林的黑槐开花。从第一片叶子,到叶满枝头,再到浓荫铺地,我天天都去观望。有布谷路过、鹊鸟登枝,却没有看到黑槐开花。走过春,走过夏,黑槐林一直沉默着,没有开花。如果不是因为太心伤,我相信它们是不会这样做的。它们在无声地抗议着什么。

④去年七月,那是一幅多么美丽的景象。黑槐林里每一棵黑槐树都约好了似的憋满了槐米,串串蓬蓬,喜气洋洋,那真是个夏天的样子啊。再过些时日,就会有白色的小米粒样的花开,然后那些叫槐连墩的娃娃们便会跑出来,吹着淡淡的药香,浸润着整个林子。

⑤那个时候学校已经放假,静寂的林子是鸟鹊们的天堂。清晨或者傍晚,我还是常常踱过去,享受清闲宁静。有一天,暮色四合时,我踱过去,突然发现一地残枝断叶,抬头望,一树槐米皆被乡里街坊们尽数采去,原来密不透风的叶盖已经稀稀疏疏、透天望月。

⑥枝折花去，满地凄凉。饱受磨难的它们抗议是应该的，就像那倔强骄傲的牡丹。

⑦三年前，有个女学生从自家牡丹园里移了一棵叫"洛阳红"的牡丹给我。欣喜之余。我忙买了一个超大号的白瓷花盆栽种。那"洛阳红"在田里已长多年，年年花开如酒，香醇香艳无比。学生送我时，它已有花蕾待放，我精心呵护，时时察看，期待它硕大的花朵开放。有个朋友对这棵"洛阳红"也垂涎得很，天天过来探望，并请求我分些给她。手起刀落，我在花盆里切了半株牡丹，连根带叶带花蕾送给了她。一个月后，朋友告诉我，那半株牡丹花没开便好端端地死去了。我的何尝不是？我留下的半株牡丹虽然成活，但自缩花蕾，不再开花。秋来时，它早早褪下叶子，关了家门。

⑧三年过去了，任我怎样浇水施肥，它也只是长些绿叶，不见开花。移了它的魂，切了它的骨，它变成了冷美人，不给花貌，不给笑容。它静默着抗议，用不开花的方式。

⑨所以，我想，今年黑槐林拒绝开花已成定局。去年断枝断骨，妻离子散，换了谁都会抗议。

⑩又是暑假，学生离校，林子寂静。前两天清晨，我去黑槐林做瑜伽，猛抬头，看到有树头顶小小黄黄的花蕾，一锥锥，一蓬蓬。槐米！我惊呼。接下来的几天里，它们都次第捧出各自的花蕾，整个黑槐林黄绿绿地静默着。

⑪痛，谁也不会忘记。但黑槐们和牡丹不同，它们选择了继续开花，并且用开得更好更美的方式去抗议往年的不公。同是用静默抗议，牡丹贞洁，千年冷漠，誓死不理；黑槐智慧，漠视痛苦，淡泊宁静。它默默地活好在自己的季节里，尽职尽责，按时开花，活好在当下，用最自然最朴素的方式。

⑫我惊叹一棵树的智慧。

(选自《知识窗》2012年第8期，原文有改动)

5. 请按照时间顺序，梳理文中黑槐树的经历。(3分)

时间	(1)_____	今年由春到夏	今年暑假
经历	一树槐米皆被乡里街坊们尽数采去。	(2)_____	(3)_____

6. 从修辞角度，赏析文中第②段画线的句子。(5分)

黑槐树开不出惊世骇俗的艳绝丽绝之花，它的花很小、很白，一蓬蓬，一穗穗，那么小心，那么内敛，那么自得，默默地开着自己的花。

_____

7. "我"推想"今年黑槐林拒绝开花已成定局"的原因有哪些？(5分)

_____

8. 文章使用什么写法来凸显"一棵树的智慧"？请结合文章内容，具体分析"智慧"的内涵。(6分)

_____

(二) 阅读下面文字，完成9~12题。(15分)

凤翔泥塑

①凤翔彩绘泥塑是绽放在三秦大地上的一朵奇葩，也是中国民俗文化四大泥塑之一，它以威武可人的造型、鲜艳明快的色彩、酣畅淋漓的线条和浪漫神奇的纹饰闻名遐迩，显耀于世界民俗文化之林。

②据《凤翔县志》记载：境内出土的春秋战国和汉唐墓葬中的一些陪葬陶器，如动物、陶人等，近似于当今的泥塑品，故泥塑工艺美术品的历史可追溯至二三千年前，是至今我国保留最古老、最具民族特色的泥塑类手工制品。专家们经考证认为，其彩绘纹饰与西周时期的青铜器纹饰有所不同。以花鸟鱼虫、祥鸟瑞兽为主的意象造型是中国古代图腾崇拜、生殖崇拜、神灵崇拜的遗存，反映出图腾时代的文化特点。现泥塑产地主要集中在距县城东南四公里的城关镇六营村，这里的农民几乎家家户户从事泥塑生产。

③凤翔泥塑的工艺程序为制模、纸筋、入泥、脱胎、挂粉、勾线、彩绘和涂漆。凤翔泥塑共有170多个花色品种，其中既有半人高的巨型蹲虎、虎挂脸，也有小到方寸的小兔、小狮；制作中使用黑黏土、大白粉、皮胶等，用模具定型，造型洗练、夸张，装饰华美富丽，色彩艳丽喜庆，形态稚拙可爱，在全国众多的民间泥塑中独树一帜。泥塑制作时，用和了麻丝或棉花的黄胶泥敷在烧制的模子上印出型，罩白粉，晾干，然后用毛笔勾线、填彩，再上清漆使之色泽艳丽。泥塑虎的色彩为黑、白、红、青、黄五行正色，代表了金、木、水、火、土。这五种颜色合理搭配，可产生鲜亮、饱和、靓丽的审美效果。

④长期以来，虎是凤翔泥塑中的主要题材。凤翔泥塑虎分挂虎、坐虎等类型。按民间习俗，前门贴门神，后门悬挂虎，以驱魔辟邪。挂虎的虎头暴额凸睛，色彩强烈鲜艳，双眉为两条相对的鱼。两鱼相对的格式，是生命繁衍的象征；而鼻子为人祖，属阳性。如此组合，表达了阴阳相合万物兴的理念。虎头上的"王"字为牡丹所代替，象征富贵。虎面的其他纹饰，也多以谷物或大自然中的花草、果实等巧妙组合。耳朵上缀以颤头的蝴蝶或小孩，淋漓尽致地反映出自然界生生不息、开花结果的永恒规律。虎头上还绘有宝葫芦，《诗经》中有"瓜瓞绵绵"之说，宝葫芦象征着子孙昌盛，希冀生命绵延不绝、子孙永享五谷丰登的深刻内涵。所以在凤翔，挂虎被视为生命保护神和繁衍生息之神。

⑤当地风俗，遇到小孩满月、百天、周岁，亲友通常用坐虎做赠品，置于炕头上，以表达他们对小孩长命富贵的祝福。坐虎取前腿立、后腿蹲坐、头侧转的姿态，形体简约概括，面部五官紧凑，夸大双耳和嘴巴，显得威武雄壮。阳性的人祖鼻子、太阳形眼睛，洋溢出阳刚之气。面部的阳性纹饰与躯体的莲花、牡丹等阴性纹饰呼应协调，再加上浓艳的色彩，观赏性极强。泥塑虎的全部符号纹饰寓意阴阳相谐，天地祥和，吉祥如意。虎面造型与现实的老虎相距甚远，但它真实地抓住了虎的神气，于勇猛中又透出娇媚，更为和善可亲。

⑥凤翔泥塑具有浓郁的乡土气息和较高的民俗文化、民间艺术和美学研究价值，深为有关专家所瞩目。但在商业环境的影响下，现在的凤翔泥塑艺人往往以销定产，一味迎合市场需求，这使得许多传统产品近于灭绝，也使得凤翔泥塑技艺逐步失去原有的文化内涵。20世纪60年代前，六营村及周边村有三百多户农家生产泥塑，现在只有少数艺人在农闲时从事泥塑创作与生产。

9. 请结合本文的写作思路完成下面填空。（3分）

凤翔泥塑总特点——（　　　）——（　　　）——（　　　）——传承意义。

10. 下面语段放在文中的哪一段比较合适？为什么？（4分）

六营村的历史和得名富有传奇色彩，相传六百多年前，朱元璋军队一部中的第六营士兵在当地安营扎寨，这个村便命名为"六营"。其中一部分人会做陶瓷器，便利用该地黏性很强的板板土，兑水和泥、制模、捏泥人和泥动物，当作泥玩具出售。当地老乡购泥塑置于家中，用以祈子、辟邪、镇宅、纳福。六营村的脱胎彩绘泥偶由此出名,代代相传。

11. 第4段和第5段使用了什么说明方法?有什么作用?(4分)

_____

12. 下列表述完全符合原文内容的一项是(　　)。(4分)

A. 在凤翔,坐虎被视为生命保护神和繁衍生息之神。

B. 凤翔泥塑的工艺程序为挖泥、制模、纸筋、入泥、勾线、挂粉、脱胎、彩绘和涂漆。

C. 凤翔泥塑共有170多个花色品种,其中既有各种虎的造型,也有其他小动物的造型。

D. 在商业环境的影响下,现在的凤翔泥塑艺人往往以销定产,一味迎合市场需求,这使得许多传统产品近于灭绝。

(三)阅读下面文字,完成13~14题。(5分)

早春

南枝才放两三花,雪里吟香弄粉些。

淡淡著烟浓著月,深深笼水浅笼沙。

13. 诗歌描绘了一幅怎样的早春景象?(2分)

_____

14. 请从修辞的角度对诗歌的后两句加以赏析。(3分)

_____

三、写作(40分)

请以"与你一起走过的时光"为题,写一篇文章。

要求:文体自选;不少于450个字。

物理学科优化作业设计研究结题报告

雷晓敏

前段时间,我针对物理作业对学生进行了调查:调查学生55人,喜欢做物理题,能自觉做题的只有3人;能单独完成物理作业的,只有12人;有30名学生只能完成部分物理作业,还有10名学生表示物理作业太难,根本无从下手,每天做作业基本就是抄袭。看到这样的结果,我的心情很沉重,物理作业设计该改革了。

一、传统物理作业的弊端

传统的教育注重智力测验这种单一的评价方式,这使得很多教师实行

"题海战术",布置的是千人一面的统一作业,使得学生常常处于题海之中,有做不完的习题,想不尽的难题,课业负担重,但收效甚微。学生有厌做心理,抄袭作业现象普遍,使得课外作业往往流于形式。具体说来,传统物理作业存在以下一些不足。

1. 重复繁多,学生负担过重

绝大多数学生手中都有很多习题资料。而在不同资料中,甚至就在同一本资料中,有许多类似或雷同的习题。而学生只以完成作业为目标,许多是重复性劳动,不仅学习效率低下,还造成精力和时间的极大浪费,加重了负担。

2. 被动作业,学生兴趣缺乏

陶行知先生说:"学生有了兴味,就肯用全副精力去做事体。"义务教育阶段的物理课程旨在提高全体学生的科学素养,保持学生探索科学的兴趣与热情。但是一味强调多练的做法抑制了学生学习动机的进一步激发,不利于学生学习主动性的提高。多而不精的习题令学生无喘息时间,久而久之,学生会离兴趣这位最好的老师而去,进而疏远物理学科,最终对其失去兴趣和信心。

3. 脱离实际,违背学生认知规律

学生在学习过程中,除了要掌握基本知识外,更要注重能力的提高。但过多的课业负担,使学生只能应付名目繁多的习题,而无法顾及基本技能的培养,更不用谈情感的体验,这极大地影响了学生的学习积极性,使学生产生错误认识——完成作业就是一种成功。一旦遇到实际问题,许多学生仍然无所适从,导致"高分低能"现象层出不穷。

4. "统一"作业,忽视个体差异

长期以来,教师布置作业总是全班统一,忽视了学生之间存在的个体差异。统一的作业内容、作业形式及作业难度不能适应每个学生的实际情况。让有差异的学生做无差异的作业,势必造成"吃不饱"和"吃不了"的现象。这样的统一作业,遏制了学生学习能力的发展,不能满足每个学生发展的基本需求。

5. 独立作业,缺乏互助合作

传统作业往往强调学生的"独立完成",注重独立思考,忽视合作学习。久而久之，造成学生的合作精神和合作能力较差。诚然，独立思考对一个人的发展很重要，但现在社会的发展离不开人的协作。况且，人的智力是多元的，换一句话说，就是一个人在某方面很擅长，但在另一方面就有可能有缺陷，因此，只有通过团结协作，取长补短，才能成功。

总的说来，传统的作业过程只是教师意志的体现，是学生被动接受的过程，是教师按照统一的要求、统一的内容、统一的格式，对学生变相"灌输"的过程。这种千篇一律的作业不仅无法调动学生的兴趣，而且培养出来的学生千人一面，泯灭了学生的个性和创造性。

二、优化物理作业设计的基本原则

1. 面向全体学生，提高科学素养

物理课程提倡以学生的终身发展为本，以提高全体学生的科学素养为目标，为每个学生的终身发展提供机会，关注学生的个体差异，使每个学生学习科学的潜能都得到发掘。所以在设计物理作业时要关注学生的个体差异，不以同一模式、同一标准要求所有学生。不仅要关注学生知识与技能的掌握情况，还应关注对学生终身发展很重要的探究、沟通与合作、批判性思维和问题解决等能力的形成，关注情感态度与价值观目标的达成。

2. 归纳物理规律，解决物理问题

物理贴近学生生活，教师不可能将庞大数量的信息在课堂这有限的时间内全部教给学生，更丰富的内容可让学生通过阅读教材和其他补充材料获得，教师只需要引导学生通过课堂所学总结规律，并把此规律应用到日常生活中，以解决生活性习题及生活中遇到的实际问题即可。因此，作业内容应尽量取材于学生的生活实际，让学生从熟悉的情境中学习知识。这不仅有利于学生理解概念和掌握规律，而且可以增强学生从实践中联系理论的意识。

3. 注意学科渗透，关注科技发展

作业设计应注意学科间的联系与渗透，关心科学技术的新进展，关注科学发展给社会进步带来的影响，帮助学生逐步树立正确的世界观。

4. 进行学法改革，注重科学探究

在义务教育阶段的物理课程中，实施科学探究式教学对提高学生的科学素养具有重要的作用，《义务教育物理课程标准（2011年版）》（以下简称"物理新课标")也把发展科学探究能力作为物理课程的一项重要目标，对学生的科学探究能力提出了总体要求。因此，在设计作业时，应根据物理新课标中科学探究能力七个要素的目标有侧重地考查学生各个目标的达成情况。值得说明的是，在对科学探究能力进行考查时，不仅要注重科学探究的结果，更要注重科学探究的过程。

5. 注重实验考查，培养创新精神

实验教学是物理教学的重要组成部分，是落实物理课程目标，全面提高学生科学素养的重要途径。在对学生的实验能力进行考查时，应让学生在明确实验目的、理解实验原理的前提下，自己选择实验器材、组合实验装置、自主进行实验，避免把实验步骤一条条罗列给学生，代替学生设计实验，那样不利于学生探究能力及创新能力的培养。另外，还应大力提倡学生用身边的物品做实验，这样既可以拉近物理学与生活的距离，让学生深切地感受到科学的真实性，又有利于增强学生的创新意识。

三、物理新课标理念下的作业优化

物理新课标要求义务教育阶段的物理课程应"以提高全体学生的科学素养为目标""此阶段的物理课程不仅应注重科学知识的传授和技能的训练，而且应注重对学生学习兴趣、探究能力、创新意识以及科学态度、科学精神等方面的培养"。这就要求作业布置应由过去的统一、专制走向"相对自主"，由封闭走向开放，由独立完成走向协助合作。在作业设计中应体现精简性、层次性、实践性、多样性、合作性、开放性、渗透性、时代性和延展性，让作业促进学生的自主探究、大胆创新、个性发展，让学生通过自主合作的方式完成探究性作业，并将其应用于生活实际解决生活中遇到的问题，体会成功的喜悦。在潜移默化中，培养学生的探索乐趣、良好的思维习惯和初步的科学实践能力。

1. 精简性

较好的作业应该是少而精的，一方面体现在对知识点要求层次的不同，如哪些知识点只需要了解，哪些需要运用，故要求教师对物理新课标要非常清楚，根据其要求，按不同的教学目的设计出适宜的作业。另一方面体现在好的作业使学生不仅能获取知识，还能品味到思维的乐趣，通过解决一题获得解决一类题的方法，使学生的思维得到训练，同时使学生有足够的时间去发展自我。

2. 层次性

物理新课标要求："关注学生的个体差异，使每个学生学习科学的潜能都得到发展。"由于学生的接受能力不同，学生的发展也是不平衡的。这就要求新课程理念下的物理作业设计要体现层次性，既要考虑学优生、中等生，也要顾及学困生，使他们都能从作业中获得成功感，让学困生巩固基础知识，中等生强化基本技能，学优生优化知识结构，从而使不同层次的学生练有所获，增强作业的实效性。我认为，应将作业分成A、B、C三组。具体而言，A组是基础型习题，适合中下层学生完成；B组是提高型习题，基础中略带灵活性，适合中上层学生；C组是发展型习题，思维含量较高，综合性较强，适合学优生完成。"提高全体学生科学素养"是新课程的核心理念，所以我们要承认学生的差异，力求满足不同学生学习的需要，作业也要因人而异，让作业成为学生自己的作业，即以人为本的作业。

如学习了人教版九年级物理中有关"电能表"的内容后，可设计这样有层次的三道探究性习题让学生选择：①我们家里的电能表上有哪些重要参数？请你观察后写出来。②通过调查，了解我们地区有哪些种类的电能表？③假如有兴趣，可以通过上网，查找电能表的种类及其特点。

3. 实践性

"从生活走向物理，从物理走向社会"是物理课程的基本理念。物理学科与生产、生活联系较为紧密，科学探究小实验也较多，我们完全可以把一些课堂上没完成的小实验或作业中的小实验布置下去，让学生作为实践作业完成。以人教版物理教材为例，如学了"物态变化"后，可让学生探究水与盐水凝固点的关系，从而使学生理解为何雪后环卫部门会给路面撒盐。学了"光的反射"后，可让学生晚上在家用手电筒分别照白色墙壁和镜子，眼睛从侧面看哪个更亮。学了"浮力"后，可让学生探究鸡蛋的浮沉与液体密度的关系。学了"光的直线传播"后，可让学生回家做"小孔成像"实验。通过这个实验可以提高学生的动手能力，同时使学生发现问题：为什么小孔打得太大会影响成像效果？使学生通过解决问题，深刻理解光的直线传播原理。学了"家庭电路"一节，可要求学生回家后研究自己家的电路及用电器，记录自己的疑问并在班内展示、解决。这种活动学生参与性强，学习兴趣高，能够留下终生难忘的印象。这样的作业几乎在生活中每天都能遇到，很容易让学生将物理知识与生活常识联系在一起，触发联想；这样的作业不仅使学生巩固了课堂所学知识，还增强了探究式学习的能力，同时更多地接触到多彩的社会，体会到物理与社会及生活的紧密联系。

4. 多样性

物理新课标还强调："提倡教学方式多样化，注重科学探究。"有人曾做过一项问卷调查，发现学生比较喜欢以下几种物理作业：①小实验（21.8%）；②观察生活中的物理现象（14.79%）；③物理体验（13.75%）；④小制作（12.08%）；⑤小发明（12.08%）；⑥收集有关的物理资料（9.58%）。所以我觉得物理作业应该一改过去那种只有书面作业的做法，提倡设置多种形式的作业，发展学生的创新意识，培养学生的多元智力。如学了"光的直线传播""杠杆""滑轮"等内容后，可以将相关的小实验、小制作作为作业布置给学生课后完成，再进行评比。

5. 合作性

物理新课标将"知识与技能""过程与方法""情感态度与价值观"视为并重的课程目标，传统的作业偏重对"知识与技能"的训练和巩固，忽视"过程与方法"和"情感态度与价值观"这两个目标的培养，或者说这两个目标所占比重偏低，这与素质教育的理念是不符的。学会合作已经成为21世纪新型人才的必须要求。合作是情感交流、互相学习的过程，也是思维碰撞、潜能发挥的过程。在一次问卷调查中，当问到"面对作业中碰到的困难，你通常会怎么做"时，只有37.28%的学生会"向老师、家长或同学请教"，36.09%的学生会"通过自己的努力寻找解题的方法"，其余学生则是"放下不管，等候老师讲解"，从这个结果可以看出学生的团结协作精神有待提高。因此，多布置合作性作业，不但有利于培养学生自主探究的能力，而且有利于提高学生合作交往的能力。通过这样的作业，学生学会了分工与合作，体验到成功的喜悦，容易形成学习的内动力。

6. 开放性

学生的作业，一般都有固定的答案、固定的解题方法与思路，缺少自由生动的探究。这便约束了学生的思维能力，对学生的发展很不利，因此设计作业可适当变化。如要求一题多解，发散学生的思维，使学生能从不同的角度去分析问题，使分离的知识之间产生联系，从而使学生形成知识体系,并灵活应用所学知识。例如,学习了"摩擦力"和"惯性"的知识后,可以布置这样的作业:假设没有摩擦力或惯性,我们生活的世界会变成什么样呢?这就要求学生在所学物理知识的基础上充分发挥自己的想象力,没有了千篇一律的标准答案,不会扼杀学生的想象力。

7. 渗透性和时代性

物理新课标中提出"注意学科渗透,关心科技发展"。这就要求初中物理教学要使学生"注意学科间的联系与渗透,关心科学技术的新进展,关注科技发展给社会进步带来的影响,逐步树立正确的世界观"。初中阶段的教育并非要求学生对某个方面的专业知识有较深入的研究,而是要求学生对各方面都有所了解。因此,教师在布置作业时,要考虑数学、化学、生物、历史、地理、信息技术等学科之间的渗透,使学生能有机地综合运用自己所学的各方面知识。例如,在初三物理中谈到"并联电路的总电阻小于其中任何一个分电阻"时,能否要求学生利用数学知识来证明呢?另外,在布置作业时,应该考虑一下时代性,现在科学技术突飞猛进,应该穿插一些联系时代的知识型题目,使学生在完成作业的同时,了解一些现代科技的发展。例如,纳米技术,教师在关于长度单位换算时应考虑纳米与米之间的换算关系,可布置让学生查找有关纳米技术的资料的作业。

8. 延展性

教师设计作业还要从纵向考虑前后知识的联系和衔接,以便在作业设计中为后面的教学埋下伏笔。如学完"变阻器"一节内容后,可设置这样一道练习题:

如图,AB是较长的电阻线,将其 A 端接入电路,C 点可以在电阻线上任意滑动且与导线接触良好,当 C 点向右滑动时,灯泡的亮度将有何变化?为什么?

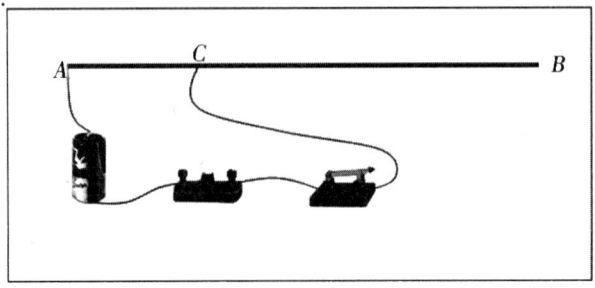

这道题既能对本节的知识进行巩固，又能承上启下引出下一节的内容，一举两得，何乐而不为？

四、物理作业优化后的类型

1. 选择题

该类题有的考查物理知识在日常生活中的应用实例；有的考查简单的知识结构，从而检测学生是否形成了完善的知识结构。命题时应注意以下三个方面。

（1）题干应表述清楚，并以一个确定的问题予以呈现，尽量不使用否定式的题干，如实在要用否定式的题干，应在题干的否定词下方加注着重符号，如"不正确的是"。

（2）各选项在形式上应基本相似，避免有的选项是文字概念，有的却是字母或数字的演算结果等。各选项的长度也应尽量做到基本一致。

（3）考查学生基本技能的试题，要取材于学生实验和日常生活中不够注意或含混不清的问题，这对每个人来说都是有用且重要的。

2. 填空题

填空题一般由不完整的陈述句构成，要求学生填入简单的物理规律、数字或符号，多用于考查学生对物理基本知识与技能的掌握情况。命题时应把握好以下三点。

（1）要对教材中的基础知识进行变式，避免直接引用教材上的陈述作为填空题，即不要把教材上的某个物理概念、定律原封不动地搬到试卷上，只从中抽去几个字让学生填。这样单纯的考概念和定律的表述形式或公式，容易引导学生死记硬背物理概念和定律。命题应努力通过各种形式考查学生是否理解概念和定律的建立过程，是否能正确运用概念和定律。

（2）避免出现歧义和含糊不清的语言，要求学生填写的答案应明确、具体、简洁，即使是开放性试题，答案也不能漫无边际或模棱两可。

（3）填空题中所设置的计算不要太烦琐，不要有意在计算上设置障碍，应侧重于考查物理的思想和方法。如果要求填的是数字答案，一般要标明所使用的单位（专门考查单位除外），必要时还应写清楚答案的精确程度，如"结果保留小数点后两位"等。

3. 作图题

作图题可以用来考查学生的基本作图技能以及读题的能力，有利于培养学生分析论证的能力和严谨认真的科学态度等。作图题一般是让学生根据题目的要求完成作图，如力的图示、电路图、光路图或者根据实验数据作图等。命题时一般要注意以下几点。

（1）题目所给的图示要清晰，图形和标注的字母要规范。比如，物理量及单位字母的大小写等，往往容易被人们所忽视。

（2）要明确指出作图要求，并在题中安排好图形的位置，留出足够的作图空间。

4. 简答题

简答题能较好地考查学生运用知识和方法分析实际问题的能力、推理能力以及对语言文字的组织与表达能力等。常见的有解释、推断、评价、论述等类型，一般可以是给出陈述某一物理现象或物理问题的短文、展示一幅蕴含物理知识的图片、提出一个与物理相关的问题等，让学生通过阅读、观察、分析后，简要阐述其中的物理原理。简答题一般都具有一定的开放性，因此设置简答题时，一定要认真考虑评分标准的公正性和可操作性。命题时要注意以下三点。

（1）不宜直接选用教材中的内容让学生作答，要避免设计答案就在书上的简答题，以免导致学生死记硬背。应力求从生活中寻找恰当的物理问题加以命题，使所命制的试题符合新课程的基本理念。

（2）设置的问题不宜过于复杂，要以适合初中学生回答和方便老师评判为标准。

（3）提倡以科普类的文字信息或生活中常见的图片信息来展示物理问题，以考查学生获取信息的能力。这有利于培养学生善于观察、勤于思考的良好习惯，从而达到学会学习的目的。

5. 实验题

实验题实质上不是一种独立的题型，一般以填空、选择、作图、简答或计算等形式出现。实验题用于考查学生对实验目的、原理、方法的理解和对仪器使用的掌握情况；考查学生观察、分析实验现象，处理实验数据，并得出结论的能力；考查学生实事求是的科学态度等。在命题时，要注意把握以下三个方面。

（1）避免考查死记硬背的东西，要注重考查学生的动手能力、正确使用仪器的能力，以及对实验方法和原理的理解。

（2）所创设的实验情境要真实，所给出的实验数据要符合实际，有效数字应统一。

（3）实验题的实物图要清晰，仪器的符号要符合标准，操作过程图要符合实验操作规范，仪表读数的指针位置要明确。

6. 计算题

计算题是最能体现学生物理能力的题型之一，它以应用题的形式考查学生的信息获取能力、理解能力、分析能力和运用物理规律解决简单问题的能力。对计算题的解答，可以充分暴露学生的思维过程，体现学生处理问题和表达问题的条理性，展示学生运用文字语言、函数语言、图形语言和图像语言的能力，充分展现学生的科学素养。此类试题在设计时应注意以下几点。

（1）不要太过冗长，否则学生会产生排斥心理，不愿意进一步钻研。

（2）立意要真实，既要有现实意义，又要有时代气息。

（3）题中所涉及的数据要尽量简单，便于计算，使学生能把主要精力放在理解、分析题意上。

五、优化物理作业设计的建议

传统的物理作业缺少让学生反思的余地，有道是"学而不思则罔"。在读书和学习的过程中，做完题目并非大功告成，重要的在于将知识引申、拓展、深化，因此，反思是解题之后的重要环节。一般说来，习题做完之后，学生应该从五个层次进行反思：①怎样做出来的？想解题采用的方法。②为什么这样做？想解题的依据。③为什么想到这种方法？想解题的思路。④有无其他方法？哪种方法更好？想多种途径，培养求异思维。⑤能否变通一下而变成另一习题？想一题多变，促使思维发散。当然，如果发生错解，更应该进行反思：错解根源是什么？解答同类试题应注意哪些事项？如何克服常犯的错误？"吃一堑，长一智"，不断完善自己。

曾在网上见到一位老师要求学生写"学后记"，受其启发，我觉得每节课作业处理完后还应该整理"做后记"，这是学生对学习本节内容的自我评价，包括学到的知识和技能、研究问题的方法，在情感态度与价值观方面有何收获，或还有哪些疑问。对老师来说，从"做后记"中能了解到学生发展中的需求，发现学生的学习潜能，以便发挥学生的特长，促进学生的个性发展。对学生来说，通过"做后记"的记录，每一个学生都能看到自己在发展过程中的长处，产生成功的体验，从而不断追求成功，增强学习的信心。

历史学科优化作业设计研究结题报告

一、优化历史作业设计的必要性

1. 切实减轻课业负担过重的需要

从对学生的实际调查来看，初三学生每天晚上做作业的时间大约在三个小时，初一、初二至少在两个小时以上。之所以造成这种现象，其中一个重要的原因就是教师给学生布置的作业重复化、机械化，如抄写课本中已有的知识点这类作业，缺乏思维含量，造成学生时间和精力的大量浪费。

2. 落实新课标三维目标的需要

《义务教育历史课程标准（2011年版）》（以下简称"历史新课标"）中明确提出："通过义务教育阶段历史课程的教学，学生能够掌握中外历史的基本知识，初步掌握学习历史的基本方法和基本技能；对人类历史的延续与发展产生认知兴趣，感悟中华文明的历史价值和现实意义，养成爱国主义情感，开拓观察世界的视野，认识世界历史发展的总体趋势；初步形成正确的世界观、人生观和价值观，为成为拥有良好综合素质的合格公民奠定基础。"作为教师，设计作业时，不仅要注重知识本身，更要关注历史新课标中提出的知识与能力目标、过程与方法目标、情感态度与价值观目标。

二、优化历史作业设计的指导思想

这次历史作业的优化设计，将以教材为突破口，以中考说明、中考试题为准绳，以我县教育局这次"大反思、大讨论、大整改"活动为契机，认真贯彻党的十八大关于"深化教育改革"的相关精神，发挥我校历史学科优秀教师的示范、引领作用，开展创新型历史学科教研实践活动，促进我校历史学科骨干教师队伍建设，提升我校历史教师队伍的整体水平。

三、优化历史作业设计应把握的原则

1. 育人为本，提高历史学科素养

作为一名历史教师，在设计历史作业时，应充分体现"育人为本"的教学理念，发挥历史学科的教育功能，以提高和培养学生的历史素养为宗旨，引导学生正确地理解人类历史的发展进程，逐步学会全面、客观地认

识历史问题。坚持用唯物史观阐释历史的发展与变化，使学生认同中华民族的优秀文化传统，增强爱国主义情感，坚定社会主义信念，拓展国际视野，逐步树立正确的世界观和人生观。

2. 普及历史知识，引导学习方法

根据学生的心理特征和认知水平，以普及历史常识为主，引领学生掌握基本的、重要的历史知识和技能，掌握学习历史的基本方法，为学生的全面发展打下基础。注重人类历史不同领域发展的关联性，注重历史与现实的联系，使学生能综合运用所学知识和方法，对历史和社会进行全面的认识。

3. 进行正确的叙述判断，逐步形成正确的历史观

将正确的价值判断融入对历史的叙述和评判中，使学生通过历史学习，增强对祖国和人类的责任感，逐步树立为中国特色社会主义事业、人类的和平与发展做贡献的人生理想。

作业的设计应注重其所呈现的思想导向和价值取向，要设计有助于学生全面、客观、辩证地分析历史的相关作业，并利用这些作业让学生对历史知识进行正确的认识和评价。

历史作业的设计选材要多种多样，要对各种资源进行精心筛选，设计反映历史真实状况，具有典型性、代表性的作业，也可根据教学的实际需要，对多种资源进行有机整合，最终使历史作业的设计有利于学生形成正确的历史观。

4. 引导学习方式的转变，关注每一位学生的全面发展

鼓励自主、合作、探究式的学习，倡导教师教学方式和教学评价方式的创新，以使全体学生都得到发展。

历史作业的设计要充分考虑到每一位学生的实际情况，照顾到不同层次学生的个性差异，精心编写具有阶梯性、层次性的作业。作业的设计要兼顾学生的实际学习需要，对于学优生建议控制在 20 分钟完成即可，对于中等生则要求控制在 25~30 分钟，对于学困生只要求其掌握最基本的知识点即可，时间控制在 15~20 分钟。作业的设计既要注重学生基础知识与能力的提升，又要注重培养学生良好的世界观、价值观。

四、优化历史作业设计的内容指向

无论是哪个年级的历史作业的设计，都应以历史新课标为入口，以中

考为出口，认真研读历史新课标，研究中考说明和中考试题。只有教师做到这些，才能编写出高质量的历史作业，才能真正提高课堂效率，提升历史学科的教学质量。

1. 基础类

下面我们以2012年陕西省中考试题为例介绍此类作业的设计。

(1) 中国共产党在进行新民主主义革命和社会主义建设过程中，召开过多次重要会议。下列表述完全正确的是（   ）。

①中共"一大"正式宣告了中国共产党的诞生

②遵义会议确立了以毛泽东为核心的党中央的正确领导

③中共"七大"在人民解放战争胜利前夕召开

④1956年中共"八大"在北京召开

A. ①③④　　　B. ②③④　　　C. ①②③　　　D. ①②④

这道关于中国近现代史的试题，将教材中前后出现的中共"一大"、遵义会议、中共"七大"、中共"八大"有机地结合起来，将教材知识系统化、板块化。

(2)《共产党宣言》之所以成为科学社会主义理论诞生的标志，主要原因是（   ）。

A. 由革命导师马克思、恩格斯起草

B. 确立了无产阶级必须在中心城市发动武装起义的方针

C. 提出了建立农村革命根据地，走农村包围城市道路的主张

D. 较为完整、系统地阐述了马克思主义的基本原理

这道关于世界近现代史的试题，将教材中马克思和恩格斯发表的《共产党宣言》、俄国的十月革命、中国的农村革命根据地的建立等世界史与中国史有机地结合起来，注重知识的前后联系，是对整个初中历史教材的融会贯通。

从以上试题可以看出，对于中考中的单项选择题，学生无法简单地依据课本的知识点做出正确的选择。其考查学生的理解能力、知识的前后融会贯通能力和灵活运用知识的能力。因此，我们应关注学生的长远发展，关注中考这个最终出口，以中考试题为参考，认真编写有价值、有深度、注重学生思维能力的作业。

2. 概括类

例如，2007年陕西省中考试题注重考查学生对美国国家发展史的总结

与概括。

通过对以上问题的探究，请你简要归纳美国能够成为世界强国的基本条件。

如果学生没有对美国的独立战争、南北战争、经济危机等知识的理解和把握，对于这样的问题，学生是无从下手的。

3. 拓展提升类

2009 年陕西省中考试题注重考查学生对所学知识的提炼能力和创新能力。

通过对上述问题的思考，请你谈谈对法、俄两国能够跻身世界强国之林的认识。

从该试题来看，除了注重考查学生对知识的理解消化、概括归纳能力外，还注重考查学生是否能有效地对所学知识进行提炼。

4. 对比分析类

2012 年陕西省中考试题中，将有关秦朝、汉朝、唐朝的知识进行了以下对比分析。

（1）秦统一后，丞相的主要职责是_____，延续了一千五百多年的丞相制度在_____（朝代）被废除。

（2）选做题：以下两个小题，请任选一个作答。

① 依据材料二，结合所学知识，指出汉武帝是如何使"西域内属"的？有何意义？

② 依据材料三，结合所学知识，概括唐蕃之间的关系。《唐蕃会盟碑》有何历史价值？

（3）综合上述材料，你能得到哪些认识？

5. 图表类

还应根据课本的要求，让学生绘制历史图表，提高绘制历史简图的基本技能。

例如，绘制哥伦布开辟新航路的示意图；绘制一幅欧洲中世纪庄园平面图，了解庄园布局和农民日常生活；开展社会调查，将中国改革开放前后家乡的变化以图表的形式呈现出来；制作图表，分类整理《南京条约》《马关条约》和《辛丑条约》的相关内容，了解中国逐步沦为半殖民地半封建社会的基本线索；绘制郑和下西洋的航行路线简图，讨论郑和下西洋的意义；编制中国古代主要朝代顺序表；设计表格，列出秦始皇、汉武帝与唐太宗的历史功过。

6. 创新实践类

（1）设计调查问题，提高学生的创新能力和实践能力。

例如，收集我省、我市、我县的历史文化名人的资料，并谈谈他们的历史贡献；收集南北朝时期民族交往、交流、交融的资料，编写一期板报；收集古代名家书法，欣赏书法艺术；分组收集中国古代四大发明的资料，出一期黑板报；收集孙中山的相关事迹，举办关于孙中山的故事会。

（2）开展历史习作，培养学生唯物史观。

例如，撰写有关"我最崇拜的科学家"小论文，树立为科学献身的理想和抱负；撰写有关台湾问题的专题演讲稿；撰写"原始人的一天生活"，想象原始人的一天是如何度过的。

五、历史作业设计的编写体例

作为一名历史教师，精心设计历史学科的作业，是构建高效课堂的重要保证。

关于历史学科的作业设计，具体的编写体例主要由以下三个方面构成。

1. 关于每课的作业设计

（1）学生完成时间控制在 15～20 分钟，主要涉及选择题、材料分析题。

（2）重视课本中的课后练习题。课本中的课后练习题比较基础，可放到导学案的检学部分予以处理；课本中关于"对比中国的戊戌变法与日本的明治维新的相同点与不同点""总结归纳秦始皇、汉武帝、唐太宗的功过"等注重考查学生探究问题能力的课后练习题则可作为作业设计的一部分。

（3）编写试题时，应认真阅读历史新课标，凡是历史新课标中出现的"知道、了解"等属于识记层次的相关知识，则不需要在作业中加以补充；凡是历史新课标中出现的"讲述、列表、简述"等理解、运用层次的相关知识，则需要教师精心编写成历史作业。

2. 关于单元的作业设计

（1）学生完成时间大约控制在 40 分钟，即一节课的时间为宜。主要以单项选择题、材料分析题、图表题的形式出现。

（2）注重构建本单元的知识结构图，把本单元的逻辑体系理清。

（3）注重知识的前后对比、综合运用，必要时也可将几个单元的知识放在一起设计作业，其目的在于让学生对所学的知识形成立体感并能融会贯通。

（4）紧扣历史新课标的要求，突出重点。凡是历史新课标中出现的"讲述、列表、简述"等理解、运用层次的相关知识，则需要教师精心编写成历史作业。

（5）关注中考中经常出现的考点，作业的设计要链接中考，注重学生的长远发展。

3. 关于期中期末复习的作业设计

（1）学生完成时间大约控制在90分钟，即两节课的时间为宜。主要以单项选择题、材料分析题、图表题的形式出现。

（2）在紧扣历史新课标、中考说明、中考试题、教材的基础上，注重知识的前后联系与整合。

总之，历史作业的编写，应深入贯彻历史新课标的要求，注重培养学生分析问题、解决问题、灵活运用知识的能力，特别是要紧扣近几年来的中考说明、中考试题，突出试题的综合性、拓展性与延伸性，作业的编写不仅要注重形式的多样化（如选择题、材料分析题、图表题等），更要注重每道题的编写质量，通过具有典型性、代表性的作业设计，提升学生的学科素养，为使学生成为拥有良好综合素质的合格公民奠定基础。

第八章
说课研课

说课研课是一种集"说课"和"研课"为一体,且二者同时进行的教研形式。在说课研课中,教师们交流、学习,碰撞出思维的火花,提高了教学水平,丰富了教学理论,从而优化了课堂教学。

第八章 说课研课

第一节 说课研课的认识

说课研课是我校开展的一项具有实际意义的、高效的教研教改活动，可操作性强，能用理论指导实践。在说课研课的过程中，教师们经过同行之间的交流、学习，教学水平得到了不同程度的提升；经过同行之间的切磋，碰撞出了思维的火花，闪现出智慧的灵性，从而丰富了教学理论，优化了课堂教学。

一、说课研课概述

这是一种集"说课"和"研课"为一体，且二者同时进行的教研形式。

"说课"是指执教教师在特定的场合，针对一课时教学内容，在精心备课和上课的基础上，以科学的理论为指导，面对同行讲述某节课的教学设计及其理论依据，分析教学目标及重难点的确立，介绍导学案设计、学法指导及其理论依据、评价的预设和知识的生成，讲述教学过程中的得与失，以及改进的办法等。

"研课"即其他教师在认真听取了说课教师的教学设计之后，共同商讨，对其做出中肯的分析和评价，说出自己认为好的地方和存在争议的地方，相互交流，取长补短，从而使教学设计趋于完善。

二、说课研课的重要意义

1. 丰富和发展了教学理论

教学理论是在教学实践中逐步形成和发展起来的，最初的备课，虽涵盖了教学目标、重难点、教法学法、教学过程等内容，但研究的始终只是"教什么"和"怎样教"的问题，而并不研究"为什么这样教"。说课研课活动则填补了教学理论研究上的这一空白，丰富了教学理论的内容，为教学理论研究开拓出新的空间。

2. 优化了教学研究工作

传统的教学活动，常常是教师上完课就完成了任务，很少去反思自己是怎样教的，为什么要这样教。听课教师碍于情面，很少认真评课，教研活动常流于形式，收效不大。而说课面对的是同行，这就促使说课者去认真备课，认真学习和掌握教学理论。同时听课教师（组内其他成员）需要就某个环节提出自己的看法，这样就能把"教"和"研"，"说"和"评"紧密地结合起来，使教研活动的所有参与者都得到提高，从而增强教学研究的作用，提高教研活动的质量。

3. 克服了教学活动的经验主义

教学是教师教与学生学的一项双边活动。教师教的内容可能不变，可面对的学生每年都在变，所以教师要克服传统教学活动中的经验主义。在说课研课中不仅要说出课标依据，研究教材内容，还要深入交流学生的学习实际，有针对性地站在学生的角度，立足于学生易于接受的知识层面去把握课堂、掌握教学，避免经验教学。即使有教师依靠经验进行教学，在说课研课活动中，其余教师也会根据实际指出其存在的问题，执教教师自己也可以从别人的教学设计中发现问题，进而改正。

4. 搭建了以具体课时为研究目标的教研平台

说课研课的内容既可以是围绕某一节课的具体内容，大家互相交流在课堂中各自是如何落实重点、突破难点的；也可以是将自己认为某个知识点用哪种方法讲解更利于学生接受，能达到更好的教学效果讲出来以供大家参考。青年教师也可将自己在课堂中遇到的困惑，处理不恰当的地方提出来与大家共同切磋、共同商讨，以使自己的课堂趋向完美。大家互相学习、取长补短，借助说课研课搭建的平台，使自己在教学实践中各方面的能力都能得到提高。

5. 开辟了教学实践中内化理论、总结理论的有效途径

我们的教师，参加过好多有关教学理论的培训，说起教学理论来都有各自的一套，但很少有教师能将教学理论真正地用到实际教学中。例如，物理新课标指出，物理课程的基本理念是"面向全体学生，提高学生科学素养"，但在实际教学中，多数教师往往只注重知识的传授，而忽视学生能力的提高，这样的课堂偏离了物理教学的方向。但经过我们的说课研课之后，哪怕有一个教师提出此问题，大家顺着这一理念一起进行教学设

计，再结合本班的实际情况稍作改动，就会形成既适合自己，又不会偏离物理教学方向的高质量的教学设计。

另外，也会有个别教师在平时教学中用到了其他新颖的教学方法，或发现了比较高效的教学策略，经过说课研课之后，大家集思广益，将其总结出来，又会形成一篇集集体智慧于一身的教研论文。

6. 实现了个体教学与集体教研的有机结合

说课研课是我们学校教研工作的一项主要任务，也是另一种教学形式，教师往往限于自身的水平与能力，迫切需要听一听同科教师的见解与指导，而说课研课活动正为同科教师之间的学习与交流搭建了这样一个平台。大家相互学习，然后再反思，将别人好的做法融入自己的教学中，并在教学实践中去改进自己的教法，形成自己的教学风格和教学特色，逐步成长为一名优秀的教师。

7. 促进了教师的专业发展

说课研课是教师在校本研修中互助学习的重要形式。说课反映出教师对课程的理解，是教师的教育思想、专业知识、教育理论水平、教学活动质量的综合实践。而研课是在大家共同感受和收集课堂信息的基础上，围绕共同关心的问题进行对话和反思，以改进课堂教学、提升教学智慧、促进教师专业发展的一种研修活动。研课，能使参与活动的教师，从一个个课堂教学实例中吸取经验和学习方法，改进不足，这对提高大家的教学水平有着直接的帮助。

所以，说课与研课是一个发现问题、分析问题、解决问题的活动，是一个诊断、交流、合作的活动，是一个学习、反思、研究的活动，是一个观念更新、思维转变、行动改进的活动，因而它是一种促进教师专业发展的活动。

三、说课研课的基本流程

说课研课是组内教师每周一次的教研活动，分为教师说课、同伴研课两个部分。

1. 教师说课

针对本周教学内容，确定说课课题，开始说课。

（1）说教学目标。说本课时的教学目标是什么，设计的依据有哪些，并指出具体内容。

（2）说重难点。说本课时的教学重难点是什么，确定的依据是什么。

（3）说教学过程。①导学案设计的层次性：说本课时的导学案分为几个层次，每个层次所涉及的内容是什么，如何设计。②重难点的讨论、展示、突破及学法提炼：要说出具体的讨论过程及内容，以及课堂中如何突破。③评价预设：说在本课时中，对有关教学评价方面的思考，具体的做法，好的评价方式方法要交流推广，效果一般的要反思改进。

（4）说教学反思。①导学案修改：说经过教学之后，发现的导学案编写中存在的问题并提出自己的改进意见及依据。②课堂处理：说教师在教学过程中"导"的情况，导的是否适时、到位，针对各种情况进行分析改进；说教师在组织学生学习过程中好的做法、存在的问题及改进的办法等。③学法指导：说学生在自学、交流、探究、展示、点评过程中好的做法，存在的问题，改进的办法等。

2. 同伴研课

听课教师在认真听取说课教师解读的过程中，根据评分标准及时评价并记录问题。评"说"标准包括以下主要内容。

（1）教学目标既要明确、具体、简洁，能体现三个维度，具有可检测性，又要符合课标要求及学生实际。

（2）准确把握教材，重难点的确定有理有据。

（3）教法合理，学法实用。教学的总体设计有新意，能激发学生的学习欲望，符合课型特点和学科特点，能实现教学目标，渗透情感教育。学生的学要占一节课的多数时间，体现学生的主体地位。

（4）注重教后反思。教学反思是一种有益的思维活动和再学习的方式，每一位优秀教师的成长都离不开教学反思。如果教师仅仅满足于获得经验而不对经验进行深入思考，那么，他可能永远只停留在一个新手教师的水准上。我国著名心理学家林崇德提出"优秀教师＝教学过程＋反思"的成长公式。叶澜教授也曾说过，一个教师写一辈子教案难以成为名师，但如果写三年反思则有可能成为名师。教学反思可以激活教师的教学智慧，探索教材内容的崭新呈现方式，构建师生互动机制及学生学习的新方式，它是教师发展的重要基础。

一节课结束后，教师应仔细想想：本节课总体设计是否恰当，教学环节安排是否合理，教学方法运用是否得当，学生思维能力与动手能力是否得到了富有成效的训练，教学手段的运用是否充分，重难点是否突出；有哪些地方做得还不够好，需要调整和改进；学生的积极性是否调动起来了，学生学得是否愉快，教师教得是否愉快，其成败得失的原因何在；还有什么困惑；等等。把这些想清楚，然后记录下来，这样就为以后的教学提供了可资借鉴的经验。经过长期积累，必将获得一笔宝贵的教学财富。

（5）辅助工具使用得当。说课过程中可以运用一些辅助工具，如说课文字稿、多媒体课件、实物投影仪等。

（6）教师基本素养良好。业务精良，仪态大方，语言流畅，演示操作熟练，感染力强。

四、开展说课研课时的注意事项

（1）研讨的目的必须明确。要研讨哪些问题，解决哪些薄弱环节，不但活动的组织者要清楚，而且全体参与者都应明确。

（2）讨论的组织必须严密，并保证有充足的时间。讨论要围绕研讨的中心议题展开，分清主次，不要贪大求全。

（3）要理论与实践相结合。说课的主要特征是强调说"理"，即不但要说"教什么"和"怎样教"，更要说"为什么这样教"，"为什么这样教"就属于教育理论的范畴，它涉及大纲、教材、学情、教育学、心理学、教学法等。

（4）客观真实，具有可操作性。说课的内容必须客观真实、科学合理，不能故弄玄虚，生搬硬套一些教育教学理论的专业术语；要真实地反映自己是怎样做的，为什么这样做，哪怕是不科学、不完整的做法和想法，也要如实地说出来，以引起听者的思考，通过相互切磋，形成共识，进而完善教学设计。说课是为课堂教学实践服务的，说课中的每一环节都应具有可操作性，如果说课仅仅是为说课而说，不能在实际的教学中落实，那就流于形式，成了纸上谈兵、夸夸其谈的"花架子"。

（5）要调动全员参与，防止组织者、说课者忙得团团转，其他人却置身事外。课后研讨时，应让大家畅所欲言，各抒己见，如果有意见分歧，允许互相争论，允许保留不同意见，最终让实践去检验，并通过实践去求得统一，切不可主观武断，搞"一言堂"，挫伤大家的积极性。

（6）注重对说课的评价。评"说"活动开展得好，能促使教师更深入地钻研教材，从理论的高度去研究说课。评"说"的内容包括评教学目标的确定、重难点及其设计依据、教学过程及教学反思等。

总之，开展说课研课活动，能促进教师对教学的反思，提升教师的教学水平，丰富教师的教研理论，开启教师的研究智慧，点燃教师的灵感之花。这项活动是教师成长必不可少的助力，我们会不遗余力地将这项活动开展下去，使我们的教学水平更上一层楼。

第二节　说课研课的实施方案

继"四学一导"高效课堂模式实践研究、课例研修、微教研等一系列教研活动之后，我校教师的专业素养得到了极大的提高。为了进一步为教师搭建平台，促进教师能力发展，提升学校办学水平，我校特开展说课研课活动，并制订了相应的实施方案及评分标准。

一、说课研课的流程

本次说课流程严格按照相关规定进行，具体如下。

（1）说教学目标。说本课时的教学目标是什么，设计的依据有哪些，并指出具体内容。

（2）说重难点。说本课时的教学重难点是什么，确立的依据是什么。

（3）说教学过程。

① 导学案设计的层次性。说本课时的导学案分为几个层次，每个层次所涉及的内容是什么，如何设计。

② 重难点的讨论、展示、突破及学法提炼。要说出具体的讨论过程及内容，以及课堂中如何突破。

③ 评价预设。说在本课时中，对有关教学评价方面的思考，具体的做法，好的评价方式方法要交流推广，效果一般的要反思改进。

（4）说教学反思。

① 导学案修改。说经过教学之后，发现的导学案编写中存在的问题并提出自己的改进意见及依据。

② 课堂处理。说教师在教学过程中"导"的情况，导的是否适时、到位，针对各种情况进行分析改进；说教师在组织学生学习过程中好的做

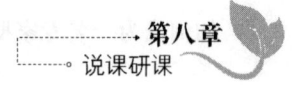

法、存在的问题及改进的办法等。

③ 学法指导。说学生在自学、交流、探究、展示、点评过程中好的做法，存在的问题，改进的办法等。

二、说课研课的安排

（1）本次说课针对所有科目（语文、数学、英语、物理、化学、思想品德、历史、地理、生物），按每个课时的教学计划进行，说课节次与各学科所编导学案对应。

（2）各教师在上课前备好课，上课要带教材、导学案等，课后及时完成教学反思，为组内研修打好基础。

（3）研修时间定于每天下午 18:00—20:00，具体安排如下。

星期	教研组	地点	主管领导	负责人	成员
日	政史	政史办公室	刘军民 党 纳	宋新丽 党小月 张 艳	所有初中政史教师
一	语文	政史办公室	武 卫 王华刚	王 媛 朱江华 周翠丽	初中所有语文教师
二	生化	生化办公室	王志强	姚雅玲 雷冬梅	九年级化学教师 七、八年级生物教师
三	英语	英语办公室	秦艳刚 武 卫	户文敏 马朝侠 康 萍	所有初中英语教师
四	数学	数学办公室	王华刚 刘军民	胡婉会 马淑倩 雷 艳	所有初中数学教师
四	物地	物地办公室	党 纳 秦艳刚	雷晓敏 张 莉 奚爱丽	八、九年级物理教师

（4）本次说课以六个教研组为单位进行活动。活动期间由教研组组长牵头组织，备课组组长具体负责。活动中针对每个课时的内容，要求各教师逐个进行说课，接着组内研讨定案，形成本组说课解读稿。

（5）每月最后一个星期五召开说课比赛。届时从各学科中抽取一位教师参加比赛，参赛评委由校领导及教研组组长组成。

三、说课研课的考核办法

本次说课活动以教研组为单位，采用捆绑评价的方法，分三个等次进行，具体考核内容从以下方面进行。

（1）教师到岗情况：各教师按时到指定地点参加说课研课活动，每缺一人扣2分，请假一人扣1分，迟到一人扣0.5分。

（2）教师个人备课：每双周周四午自习时，各教师将自己的备课与反思表随作业一起交至指定地点接受检查，其中语文、数学、英语每周2节，其余科目每周1节。检查时缺交一次扣2分，缺少一节扣1分。

（3）组内解读稿赋分（100分）：每周五上午学校要对本组本周内的说课解读稿进行评分，各教研组组长于周四晚放学前将各组的解读稿交到余义敏老师处。

（4）校内说课比赛赋分（100分）：以每月最后一个星期五的说课比赛赋分为准。

以上四项分数之和即为本组当月得分，此得分与绩效挂钩。

实验初中说课研课大赛评分表

展示人：_____　　时间：_____

项目	内容	分值（分）	得分	备注
1. 说目标依据	分析学习目标及目标设置的依据。	10		
2. 说重难点依据	分析学习重难点及其确定依据。	10		
3. 说课堂处理	分析导学案分层设置情况，谈各层次课堂处理的方法，有举例说明。	20		
4. 说重难点突破	分析具体突破方法，有举例说明。	20		
5. 说教学评价	分析具体评价的方式方法及达到的效果，有举例说明。	10		
6. 说教学反思	从导学案设计、学生表现、教师引导、平时的教学问题、今后改进措施等方面分析。	20		
7. 答辩	能结合问题，有针对性地回答。	10		
总分				

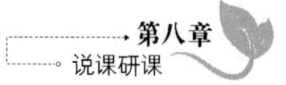

教师备课与反思样表

学科			课题	
设计人			时间	
教学目标设计依据				
重难点确立依据				
教学过程	导学案设计层次性体现			
	重难点的讨论、展示、突破与学法提炼			
	教学评价预设			
课后反思	导学案修改			
	教师课堂处理			
	学生学法积累			

第三节　说课研课的范例

苏教版物理九年级上册"物质的比热容"

一、"物质的比热容"导学案

【学习目标】

1. 通过实验数据分析并建立比热容的概念。

2. 了解比热容是反映物质吸、放热本领的物理量。

3. 会查比热容表，了解一些常见物质的比热容。

4. 培养逻辑推理能力。

【学习重点】

1. 建立比热容的概念。

2. 了解一些常见物质的比热容。

【学习难点】

比热容是反映物质吸、放热本领的物理量。

【学习方法】

通过实验数据分析、理解比热容的概念。通过具体例子分析并理解比热容是反映物质吸、放热本领的物理量。

自学

（自读教材第41~42页，整体感知，并完成下列问题。）

1. 分析物质吸热多少的情况与什么因素有关。

烧开一壶水，比烧开半壶水用的时间____（长或短）。说明烧开一壶水，水吸收的热量____（多或少）。表明物质吸热多少与物质的_____有关。

（2）把一壶20℃的水烧到90℃，比烧到50℃，所需的热量_____（多或少）。说明物质吸热多少与物质的_____有关。

（3）等质量的水和煤油，用相同的加热器加热，从20℃加热到90℃，水需要的时间长，即水需要的热量____（多或少）。说明物质吸热多少还与_____有关。

总结：不同物质的吸热性能____，物质吸热多少与_____、_____、_____有关。

物理学中，我们有专门的物理量描述物质的这种性质——比热容。

2. 分析教材第42页的实验步骤1、2，回答下列问题。

（1）实验中以_____和_____为研究物质。

（2）实验中，这两种物质的_____和_____相同。

（3）实验中测量了哪些量？

（4）在实验中为什么都要搅拌？

_____

研学

1. 理解比热容。

(1) 分析下表中的实验数据。（表中数据是由教师课前实验得出的）

	质量/kg	温度升高10℃需要的时间/s	温度升高20℃需要的时间/s
沙	0.03	64	89
水	0.03	96	163

(2) 完成教材第42页的"分析与结论"。

(3) 比热容的概念。

_____的某种物质温度_____1℃，所_____的热量，叫_____的比热容。

(4) 比热容的符号：_____。

(5) 比热容的单位：_____（字母表示），读作：_____。

(6) 水的比热容是 $4.2×10^3$ J/(kg·℃)。

它表示的意义是_____（从定义入手分析），即1kg的水温度升高1℃，需_____的热量为_____J；1kg的水温度降低1℃，需_____的热量为_____J。

2. 观察比热容表。

(1) 你观察到了什么？（写出三条）

_____

_____

_____

(2) 判断下列两题。

一杯水和一桶水的比热容_____（相同或不同）。

100℃和20℃的水的比热容_____（相同或不同）。

小结：同种物质，无论质量大小，温度高低，比热容大小_____（相同或不同），比热容是物质的一种属性。

示学

各组学优生口头展示研学中的第1题。

各组中等生、学困生上黑板展示研学中的第2题。

检学

1. 关于比热容，下列说法中正确的是（　　）。
A. 物质的比热容与物质吸收和放出的热量有关
B. 物质的比热容与物质的温度有关
C. 物质的比热容与物质的质量有关
D. 物质的比热容是物质的一种属性，与物质温度、质量都没有关系

2. 1kg 的水温度升高 1℃，吸收的热量为_____J。1kg 的煤油温度升高 1℃，吸收的热量为_____J。可见，质量相等的水和煤油升高相同温度时，水吸收的热量_____（多或少），煤油吸收的热量_____（多或少）。

同样，1kg 的水温度降低 1℃，放出的热量为_____J。1kg 的煤油温度降低 1℃，放出的热量为_____J。可见，质量相等的水和煤油降低相同的温度时，水放出的热量_____（多或少），煤油放出的热量_____（多或少）。

3. 雄伟壮观的二滩大坝位于我市境内，库区蓄水后，因为水的_____较大，所以库区的气温变化不明显。

小结：对照学习目标，你完成了吗？教师点评优秀组、优秀个人。

二、"物质的比热容"说课稿

学科	物理	课题	"物质的比热容"
设计人	雷晓敏	时间	2014 年 10 月 15 日
教学目标设计依据	课标要求：通过实验，了解比热容，尝试用比热容说明简单的自然现象。 考试方向：1. 理解比热容是物质的物理属性。 　　　　　2. 利用"水的比热容大"解释现象。 　　　　　3. 利用比热容公式进行计算。		
重难点确立依据	重点：理解比热容是物质的物理属性。这是历次考试的常考题目。 难点：通过实验认识比热容。因为比热容定义中包含的物理量太多，学生不容易理解。		

（续表）

教学过程	导学案设计层次性体现	1. 自学：学生自学了解实验过程，通过教师给出的数据初步得出结论。 2. 研学：在教师的引导下得出比热容的定义，会查比热容表，理解比热容是物质的物理属性。 3. 检学：用比热容公式进行计算，并解释生活现象。
	重难点的讨论、展示、突破与学法提炼	重点：通过教师引导、学生讨论得出。 难点：通过"影响热量的因素"实验，引导学生比较不同物质的吸热能力，从而得出比热容的定义并充分理解。 学法提炼：充分理解"物理属性"的意义。
	教学评价预设	评价内容：展示、点评、口语表达。 评价方式：口头评价、组间互评、班内共评。
课后反思	导学案修改	"研学"部分的修改包括两方面内容：（1）引导学生理解比热容定义（比值法）。（2）查比热容表的结论。
	教师课堂处理	师：比较沙子和水的吸热能力。 | 物质 | 质量 | 升高温度 | 吸收热量 | |---|---|---|---| | 水 | 1kg | 10℃ | 100J | | 沙子 | 2kg | 8℃ | 110J | 生：无法直接比较，可分别算出1kg的该物质温度升高1℃所吸收的热量，再加以比较。 经计算得出水：$\frac{100J}{1kg \times 10℃}$；沙子：$\frac{110J}{2kg \times 8℃}$。 可见：$\frac{Q}{m \triangle t}$可反映一种物质的吸热能力，物理学中用比热容来表示。
	学生学法积累	1. 控制变量法：当好几个因素同时影响一个物理量时，应使用控制变量法。 2. 关于"物理属性"的理解：比热容是物质的物理属性，只有其自身的状态或物质成分影响它，其他因素不影响。

人教版化学九年级上册"分子和原子"

一、"分子和原子"（第1课时）导学案

【学习目标】

1. 认识物质是由分子、原子等微小粒子构成的。

2. 会用分子的基本性质解释日常生活中的现象。

3. 通过实验与探究，培养抽象、想象、分析和推理等思维能力。

【学习重点】

认识分子、原子的客观存在，会用分子的基本性质解释一些现象。

【学习难点】

培养抽象、想象、分析和推理等思维能力。

【学习方法】

自主学习、观察实验、记录现象、合作探究。

【学具准备】

大烧杯 2 个、小烧杯 2 个、玻璃棒、蒸馏水、品红、浓氨水、酚酞溶液。

自学

1. 阅读教材第 48～50 页，思考构成物质的微粒有哪些？它们分别有什么性质？

2. 把对应的序号填在相应的位置。

（1）酒香不怕巷子深；（2）糖放入水中整杯水变甜；（3）一滴水约含 1.67×10^{21} 个水分子；（4）100 克水的体积比 100 克水蒸气的体积小很多；（5）湿衣服晾干；（6）花香四溢；（7）热胀冷缩；（8）一个水分子的质量约是 3×10^{-26} kg；（9）干冰升华；（10）相同质量的同一种物质三态时的体积不同（如水）。

分子的质量和体积都很小_____。

分子在不断运动_____。

分子之间有间隔_____。

3. 一盆水是在夏天蒸发得快，还是在冬天蒸发得快？这是为什么？

4. 从分子的角度分析，水变成水蒸气，所占体积变大的原因。

5. 我的疑惑_____。

研学

（分组实验，合作探究。）

1. 充分发挥对子的作用，交流并努力解决自学中彼此的疑惑。

2. 分组完成教材第 48 页实验 3-1，探究构成物质的微粒的存在。

3. 分组完成教材第 94 页"探究"内容，探究分子是不断运动的，并讨论填写教材第 49 页探究习题。

示学

1. 口头展示研学中的第 2 题。

2. 书面展示研学中的第 3 题。

检学

1. 基础巩固。

（1）构成物质的分子之间有_____，气体容易被压缩是因为其分子间的_____，液体、固体不易被压缩，是因为其分子间的_____。

（2）物质在不同条件下的三态变化，主要是由于（　　）。

A. 分子的大小发生了变化　　　B. 分子的质量发生了变化

C. 分子之间的间隔发生了变化　D. 分子的形状发生了变化

（3）盛酒精、汽油的瓶子为什么要塞紧瓶塞？

2. 能力提升。

运用分子的观点解释下面的问题。

（1）为什么人们常把湿衣服晾在有太阳光的地方？

（2）氧气的密度比空气大，为什么不能保存在敞口容器中。

3. 拓展探究。

下列现象中不能用分子运动解释的是（　　）。

A. 把两块表面平滑的铅压紧，就不容易将它们拉开

B. 在室内，同样表面积的热水比冷水蒸发得快

C. 氧化汞受热分解生成汞和氧气

D. 医院里充满了酒精味和药味

二、"分子和原子"（第 1 课时）说课稿

学科	化学	课题	"分子和原子"（第 1 课时）
设计人	谷盼	时间	2014 年 9 月 23 日
教学目标设计依据	1. 目标 1 的依据是《义务教育化学课程标准（2011 年版）》（以下简称"化学新课标"）第 24 页"微粒构成物质"中的标准"认识物质的微粒性，知道分子、原子、离子等都是构成物质的微粒"。 2. 目标 2 的依据是化学新课标第 24 页"微粒构成物质"中的标准"能用微粒的观点解释某些常见的现象"。 3. 目标 3 的依据是化学新课标第 7 页"认识科学探究的意义和基本过程，能进行简单的探究活动，增进对科学探究的体验"。			

(续表)

重难点确立依据		1. 重点依据化学新课标第 24 页"微粒构成物质"中的标准"认识物质的微粒性,知道分子、原子、离子等都是构成物质的微粒""能用微粒的观点解释某些常见的现象"。 2. 难点依据教参第 107 页的教学难点:从微观角度认识物质。
教学过程	导学案设计层次性体现	导学案编排分为基础知识和拓展延伸两个层次。 1. 基础知识:结合生活实例,阅读教材,认识并认同分子、原子等微观粒子的客观存在,总结分子的基本性质。 2. 拓展延伸:分子性质的具体应用、强化练习、加深认识。
	重难点的讨论、展示、突破与学法提炼	1. 本节课的重点是认识分子、原子的客观存在。突破方法一:联系生活实际,初步感知分子、原子的客观存在(如挥发、蒸发、扩散现象)。突破方法二:通过演示实验,直观感受分子、原子的客观存在。(教材第 49 页探究实验) 2. 学法提炼:让学生从生活现象归纳出分子性质的具体应用形式。
	教学评价预设	1. 赋分评价:在自学环节根据每个小组的表现情况,教师或学生给予赋分。 2. 师生互评:在课堂展示环节,根据每个小组的表现情况,师生共同评价。
课后反思	导学案修改	1. 学习重点增加:培养对自然现象和实验现象的猜测、观察、分析、交流、表达、总结等能力。 2. 学习难点改为:从微观角度认识物质。 3. 学习方法改为:通过观察身边的物质、实验现象获取信息,从而运用想象类比、分析归纳等方法处理信息。
	教师课堂处理	在探究分子运动的实验中,将探究过程细化,探究 1 观察酚酞溶液在蒸馏水中的颜色是对比方法的引导;探究 2 观察酚酞遇浓氨水变色的实验是知识的铺垫,这样可以降低探究的难度,更符合学生的认知水平。
	学生学法积累	1. 结合生活现象及实验现象使学生认识到了分子、原子等微观粒子的客观存在。 2. 观察实验、分析现象所产生的原因是学好化学的有效途径。 3. 学完后,将所学知识系统整理。(整理分子的三个基本性质)

第四节　说课研课的感悟

它山之石，为我所用

谷　盼

本学期我校开展了以教研组为单位的说课研课活动，每周一次，每月月底在全校范围内展示各教研组本月的说课研课活动成果。本次活动极大地调动了教师们钻研教材、探索教法、追求完美课堂的积极性。在这次活动中，我不断学习着、成长着、进步着，受益匪浅。现将我的心得总结如下。

1. 集体研讨，促进专业能力的提高

"三人行，必有我师焉。"在每周二的说课研课活动中，我们化学组五个人先将各自在教学过程中存在的疑惑、教学心得或某个知识点的讲解技巧与大家分享，然后再就导学案在使用过程中存在的问题和不合理的地方进行商讨、修改，以备更好地利用。

记得在研讨"氧气的性质"这节课时，有一位同事就自己上课的经验提出建议："做铁丝燃烧实验时，想要保证实验成功，就得取两根类似于石棉网上那样的细铁丝绕成螺旋状，末端系一根火柴，在空气中点燃火柴，待火柴将要燃尽，处于似灭非灭的状态时再伸入集气瓶中，这样就能保证百分百的成功率。"我在以往的教学中也做过这个实验，因为有时成功有时失败，所以心里总是没底，而且百思不得其解，经他这么一点拨，我回去后在实验室连续做了几次，每次都成功了，心中的喜悦难以言表。还有木炭在氧气中燃烧的理论现象是发出白光、放出热量，可我在实际操作中经常看到的是红光而不是白光，对此我感到很困惑。我把这个困惑带到了说课研课活动中，经验丰富的王老师提醒我，实验过程中要尽量选取体积小的木炭，木炭体积越小，实验现象越明显，这令我茅塞顿开。类似的事情还有很多。我真的很感谢这次说课研课活动，是它为我创造了学习的条件，让我不断进步。

2. 更新教育观念，促进思想转变

在我以前的认识中，一位优秀的教师应该有着渊博的知识，在课堂中对知识的讲解清晰、面面俱到，重难点突出。所以，以前哪怕是一个很简单、细小的问题，我也要仔细讲解，我以为这是对学生的负责、对职业的热爱。而学生则应该认真听讲，做好笔记。可是在我校进行课改的这几年中，我的观念彻底发生了改变。课堂的主体应该是学生，教师主要是起引导作用，只要把学生的积极性调动起来，让学生真正地参与到课堂中就行，不必拘泥于形式。教师要充分相信学生，把课堂还给学生。现在，我们班学生可以不必面朝黑板、目视老师，他们可以俯首沉思，可以讨论，可以交流，可以不用举手想到什么就站起来说出来。这样的模式让学生感到自己是学习的主人，主动学习的欲望更强了，成绩不断提高。

3. 集思广益，追求课堂教学的有效性

上周我校刚进行完期中考试，本周一我上的就是试卷讲评课。在之前的说课研课活动中，我们组已经确定了试卷讲评课的基本模式：自查、对学、群学、班内大展示。在这次试卷讲评过程中，我便按照这样的课堂模式去做，先将答案公布在黑板上，让学生对照答案自己改正，然后让学生结对子解决彼此之间的疑惑，解决不了的问题在小组内寻求帮助，而组内共同的疑惑则展示在本组的黑板上，在班内寻求帮助，最后确定出全班都解决不了的问题。这样需要教师讲解的题就只剩下一道选择题和实验探究题中的一个小问题了。回想起以往的试卷讲评课，我总是在学生对照答案自查之后，就直接讲解错误率较高的题目，不太关注学生的感受。自己讲得口干舌燥，再看看学生心不在焉、游离于课堂之外的种种表现，我感到很气馁。现在改变了试卷讲评课的课堂教学模式后，学生主动参与的积极性提高了，解决问题的能力也提高了，课堂教学的有效性显而易见。

在学习中成长，在成长中进步。在说课研课活动中，我通过取他人之长，补自己之短，使自己的专业知识越来越完善。我不断更新观念、转变思想，把课堂交给学生，重视学生能力的培养，深刻明白了"授之以鱼，不如授之以渔"的道理，在今后的教学中，我会用自己的实际行动践行自己的感悟。

凝聚智慧，共享资源

叶艳萍

本学期依学校安排，教研组活动的核心内容是说课研课。每周一下午六点到八点，是我们语文教研组的活动时间。我们初三年级十位语文教师欢聚一起说课研课，大家各抒己见，深钻教材，预设课堂，探究学法，改进导学案，齐心协力打造本周的精品导学案。每次活动，都是经验的分享，方法的突破，智慧的凝聚，资源的共享。在说课研课活动中，我们充实了理论知识，改进了教学方法，重视了学法指导，提高了课堂效率，感觉受益匪浅。

1. 说课研课活动，给我提供了向同事学习的机会

孔子云："三人行，必有我师焉。"初三语文教师十人小组一起说课研课，使我看到了每位同事的长处，让我博采众长，学有榜样。从王老师的说课中，看到她对教材的理解深入通透，对每种文体的教学都有自己的思路、方法，值得借鉴。从张老师的发言中，看到她善于抓住教材中的思维元素，组织学生发散思维，合作探究。齐老师的课堂预设独特，能抓住课堂学习的重难点设计问题，化繁为简，提纲挈领，目标明确。杨老师的课堂预设，不仅重视基础知识的学习，更重视学习方法的指导。每次说课研课活动，对我来讲都是极好的学习机会，让我取人之长，补己之短，提高了自己的教学水平。

2. 说课研课活动使我加强了理论学习，让我的课堂教学有了明确的理论引领

以前总觉得设计的导学案和制订的学习目标、重难点，都是摆设。语文学习知识面广，听说读写复杂多样，全是抽象的阅读理解、主题感悟、赏析语言、体会写法，以思维训练和能力发展为主，要说学习目标，哪里是两三点就能概括出来的。我的语文课常常是听说读写毫不松懈，满堂灌输唯恐有漏洞，一节课下来却很茫然，课堂讲解满满的，却不知自己到底让学生学到了什么，发展了什么能力。说课研课，要求每一课都要根据语文新课标、单元提示、教材特点来制订学习目标，确定重难点。这就促使我要深入学习语文新课标，用语文新课标的要求来指导教学，引领教学。经过一段时间的研讨，在语文新课标理论的引领下，感觉目标明确了，课堂教学思路也清晰了，这才豁然明白：教学目标的设计确实重要，它确定了一节课的学习任务，使整节课的学习有了明确的方向。制定学习目标时一定要明白，通过课堂学习要学生掌握什么知识，形成什么技能，采用什么方法来学习，给予学生哪些思想启迪。只有学习目标设计合理，才能使课堂学习张弛有度，省时高效。例如，研讨《我的叔叔于勒》一课时，经大家研讨之后，最后确定的学习目标：（1）通读课文，概括主要内容；

（2）学习插叙的组材顺序；（3）分析菲利普夫妇的形象，结合人物形象感知主题思想；（4）学习对比的表现手法；（5）故事改编。在课堂教学中，我围绕这几个目标组织学习活动，整节课目标明确，气氛活跃，学生思维灵动，掌握了知识，提高了能力，总结出了评价人物形象、感知主题的方法技巧，比起以前逐段阅读分析真是省时高效。说课研课活动，指引我走出了课文分析面面俱到，最终却迷茫无获的误区，让我学会了围绕目标提纲挈领组织学习活动，提高了我的课堂教学能力。

3. 说课研课活动，促使我重视学法的探究，关注学生的发展

以前的课堂教学，只是"传道、授业、解惑"，虽然也有启发引导的过程，但总体来说是间接的"灌输式"，只重视知识的落实，忽视了学法的指导，不关注学生能力的发展。在说课研课活动中，有个环节是预设学习方法，归纳学习方法，这使我开始重视学习方法的指导。例如，诗词学习要重视"诵读"，引导学生朗读、品读、赏读、熟读成诵。小说阅读，要注意小说的三要素——概括情节、分析形象、注意环境描写，进而感悟主题思想，了解表现手法。散文阅读，要重视文学鉴赏，赏意境、赏佳句、赏手法，于鉴赏中感受优秀作品的魅力。至于细节处的学习方法，例如，如何分析人物形象，如何感知作品主题，如何赏析优美句子，如何分析景色描写的作用等，方法更是不胜枚举了。说课研课活动，在不知不觉中，引领我走出了"教书"的窠臼，使我摆脱了一身匠气，有了书卷气。

4. 说课研课活动，有助于打造精品导学案，智慧共享，提高效益

每次说课研课活动都要出成绩，那就是共同打造本周的精品导学案，让课堂学习精彩纷呈。修改导学案时，同事们毫不保留，积极献策。从目标的制订、问题的设计，到学法的提示、追问的技巧，再到展示的预设、适时的小结、知识的链接，都要精心打造一番，从而设计出了高质量的导学案。大家群策群力，智慧共享，为本周的教学工作备好了第一手材料。在小组智慧凝聚中，在团队合作共赢中，我分享，我快乐，我轻松，我提高。

说课，让我们分享智慧，博采众长；研课，让我们合作共赢，共同提高。说课研课活动，带我走出了语文教学的误区，促使我充实理论学习，改进教学方法，不断提高自己的专业水平，提高教学能力。

凝聚智慧，资源分享，共同提高。

第九章

听课巡课反思

　　离开对教师教学行为的分析来考查学生在课堂上的学习行为和效果,对研究教学是没有意义的。针对此,我校开展了听课巡课反思活动,旨在分析教师的教学行为和学生的学习行为,以提高课堂教学实效。

第九章 听课巡课反思

第一节 听课巡课反思的认识

教学是教师教和学生学的辩证统一。离开对教师教学行为的分析来考查学生在课堂上的学习行为和效果,对研究教学是没有意义的。因此,我校开展了听课巡课反思活动,主要目的是帮助教师提高教学水平,提高课堂教学实效。只有综合分析学生的学习行为和教师的教学行为,才能正确判断课堂教学是否激发、调动了学生的学习积极性,教学策略、教学方法、教学手段的运用是否适合学生的学习基础和心理特征,学习活动的设计、组织是否有效促进了学生的学习。从学生的学习行为着眼,把学生在课堂上的学习行为和教师的教学行为联系起来分析研究,是我校开展此项活动的理论依据。

为了不断提高教师的专业素养,近年来我县教育局、教研室邀请全国著名的优秀教师及我县的骨干教师开展示范课活动。教师虽然在听课的过程中感受颇多,但回到自己的课堂,在实际的教学中仍然存在这样那样的困惑和问题。如何促进每一位教师的专业化发展?针对这一问题,结合我校的实际,我们开展了听课巡课反思活动。

一、什么是听课巡课反思

听课巡课反思,也可称之为"观察教学""课堂观测",就是通过观察,对课堂的运行情况进行记录、分析和研究,并在此基础上谋求学生课堂学习的改善,促进教师发展的专业活动。与一般的观察活动相比,专业活动的观察要求观察者带着明确的目的,凭借自身感官及有关辅助工具,直接或间接地从课堂上收集资料,并根据资料做相应的分析、研究。

听课巡课反思是我校教师从事的最为重要的、常态化的课堂教学研究活动,是搞好课堂研究的重要环节。具体是指在学校领导的带领下,将平时教学能力突出的各学科教师分别安排在学校的四个验评中心(学校验评中心、九年级验评中心、八年级验评中心、七年级验评中心),让他们根据自己所教学科的特点,安排相应的班级开展听课巡课反思活动。

听课是结合我校教师的实际情况，在学校领导的安排下，在开学初，每个验评中心都要听新任教师的亮相课，一个月之后，要听新任教师的过关课；同时针对部分教师在课堂中存在的问题，安排骨干教师上示范课。当绝大部分教师对课堂教学模式基本掌握后，学校结合学校验评中心的评选结果，每天推荐不同学科的教师上示范课，要求同学科的教师、验评中心的成员必须参与听课活动。

巡课是我校针对教师上课与办公的一种常规性巡查，它是维护教学常规、保证教育质量、促进学校文化发展的一项最基本的教学管理工作。为了将课改进行到底，我校成立了学校验评中心、九年级验评中心、八年级验评中心、七年级验评中心四个验评中心，有目的、有计划地开展巡课活动。每个巡课组成员一般情况下在教室停留10~15分钟，在掌握执教教师基本情况的基础上，可以进入下一个教室开展巡课。也可根据实际情况，二次进教室巡课。巡课组成员带着感情去巡课，带着微笑去巡课，带着思考去巡课，在这种氛围的影响下，教师、学生，也包括巡课成员本身，都会认为巡课是正常的、自然的、亲切的，也是必要的。巡课组成员认真、务实、扎实、积极向上的工作态度，将会对教师的课堂教学起到潜移默化的推进作用。

反思则是针对巡课组成员每天开展的听课巡课活动，针对教学中发现的亮点以及存在的问题，展开的全校性的教师反思提高活动。教师在听课巡课反思活动中，拓宽了思路，对教学的认识和反思更加深刻了，从而促进了自己的专业化发展。

二、听课与巡课的区别

1. 对象不同

听课以单独的一位执教教师为对象，也就是针对一位被听对象，看他的课堂目标是否明确，教学过程是否完整，教学形式是否新颖，是否能体现学生的主体地位等。而巡课则是针对多位执教教师，在确定巡课目的的前提条件下，对这些执教教师做一定的目标评估。

2. 目的不同

听课的目的归纳起来有以下几个方面：一是促进学校的专业发展和课程建设；二是评估教学、科研或培训项目；三是收集教学第一线的相关资料，进行课题研究。

巡课则是巡查教师的出勤情况、教学状态、备课情况、课堂秩序、作业批改情况、教学效果等，其重点是发现课堂教学过程中存在的问题，及时和执教教师交换意见，以便及时整改，更好地促进教师的专业成长。所以说巡课很难说是一种单一任务的活动，但是每一次巡课总会有所侧重，否则四面出击，什么都想干，重点不突出，效果就不会太好。为此，每位巡课人员在巡课前都应首先明确巡课的目的和任务，选好角度，突出重点，使每次巡课有一定的针对性，解决一两个主要问题。其实在学校管理中，巡课的作用还应该有更大的发挥空间，比如，检查教师的到岗情况；检查师生课前准备的情况；检查教师执行课表的情况；检查学生的读写姿势、发言情况；检查各个教室的卫生情况；检查节约能源的情况；检查教师的教学情况等。

3. 形式不同

根据不同的目的，听课可分为以下几种形式。

（1）指导课。

指导课多是领导去听教学能力较差的教师或新上岗的教师的课，尔后给予帮助与指导，使这些教师更好地进行教学工作，从而达到提高教学质量的目的。要进行指导，领导就应有一定的理论修养和教学经验，这种指导贯穿于教学全过程，领导要同教师一起备课，研究教材、教法，设计教案，必要时还要指导教师试讲。每次听课后应及时交换意见，只要可能，应连续听一段时间，直至教师在教学中存在的不足有了明显的改进为止。

（2）会诊课。

在教改实验的瓶颈期，聘请专家随堂会诊，提出意见，给出整改措施。

（3）公开课。

这是一种有组织、有计划、有目的，面向特定人群的、正式的、公开的课堂讲授活动。公开课主题鲜明，任务明确，除了学生参加听课外，还有领导及其他教师参加，是教师展示教学水平、交流教学经验的好时机。

（4）示范课。

示范课，顾名思义，就是能对现行教学起到示范作用的课，一般情况下由经验丰富或有鲜明特色的教师承担，是一种有目的、有计划、有组织的活动。示范课主题鲜明，任务明确，能引领全体教师向理想课堂发展，是一项有意义的校本教研活动。

(5) 研讨课。

这是一种以创造一种理论或完成一项科研课题为目的的听课研课活动。主要以观察课堂目标、课堂步骤、教师、学生、教材和教学辅助手段的作用为表现形式,对其内含的深层理论进行不同角度的挖掘,以产生或发展不同的教学概念和教学原则。

(6) 跟踪课。

这是为促进教师优化课堂或构建一种新的教学模式而进行的一种跟踪听课方式。教育快速发展的今天,很多教师总是依附于传统的课堂教学模式,不愿意打破传统,毕竟蜕变是一个痛苦的过程,这使得跟踪式听课成为一种必要,以便随时了解教师的教学思想和教学改革进展情况,了解教师的教学态度、教学能力、身心状态等。这是领导督促教学的一种形式。

同理,根据不同的目的,巡课也可分为以下几种形式。

(1) 学校巡课。

学校巡课是学校对教师教学进行的一种宏观调控。我们的新课堂模式基本成熟以后,为防止有些教师走回头路,重新走上传统课堂,学校根据实际情况,制订相应的巡课标准,对课堂进行实时监测,逐渐使新课堂模式成为一种常态。

(2) 年级组巡课。

年级组巡课主要巡查师生的课前准备情况及教师的课堂行为,如看教师是否按时到达上课班级,是否有导学案、教材等必备用品,学生的学习用品是否摆放整齐,学生是否静坐等待,教学环境是否整洁等。

(3) 学科组巡课。

学科组巡课是以备课组为单位巡查教学过程,如检查教师对课堂教学内容的设计是否符合学生的认知规律;是否以学生为主体,注重培养学生发现问题、分析问题、解决问题的能力;课堂节奏是否适中,学生思考问题和练习的时间是否充分;课堂练习、课后作业的选择是否具有典型性和代表性,难易是否适中。

(4) 班主任巡课。

班主任巡课主要检查学生的课堂纪律情况,如学生上课是否做与课堂无关的事情,是否有打瞌睡、随便和周围同学讲闲话、吵闹的情形,教师是否对学生放任自流等。

听课巡课是我校教师从事的最为重要的、常态化的课堂教学研究活动,是搞好课堂研究的重要环节。

三、开展听课巡课反思活动的价值和意义

1. 有益于增强教师的事业心

当前的教育现状令人担忧：一是极少数教师缺乏工作责任感，对于备课总是应付了事，课堂上唯我独尊，随心所欲，毫不顾忌目标的达成度和学生的情感；二是部分教师研究意识淡薄，对教材的理解肤浅，教学设计粗糙，教学方法落后；三是教学评价严重落后，教师苦教，学生厌学，低效课堂大肆横行。听课巡课可以使课堂开放，问题暴露，使教师认识自我、认清形势，从而增强紧迫感，努力提高工作质量。

2. 能够促进教师科研水平的提高

在听课评课的过程中，我们会关注到平时教学中自己忽略的课堂问题，例如，课堂中教师的站姿、教师的微笑、学生的表情等。只有当我们站在听课巡课者的角度，走进其他教师的课堂时，才能引发我们对教学细节的深入研究。因此，只有深入教学一线听课巡课，才能发现有价值、有意义的科研课题，才能促进教师科研水平的提高。

3. 能够促进教师的专业化成长

美国教育专家丽莲·凯兹曾指出，教师专业化的起点，在于愿意思考问题，并尝试提出自己的改进方案。听课巡课后及时进行有效的反思是教师专业发展和自我成长的核心因素。只有经过不断地反思，教师的有效经验才能上升到一定的理论高度，才会对后续的教学行为产生积极的影响。

在平时的教学过程中，我们发现很多教师认为承担公开课是一种痛苦，主要是因为教师在上课前需要做繁重的准备工作和对教学设计进行精雕细琢。在巨大的压力下，教师常常将公开课上为"做给别人看的表演课"，既耗费了时间，又不利于教师的专业化成长。因此，我校开展的听课巡课反思活动，要求教师将自己的每一节课都打造成符合自己教学风格、符合学情的精品课。这就比较真实地反映了教师的教学水平，能够发现教师在教学中存在的问题，然后与每位教师及时进行交流与探讨，从而促进教师的专业化发展。

四、我校听课巡课反思活动的总体安排

1. 领导带头听课巡课

在课改的第一年,我校领导利用 8 周的时间,对每一位教师的课进行了试听,发现了教师在教学中存在的问题,然后有针对性地进行培训。

2. 骨干教师听课巡课

经过不断对一线教师的技术指导和反复的实践,一年后我校许多教师成长为骨干教师。我们将这批由 23 人组成的骨干教师群体分为课堂操作与评价部、小组培训与评价部、教学研究与培训部三个部门。在领导的带领下,由这三个部门负责主持教师的过关课,并为其量化赋分。针对教学中存在的问题,由各科的骨干教师带头上示范课,供大家借鉴学习。

3. 所有教师听课巡课

当每位教师都熟悉我校"四学一导"高效课堂模式后,我们要求全员参与听课巡课反思活动,要求教师根据课表,避开自己的上课时间,每周听两节课,巡两节课,借鉴每一位教师在上课时的特长和优点,细化教学过程,打造魅力课堂。同时针对教师上课的情况,进行客观公正的量化赋分,与教师的校内绩效挂钩,既调动了教师课堂改革的积极性,又有利于每一位教师课堂教学水平的提高。

4. 所有教师参加反思活动

为了促使教师将听课巡课上升到理论高度,提高教师的教学水平,在每天听课巡课结束后,学校将每一位教师的成绩公布在黑板上。在每天下午的反思会上,由当天听课巡课组成员评选出的优秀教师做经验介绍,由当天排名最后的教师反思自己课堂中存在的问题并提出改进策略,最后由一位领导对某一种课堂现象做点评,谈自己对课堂的认识,将听课巡课活动推向高潮。

五、开展听课巡课反思活动应注意的问题

1. 听课巡课反思过程中要明确好课的标准

作为教师,在听课巡课反思过程中心中要明确好课的标准是什么,一

节好课的基本要求是什么。对此，华东师范大学终身教授叶澜女士的看法如下。

（1）一节好课应是有意义的课，即扎实的课，而不是图热闹的课。学生在课上要学到新的知识，进一步提高学习和运用知识、分析和解决问题的能力，产生进一步学习的强烈愿望，对今后的发展有良好的、积极的情感体验，越来越会主动地投入到学习中去。学生上课前和上课后要有明显的变化，如果没有变化，课就没有意义。

（2）一节好课应是有效率的课，即充实的课。有没有效率主要表现在以下几个方面：一是课对全班多少学生是有效的？分别对学优生、中等生、学困生有多大效率？二是效率的高低。有的高一些，有的低一些，但如果没有效率或者只是对少数学生有效率，那么这节课就不能算是比较好的课。在整个课堂教学过程中，学生都发生了一些变化，整个课堂的能量很大，这节课就应该是有效率的、充实的课。

（3）一节好课应是有生成的课，即丰实的课。课不完全是预先设计好的，而是在课堂中有教师和学生的情感、智慧、思维和能力的投入，有互动的过程，气氛活跃。在这个过程中既有资源的生成，又有过程状态的生成。

（4）一节好课应是常态下的课，即平实的课。教师要做到心中只有学生。我们受公开课的影响太深，当有人听课时，容易出现准备过度的情况。课前教师很辛苦，学生很兴奋，到了课堂上都拿着准备好了的东西来表演，再没有新的东西呈现。课前准备有助于学生的学习，但课堂有它独特的价值，这个价值就在于它是一个公共的空间，需要有思维的碰撞和相应的讨论，最后在这个过程中师生相互生成许多新的知识。课应该是平实（平平常常、实实在在）的，是平时都能上的课，而不是有多人帮着准备，然后才能上的课。

（5）一节好课应是待完善的课，即真实的课。课不可能十全十美，十全十美的课造假的可能性很大。真实的就会有缺憾，有缺憾是真实性的一个指标。如果认为公开课、观摩课要上成没有一点点问题的课，那么这个预计的指标本身就是错误的。

2. 听课巡课反思过程中要把握三个原则

（1）课前准备。

听课忌盲目性。教师听课前应准备哪些工作呢？

① 熟悉教材，明确这节课的三维目标，领悟课标或大纲对本节课教学内容的具体要求。了解编者意图，弄清新旧知识的内在联系，分析教学重难点。

② 自己思考、设计课堂教学初步方案，勾勒教学框架，提出自己存在的困惑与问题。

③ 大致了解所听课的班级的类型（文科班、理科班等）和学生的学业水平。

④ 了解什么样的课是一节好课。

（2）观察和记录。

听课是复杂的活动，需要听课教师多种感官的积极参与，并从以下方面观察、记录：听课时间、学科、班级、执教教师、课题（课时）等；教学过程，包括教学环节和教学内容，以及教学时采用的方法、主要的板书、导学案的设计等；各个教学环节的时间安排；学生的学习活动情况（合作、交流、探究）；课堂的参与度、三维目标的达成度。

（3）听课、思考和整理。

听完课后应进行思考和整理。比如，回顾听课过程，与执教教师交谈，将几节"互相牵连"的课做比较，写"听课一得"，或者吸取执教教师的优点并用于自己的教学。要注意分析、比较，准确地评价各种教学方法的长处和短处，改进自己的教学；要注意分析执教教师课外的功夫，关注执教教师的教学基本功和课前准备情况。

3. 听课评课反思过程中要采用适当的评价方法

当我们走进课堂时，评价每一位教师的内容和标准都是一定的：规定了相关的评价项目、内容和分值。这种行政性的规定能不能准确地反映每一位教师的实际教学水平呢？针对不同的科目、不同的班级、不同教学风格的教师，是否有必要在今后的听课巡课反思活动中，量体裁衣，制订出符合班级、科目、教师个人风格的评价表呢？这也是我们今后在听课评课反思活动中应关注的问题。

如果在听课巡课反思活动中能针对不同学科进行不同评价，如在语文课上注重教师学科素养，注重考查学生的朗读能力；在数学课上注重建模思想的构建；在思想品德课上注重学生情感态度与价值观的落实；在历史课上注重古为今用，学以致用；等等；那么我校各学科的课堂改革将会再上一个新台阶！

如果在听课巡课的评价中，注重不同年级学生的生理、心理特点，注重评价学生的创新性和创造性，那么"举课改大旗，办中国名校"的目标一定会在我们身上实现！

第二节　听课巡课反思的实践

一、听课巡课反思活动实施方案

继"四学一导"高效课堂模式实践研究、课例研修、微教研、说课研课等一系列教研活动之后，我校教师的业务素质得到了极大的提高。为了进一步为教师搭建平台，促进教师能力发展，提升学校办学质量，特制订听课巡课反思活动实施方案。

1. 听课巡课对象

我校所有一线教师均须参加本次听课巡课反思活动，结合目前学校实际情况，本学期将听课巡课反思活动的对象确定为七、八年级一线教师。

2. 时间安排

2015 年 3、4、5 月每月后两周。

3. 人员安排

（1）总负责人：孙铁龙。

（2）听课巡课组人员。

分组	主管领导	成员
学校验评中心	王志强	李圆武　胡婉会　王　媛 户文敏　雷晓敏　姚雅玲 宋新丽　陈　宁　赵　丽
九年级验评中心	武　卫	敬海水　张　艳　王　锐 张秀茹　张莉（政）　杨亚萍 张　萍　王　军　王庆菊
八年级验评中心	党　纳	刘军民　张荣荣　周翠丽 雷　艳　翟小亚　康　萍 党小月　张少丽　雷冬梅

(续表)

分组	主管领导	成员
七年级验评中心	王华刚	秦艳刚　吴慰鹏　朱江华 马淑倩　王　玲　张　莉 张　晶　张　红　奚爱丽
统计中心	黄树云	耿梅芳

(3) 一线教师：以上表格中未安排的七、八年级一线教师。

4. 相关安排

(1) 各验评中心成员依据主管领导安排完成当天的听课巡课任务，其中每天巡课不少于4节，听课不少于1节。

(2) 各验评中心于每天下午第7节课至少公布当天8位教师的上课情况及得分。

(3) 七、八年级验评中心每周二、周四各安排一节示范课，九年级验评中心每周二安排一节示范课，学校验评中心每周四安排一节示范课。此安排于前一天第8节课公布于教学楼一楼白板。

(4) 所有一线教师都要参加每周二、周四的示范课展示活动，做好听课记录，每周至少一节，尽量以听本学科的为主。

(5) 各验评中心做好本组安排示范课听课人员的记录工作。

5. 考核办法

(1) 七、八年级各教师的听课巡课成绩，将作为个人当月的校内绩效纳入考核之中。

(2) 个人所讲示范课、听课节数将以加分形式纳入考核之中。

(3) 个人所写反思文稿（一事一议），将以每篇3分纳入考核之中。

二、听课巡课反思活动的过程

我校听课巡课反思活动的过程分为以下几个阶段。

1. 课堂改革初期，针对学生培训课堂制订评价标准

学生培训课堂"五看"评价标准

科目：_____ 执教教师：_____ 日期：_____

指标	权重（分）	指标要求	得分
一看导学案设计	10	导学案的设计精练、层次化。	
		导学案的设计有广度、有深度、有针对性。	
二看教师评价	10	在学生学习的过程中，教师的评价能贯穿始终。	
三看学生训练	20	能全员参与。	
		能充分展示学生训练的过程，训练规范，有效果。	
四看规范要求	50	自学：能深入、有效地自学。	
		研学：小组合作机制健全，伙伴互动有效。	
		示学：能阳光、自信地展示，展示的形式多样，效率高，课堂展示真实、自然、富有激情，会质疑，能及时追问。	
		检学：能落实到位。	
五看目标达成	10	课堂张弛有度，学生训练与规范操作到位。	
评分人		总分	

2. 为了尽快使教师适应新课堂，制订了课堂评价标准

课堂"五看"评价标准

科目：_____ 执教教师：_____ 日期：_____

指标	权重（分）	指标要求	优秀（分）	良好（分）	合格（分）	一般（分）	得分
一看导学案设计	10	导学案的设计精练、层次化。	5	4	3	2	
		导学案的设计有广度、有深度、有针对性。	5	4	3	2	

(续表)

指标	权重(分)	指标要求	优秀(分)	良好(分)	合格(分)	一般(分)	得分
二看课堂流程	50	自学：能深入、有效地自学。	10	8	6	4	
		研学：小组合作机制健全，伙伴互动有效。	10	8	6	4	
		示学：能阳光、自信地展示，展示的形式多样，效率高，课堂展示真实、自然、富有激情，会质疑，能及时追问。	25	20	15	10	
		检学：能落实到位。	5	4	3	2	
三看学生参与	20	能全员参与，并富有创新。	10	8	6	4	
		能充分体现学生的主体地位，课堂资源意识强。	10	8	6	4	
四看教师引导	10	能在学生自学、讨论的过程中及时发现问题，做到心中有数。	5	4	3	2	
		能在学生展示的过程中适时地进行引导、质疑及追问。	5	4	3	2	
五看目标达成	10	知识目标、能力目标得到落实；情感目标在学生掌握知识、培养能力的过程中潜移默化地自然达成；注重拓展创新。	10	8	6	4	
评分人			总分				

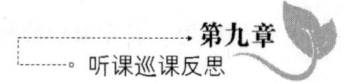

3. 课堂改革初具成效后,特开展教师过关大比拼

基于"四学一导"高效课堂模式开展教师过关大比拼,并制订了相应的评价表。

"四学一导"高效课堂评价表

科目:_____   执教教师:_____   日期:_____

指标	权重(分)	指标要求	优秀(分)	良好(分)	合格(分)	一般(分)	得分
一看学习目标	15	目标设计体现三个维度。 目标准确、简明。 目标可检测。	15	11	7	3	
二看导学案设计	25	知识问题化:有思维含量,不照搬教材、教辅。 问题层次化:由浅入深,由易到难,由特殊到一般。 过程探究化:方法提炼,过程归纳,教材整合,中考链接。	25	19	13	7	
三看学生展示	40	小组互展,脱稿展示。 提炼、类比、归纳知识,不照搬教材、教辅。 不仅展示问题,同时标注重点,强调难点,指出易错点,提炼方法,总结规律。 学生思维有交锋,有碰撞。	40	30	20	10	
四看课堂评价	20	教师重视评价,且多采用鼓励性语言。 适时参与评价,提升课堂高度。 重点处要组织变式陈述,多元评价;难点要分层阐释,分段评价。 归纳、总结、提炼时能通过评价提升学生的思维。	20	16	12	8	
评分人			总分				

4. 为促进教师坚持使用"四学一导"高效课堂模式，特制订教师巡课评课标准

教师巡课评课标准

科目：_____ 执教教师：_____ 日期：_____

指标	指标要求	优秀（分）	良好（分）	一般（分）	得分
一看准备	教师三备：教材、导学案、备课。 学生两备：教材、导学案。	10	7	4	
二看流程	是基于"学"的课堂，还是基于"教"的课堂。	10	7	4	
三看状态	通过看动作、听声音、观察表情感知课堂上学生的学习状态。	10	7	4	
四看自学	查看学生导学案的完成情况。	10	7	4	
五看研学	查看学生的讨论情况、纠错程度。	10	7	4	
六看示学	参与人数达到80%。	10	7	4	
七看黑板	覆盖率达到80%。	10	7	4	
八看评价	班内师生、生生、自我评价，组间赋分评价。	10	7	4	
九看检学	正确率达到80%。	10	7	4	
十看效果	"知识的超市，生命的狂欢。"	10	7	4	
评分人		总分			

5. 根据教师的发展情况，为学优促差，进行分级评价，制订"三级课堂"评价表

"三级课堂"评价表

科目：_____ 执教教师：_____ 日期：_____

指标	指标要求	得分	备注
流程落实	学生使用导学案开展学习。 学生充分讨论，黑板展示。 学生自主，教师引导。		
参与程度	自学充分，研学有序，示学多样，能聚焦。 板书精练，展示脱稿，分析得法，有质疑。 评价丰富，效果良好，任务完成，能落实。		

(续表)

指标	指标要求	得分	备注
学习状态	研学有预展,讨论积极投入,分工合理。 质疑有质量,辩论有高潮,情绪饱满,聚精会神。 示学有方法、有规律、突破重难点、解决易错点。 人人有进步,个个都投入,评价客观全面。		
评分人		总分	

注:"指标要求"中的各项,每项 10 分。总分 90 分以上为一级课堂,70～90 分为二级课堂,60～70 分为三级课堂。

6. 为深化课堂改革,关注课堂细节,特制订巡课赋分表

巡课赋分表

科目:_____ 班级:_____ 姓名:_____

项目	内容要求	权重(分)	赋分	备注
普通话的使用	1. 教师上课时使用普通话。 2. 学生在讨论、展示、点评、质疑、辩论等环节使用普通话。	20		
物品的摆放	1. 教室的公共物品摆放整齐,干净整洁。 2. 学生的学习用品、课本、作业本等放置有序。 3. 讨论或展示时,凳子统一放在课桌底下,不随意摆放,不发出声响。	30		
教师和学生的站位	1. 学生展示或点评时,教师退到所有学生的后面。 2. 学生展示时站位合理,使其他学生都能看得见、听得着。 3. 听展示的学生的站位要合理有序,确保都能将目光聚焦到展示学生身上。	30		
板书的规范	1. 教师的板书要工整、规范,绘图要准确、美观。 2. 学生的板书(汉字、拼音、单词、符号等)要写在规定的方框内,要准确、美观、有速度。	20		
总分				

第三节　听课巡课反思的范例

叶澜教授在关于教师的专业成长方面说过这样一句话:"一个教师写一辈子教案不一定成为名师,如果一个教师写三年的反思,就有可能成为名师。"为了促进每一位教师的专业发展,我校在开展听课巡课的基础上,坚持每天下午 6 点开展反思活动。活动时,听课巡课人员针对当天在听课巡课中发现的问题,结合自己对这一问题的认识,发表自己的见解,和教师们共同分享。

老师们,请关注课堂中的细节!

——巡课工作汇报

尊敬的各位领导、老师:

大家下午好!首先我想和大家分享这样一句话:"优于别人,并不高贵,真正的高贵应该是优于过去的自己。"但愿我今天的发言能够让各位老师有所受益!今天我发言的主题是"老师们,请关注课堂中的细节!"。

镜头一:

上午第一节课,听的是初一一位教师的语文课,教师讲课的题目是"古代诗歌四首"。教师让学生分组朗诵《钱塘湖春行》,由于学生不理解诗的内容,所以读不出其中的情感。教师就给学生示范朗读,然后让学生读。当我们正听得津津有味时,只见教师突然用陕西方言给学生解释起来。接下来,有两位学生也用陕西方言给同学们展示起来。

感受:语文课,尤其是古诗教学,要让学生学会欣赏诗歌给我们带来的美的意境,这固然是正确的。但我们更应知道:教师上课时讲普通话,既是教师个人语文素养的体现,更是学生学习的榜样。

老师们,请在课堂中讲普通话!

镜头二:

在自学完后,学生开始进行探究学习。这时,只见教室中的椅子开始与地面进行"亲密的接触",教室里顿时响起刺耳的"吱吱"声。而执教教师似乎没有听到,继续做自己手中的事情。

感受：课堂展示时，既要展示教师的风采，也要展示当代青少年良好的人格魅力和道德修养。如果能让学生离开座位时，做到轻拿、轻放座椅，既是学生有修养的体现，更是对其他学生的尊重、对教师的尊重。

老师们，请关注课堂中的人文教育！

镜头三：

走进教室，看见教师一脸严肃的表情，你就能猜到这是一节数学课。接下来展示的环节，你会发现：学生神情紧张，表情严肃，生怕出差错。学生目不转睛地看着老师，不敢有半点儿马虎，害怕稍有不慎，遭到老师的训斥。

感受：如果学生在学习与展示时，总怕出错，总不想出错，那么教师怎么发现学生存在的问题与困惑呢？怎么做到因材施教呢？学生又怎么能够心灵舒展，发挥创造性呢？

老师们，您的微笑会为学生打开一扇沟通之门！

谢谢大家！

开发校本资源，实现思品学科的育人功能

——反思会发言

尊敬的各位领导、老师：

大家好！今天中午我们巡课组一行8人面向思品学科的5位教师开展了听课巡课活动。在活动中，我们发现如下优点：教师们都注重对学生自主学习能力的培养，注重双色笔的使用；学生在对学、群学过程中，有明确的分工，能全员参与；学生们的课堂展示形式多样化，且展示规范。作为思品教师，我想针对今天在课堂中发现的问题，结合自己的教学实际和大家交流一下，交流的主题是"开发校本资源，实现思品学科的育人功能"。

《义务教育思想品德课程标准（2011年版）》（以下简称"思品新课标"）中明确提出："教师应树立融合、开放、发展的课程资源观，整合并优化课程资源，充分发挥各种课程资源的人文教育功能，使之为课程实施和教学服务。"

根据思品新课标的要求，在平时的教学中，我不断进行实践和创新。

1. 利用学生资源，实现育人功能

上课铃响了，这是最后一节晚自习课，学生的心情也随着即将到来的放学开始浮躁起来。走进教室，我发现学生似乎丝毫没有听到上课的铃声。我静静地站在那里，大约一分钟后，王博同学突然站起来说："大家别说话了，上课的时间到了，请大家保持安静。"肖时尚同学也站起来，大声喊："一、二、三。"学生有节奏地鼓掌，教室里逐渐安静下来。

此时是对学生进行教育的最佳时间。我对大家说："我们前面学习了要做一个勇于承担责任的人。请大家找找，此时此刻我们教室里勇于承担责任的人都有谁呢？"学生异口同声地说："刚才引导大家保持安静的两位同学。"我说："我建议大家将最热烈的掌声送给这两个最富责任心的同学，希望大家以他们为榜样，做一个勇于承担责任的人。"教室里顿时响起了热烈的掌声。

2. 利用身边资源，实现育人功能

《中国教师报》的孙老师、刘老师走在我校操场上，孙老师突然停了下来，将那个水哗哗直流的水龙头关紧后，才坦然离去。

下午，我把这件事说给学生听，然后让学生思考："你从这件事中得到了什么启示？"学生1回答："老师，我觉得这体现了孙老师节约资源的意识。"学生2回答："老师，我觉得要提高自身素质，应该从细节做起，我们要向孙老师学习。"学生3回答："老师，这还让我想到了我们学校学生的素质还有待于加强。看来学好思品课特别重要！"学生纷纷点头。学生4说："老师，我建议我们班的学生以孙老师为榜样，从现在做起，做一个高素质的人。"我说："纸上得来终觉浅，绝知此事要躬行。思品课旨在提高大家的素养，使大家成为一个现代化的合格公民。老师期待你们能够在生活中注意自己的一言一行，做一个受欢迎的中学生。"

3. 利用本土资源，实现育人功能

今天中午这节课，我们讨论了有关我国教育、科技方面的问题。课上，我结合本地资源，设计了这样一道题："今年是我县提高教育教学质量的关键一年，假如你是我校的校长，请你为我校教育教学质量的提升提几点切实可行的建议。"这个问题引起了学生激烈的讨论。有的学生认为，应该坚持新课改；有的学生认为，应该实行募捐，改善办学条件；还有的学生认为，应该加强培训，提高教师素质……

可见，作为一名优秀的思品教师，只有结合教材、结合本土实际情况进行教学，才能激发学生强烈的爱校之情，才能使学生将来成为一名负责任的公民。

爱因斯坦曾经说过："当你把学校教给你的东西都忘记之后，剩下的便是教育。"

正是这句话，让我谨记：育人才是思品课堂教学的最终目的和归宿！

以上是我在教学中关于开发校本资源的一点儿认识和实践，希望对思品教师的教学有所帮助！

谢谢大家！

享受课堂

——示范课自评

尊敬的各位领导、老师：

大家好！

教师应以怎样的心态走进课堂？对于这个问题，或许我们很多教师都思考过。从这一段时间的听课巡课反思活动来看，我们总会发现有一部分教师按部就班地进行教学，但从教师和学生的表情中看不到丝毫的幸福感。

针对这一问题，今天我和大家交流的主题是"享受课堂"。

昨天的最后一节课，我和学生总希望放学铃能迟一会儿响，让我们能多享受一会儿课堂带来的生机与活力。

今天回想起这节课，想起学生争先恐后地发言的课堂状态，心中的幸福感油然而生。

1. 富有创意的思维导图

这节课最突出的特点是学生将本组的答案都以思维导图的形式呈现出来，是我始料不及的。比如，"假如你是我县的县长，让你为我县教育教学质量的提升提几点建议"这一问题，学生创造性地写出了本组的建议，很富有创新意识。看到学生有创意的展示，连我这个做教师的都感觉自愧不如。看来，教学相长，就是在这样的课堂展示中生成的！

2. 富有活力的师生互动

在这节课中，当第一组的学生展示提升我县教育教学质量的建议时，第五组的马伟同学站起来说："老师，我有一个问题。他们说要利用高科技来发展我县的经济,以投资教育。那么请问:他们的钱从何而来呢?我来帮助他们解决吧。应该组织募捐,让有钱人来为我县捐款。"顿时一石激起千层浪,学生针对马伟的建议开始了新的思维碰撞。这时,我幽默地说:"这件事就交给我们'马县长'去办,应该没有问题。"学生纷纷表示赞同。

3. 富有情趣的理想教育

上个问题刚刚结束,第五组的学生赶快来到他们的展示板前,对大家说:"请大家往这边看,这是我们组整理的教育、人才、科技与经济发展的关系。我们组认为,只有教育搞好了,才能培养出更多的人才,人才才能用高科技推动经济的发展,经济的发展又会带动教育投资力度的加大,从而形成一种良性循环。可见教育非常重要,因此希望大家好好学习,珍惜我们的青春年华。"顿时教室中响起了雷鸣般的掌声,这是认同的掌声,更是激励的掌声。

4. 富有特色的课堂奖励

到了最后课堂点评的时间,我微笑着说:"大家来推荐我们这节课最优秀的小组和个人吧。"

马伟同学站起来说:"老师,我觉得我们组最优秀,我们组的思维导图图文并茂。"安景同学站起来说:"老师,我觉得我们每个小组、每个人在这节课中的表现都非常棒。"说着,他不好意思地笑了。

我说:"这节课让我坚信:我们祖国的现代化一定会在你们手中实现。我为你们感到骄傲和自豪!我决定赠送老师专门为大家写的一篇文章,题目是《如何做一名受欢迎的学生》,希望大家能够喜欢!愿大家牢记一句话:穷则独善其身,达则兼济天下!"

这时,放学铃响了,但学生久久不愿离去。

我安慰大家说:"由于时间关系,这节课我们到这里就结束了,但我们的思考没有因此而停止,课后我们可以用QQ、微信互动,继续发表我们的观点、心得体会与独到的见解,好吗?"

"老师,一言为定!"一位男生调皮地说。

直到晚上躺在床上,我依然享受着这节课带给我的满心愉快和幸福!

但愿我们所有的教师都能在课堂中体会到教师这个职业带给我们的幸福感!

谢谢大家!

第四节　听课巡课反思的感悟

破茧成蝶

"每一次听课，我都看到了不一样的风景。"

"说过，做过，笑过，咬牙挺过。从此，多了一分自信。"

"合作真好，听不同的科目，总会有不同的收获，要是单干，我还真不会有这样的发展。"

"说实话，跟各位同人相比，我还有一定的差距，对一些多媒体技术的使用还不是很熟练，但我越来越离不开'四学一导'高效课堂模式了。"

"一路走来，共同坚持，我们因课堂而精彩。"

"'三人行，必有我师焉'，因为听课巡课反思活动，我理解了这句话的真谛。"

……

我们的课堂改革，已经进入了第四个年头，携手走过的一幕一幕，掠过心头。大家聚在一起，你一言我一语聊着听课巡课的感受。的确，课堂改革以来，我们从起初的"门外汉"到现在的趋于完善，每一个进步都得益于大家携手共进，相互扶持。下面就从一位普通教师的角度谈谈我发现的变化。

一、学生的变化

学生的变化经历了以下三个阶段。

1. 嗷嗷待哺

多年的学习习惯使学生养成了严重的依赖心理，"被动接受"已经成为他们的标识，主要表现为以下几点。

（1）学习主动性不强，大部分学生学习是为了应付考试，学习兴趣不高。

（2）不能根据导学案要求独立阅读教材，自主完成导学案，不善于思考，缺乏问题意识。

（3）胆怯，羞涩，缺乏自信心。

（4）缺乏质疑精神，不喜欢动脑，尤其是成绩一般的学生。

2. 拨开云雾

基于学生现状，我们对学生做了专门培训：一方面，学校领导进行系统培训，组织学生观看优秀的课堂实录；另一方面，各班主任、任课教师进行更细致的随堂专题培训。在这个过程中，各位教师相互听课，交流心得，时刻关注学生的点滴进步。在潜移默化中，学生发现，原来课堂上可以这样自由、开放、完全地释放自我。

3. 质的升华

学生的主人翁意识建立以后，在"四学一导"的新课堂中，学生在任何一个环节都能积极参与，综合能力得到了提高，主要表现为以下几点。

（1）能按导学案要求自觉完成学习任务，会独立思考问题，能做到静、专、思，并能为后面的研学、示学做好充分准备。

（2）展示时自信、阳光，能手指黑板，面向大家，声音洪亮；脱稿展示有互动，形式灵活多样，语言精练，条理清晰；展示不但有答案，而且有方法提炼以及重难点的强调。

（3）能认真倾听，大胆质疑，而且质疑有质量，辩论有高潮，情感饱满，指向明确。

（4）小组长的组织能力强，能协调组员之间的关系，能根据组员的特点合理分工，从而调动组员的积极性，形成小组合力，能做好示范带头作用。

二、教师的变化

教师的变化主要体现在以下几点。

1. 理念的改变

课程理念是课程设计者蕴含于课程之中，需要课程实施者付诸实践的教育教学的信念，它是课程的灵魂和支点。贯穿本轮课程改革的核心理念是"为了每一位学生的发展"。"为了每一位学生的发展"包含三层含义：以学生的发展为本；倡导全人教育，即关注学生全面、和谐的发展；追求学生的个性化发展。

2. 课堂的变化

学生是学习的主体，教师是学生学习的组织者、引导者。在"四学一导"高效课堂中，我们倡导以学生自主探究、合作交流学习为主，这种课堂对教师的要求更高，要求教师要做到以下几点。

（1）熟练地掌握和驾驭教材，明确重点、关键点，抓住新旧知识的联结点，选准问题的切入点。

（2）要有较好的洞察能力。

（3）要抓好信息反馈，及时矫正课堂中存在的问题。

（4）要相信学生，敢于、善于让学生暴露问题。

（5）要给学生营造宽松的学习氛围。

（6）要善于发现学生的闪光点，对学生的评价要准确，并带有激励性。

在课堂中，学生自学时，教师应巡视，关注学困生，指导他们阅读教材，掌握学生自学中存在的问题，为下一环节做好准备。教师一定要耐心观察，确保学生自主探究的质和量，起到"此处无声胜有声"的效果。凡是学生能探索出的绝不代替，凡是学生能独立解答的绝不暗示，正所谓"好的老师是教学生去发现真理，而不是传授真理"。研学时，教师要指导学生小组合作，并适时引导学生解决讨论时存在的问题。展示时提醒学生注意展示要求，点评时引导学生归纳方法，引导学生从不同方面进行评价，并对学生的展示、评价给予及时的肯定。对于学生没有关注到的问题要及时引导，注意使用规范的语言表达。

3. 听课观念的变化

（1）更多地关注学生的参与度。

传统的听课重视记录教师在课堂中的"表演"，而忽视学生参与课堂学习的过程。当然有的听课教师也有意识地观察学生，但多重视学生课堂学习的结果，而忽略学生课堂学习的过程。即使听课教师希望了解学生参与课堂的情况，但由于传统课堂常常是教师的"一言堂"，学生在课堂上很少有主动发言、自我表现的机会，所以听课教师的愿望一般也会落空。而在新课堂中，听课教师要重视观察学生参与课堂教学的表现，特别是学生在课堂学习中表现出的积极性、主动性和创造性。听课教师不仅要倾听学生的言语，也要观察学生的行为，更要关注学生的情绪，以及透过外在的言行来体察学生与教师互动过程中的情感与态度的变化。

（2）更多地关注教学内容的生活性。

课标要求加强课程内容与学生生活以及现代社会和科技发展的联系，

关注学生的学习兴趣与经验，精选终身学习必备的基础知识和技能。所以，听课要特别关注教学内容是否与师生的日常生活发生联系，关注日常生活经验在课堂中的具体表现方式是否在学生的学习兴趣、学习主动性的调动方面发挥了积极作用。

（3）更多地关注教学评价的多元性。

教学评价不仅要关注学生的成绩，更要发现和发展学生多方面的潜能，了解学生发展中的需求，帮助学生认识自我，建立自信。因此，对一堂课的评价应是多元的，不仅要从教师的言行评析教学，还要从学生的角度评析教学；不仅要关注学生在课堂中的显性表现，还要从学生的情绪、表情、学习态度等细节发现学生的学习需求，以及教师能否满足学生的学习需求，促进学生的发展。

"独学而无友，则孤陋而寡闻。"独教而不互相听课，不与人交流，会使自己见识浅陋。在课堂改革过程中，学校应广泛开展听课巡课反思活动，以此为抓手，提高教师的专业水平，达到师生共同发展的目标！

第十章
课题研究

课题研究对学校全面推进素质教育、课程改革,全面提高教育教学质量有着重要意义。进行课题研究需要经过学习与交流、实践与研究、反思与提升的过程,能使教师在有目标的探究中享受到幸福和快乐。

第十章 课题研究

第一节 课题研究的认识

科教兴国,科研兴教。课题研究是教育发展的基石。离开了课题研究,就无法培养和造就专家型教师;没有专家型教师,新课改就无法有效推进。可见,离开了课题研究,就不可能实现教育事业的腾飞。

一、课题研究的定义

"课"的本义是考核。《说文解字》中说:"课,试也。"

课题就是要尝试、探索、研究或讨论的问题。《现代汉语词典(第6版)》把课题解释为研究或讨论的主要问题或亟待解决的重大事项。课题是指为解决一个相对独立而单一的问题,而确定的最基本的研究单元。我们经常说"立项",有的人把"课题"称为"项目"。实际上课题与项目既有联系又有区别,课题是科学研究的最基本单元,具有较为单一而又独立的特征;而项目是由若干个彼此有联系的课题所组成的一个较为复杂的、带有综合性的科研问题。

什么是课题?

首先,课题就是一个问题,是在一段时间内需要关注和解决的一个真实存在的教育教学问题,研究的目的就是在解决问题的过程中,分析问题的本质和存在的根源,寻求解决问题的途径,总结有益的经验,记录在解决问题的过程中的感悟和心得。

其次,课题就是一个愿景,是在先进的教育理念、教育价值观、教育理想的驱使下对所向往的未来教育教学的憧憬和勾画,是在一段时间内需要努力去构建或打造的一个工程,如某一种特色教育、理想课堂、教学模式等。

最后,课题就是一个主题。每位教师每天总在反思,经常会用教育叙事、教育案例、教育日记、教学札记、教育论文、教育随笔等林林总总的形式记录自己在教育实践中的点滴思考,但往往比较凌乱、零散、随意,而课题就为这些思考提供了相对集中的主题,使教师的这些思考方向明确，目标清晰。

总之,课题研究实际上是要求教师在更高的水平层次上展开教学活动,即强调从日常教学中蕴含的科研成分着手,以科研的思路去重新审视教学过程,发现问题,思考问题,寻求解决问题的策略,并通过教学实践使其得到验证与完善,从而使教学工作逐步向最优化方向发展,同时使自身的素质和水平得到提升。

二、课题研究的意义

课题研究本身就是一种学习,这种学习来自集体智慧的碰撞和启迪。课题研究还是一种教师的工作方式,让教师在有目标的思考中获得教育的智慧,从而更加简约、平实地工作,并享受工作带来的幸福和快乐。

1. 促进学校发展

当前学校的发展面临着许多新情况、新问题、新矛盾,这些都制约着学校的发展,影响着教育教学的变革,如果不及时加以处理和解决,就难以使学校教育适应社会和学生个体发展的需求,难以达到预期的教育目标。由于这些情况、问题或矛盾是伴随着教育的快速发展和社会转型而出现的,不能用原有的经验和方法解决,教育科研自然就成了解决这些情况、问题或矛盾的最佳切入点。同时,当一所学校正常的教育教学秩序逐渐建立和完善之后,自身的发展也会逐渐处于一个新的"高原期",此时要想凸显学校特色,只能通过科研来实现。

2. 促进教师专业成长

随着时代的发展,教育改革的步伐也在加快。在信息化的社会里,要实现发展,就必须有不断学习的意识和能力,有勇于实践、创新的能力。为了适应素质教育对教师提出的新要求,教育教学工作的模式应从"经验型"转向"科研型"。实践表明,一线教师在教育教学上能积极参与教育科研的实践,学习理论,更新观念,以科研带教研,以教研促教改,提高个人素质,提升专业水平。因此,课题研究很容易成为教师认识、参与教育科研的奠基石与敲门砖,为教师的专业化成长提供发展的平台。教师参与课题研究,以研究者的心态置身于教学情境之中,以研究者的眼光审视并分析教学实践中的各种问题,对自身的教学行为进行反思,对出现的教学问题进行探究,对积累的教学经验进行总结,逐步掌握教学规律,形成教学思想，在实践、探索、反思中提升自己的能力，从而促进自身的专业化成长。

3. 增强教师职业幸福感

苏霍姆林斯基曾经说过："如果你想让教师的劳动能够给教师带来乐趣，使天天上课不至于变成一种单调乏味的义务，那你就应当引导每一位教师走上从事研究这条幸福的道路。"研究为什么会带来幸福？研究使教师职业充盈着自由的快乐！研究使教师职业焕发着创造的幸福！课题研究旨在引导教师共同探讨各种教学技巧对学生能力培养的影响，促进教师在不断实践、反思、再实践的过程中积淀教育经验，享受教学智慧，更好地提升课堂教学的实效性。课题研究的过程是教师自我成长，享受教育生命，感受教育幸福的过程；是教师职业价值的体现、事业精彩的绽放，引导教师在理性的思考中归纳教学过程中的有效因素和恰当方法，归纳符合学生年龄特点的教育策略，提升教育教学的实效。

三、课题研究的一般步骤

（一）选题

课题研究从选题开始。所谓选题，就是从研究方向所指示的问题中确立研究项目，体现研究的对象、范围，展示研究的目的、意义。

1. 课题来源

（1）纵向来源的课题。

主要指从全国教育科学规划领导小组办公室确定的课题指南中选择的课题。国家、省、市、县都有相应的"教育科学规划领导小组办公室"，一般设在当地的教育科学研究院（所）内，负责规划本区的科研课题，学校可以从中选题，申报立项。

（2）横向来源的课题。

主要指一些教育科研部门、同级教育行政部门、相关高校委托或协同进行的研究项目。一般在一个大课题下设若干子课题，由不同类型的研究单位共同参与，协作攻关。

（3）从教育教学实践中发现课题。

① 从教学目的和教学任务中发现课题。如学生能力培养问题、学困生

转化问题、发挥学生的个性与特长问题、德育问题等。

② 从教育调查中发现课题。如社会、家庭对学生心理成长的影响，学困生心理研究等。

③ 从教学困难中发现课题。如学生学习积极性的调动、学习成绩两极分化的研究等。

④ 从教学观察中发现课题。在听课、批改作业、辅导学生等过程中发现问题。

⑤ 从教育报告中发现课题。

2. 选题的基本原则

（1）实用性原则。

课题研究的宗旨是为教育改革和发展服务，研究的中心要围绕教育改革、发展和提高过程中需要解决的问题来进行，选择课题要有一定的前瞻性、实用性。

（2）创新性原则。

课题要有新意或有新知。科学上早有定论的课题，一般不再有研究价值。创新性主要体现在以下几个方面：第一，具有首创性；第二，对同一课题的不同方面做补充研究；第三，对已有课题进行补充完善；第四，把基本原理转化为具体操作方法等。

（3）可行性原则。

① 客观条件：指时间是否允许，经费是否有保障，研究手段是否具备，人员是否配齐，领导是否支持等。

② 主观条件：研究者的知识、能力、精力、身体等是否符合某项研究的要求。

（4）科学性原则。

课题必须符合科学原理和教育规律，必须具备科学价值。在教育科研上要有新发现，或填补某方面的空白，或对某误说进行纠正，或对此前已研究的课题做补充等。

3. 选题应注意的几个问题

（1）研究的范围大小要适度。

（2）研究的问题难易要适度。

（3）课题的主攻目标要明确。

（4）对选择的课题要进行科学性和可行性论证。

（5）感想、体会不是科研课题。

（二）立项

进行课题立项是保证课题研究科学、有序进行的重要手段。只有进行课题立项，才能保证课题选择有方向、研究有指导、评估有价值、推广有保障。

（三）做调查，明方向

任何一项课题研究都有具体的研究对象。研究对象可以是人、物，也可以是文献记载或其他文字资料等，数量可以是一个、几个，也可以是成千上万个。但是，课题研究对象不是随便确定的。首先，它取决于课题的性质，由课题的性质确定课题研究的对象；其次，无论选择什么样的研究对象，都必须保证通过对它进行科学研究能够得出可靠的结论；第三，确定研究对象应考虑其现实性和可行性，即根据研究者所具备的条件能否对研究对象进行研究；第四，确定研究对象时还应考虑研究效率和效益，尽可能在比较短的时间内，以比较少的投入取得较大的研究成果。

收集和学习与课题相关的背景资料是课题研究者进行课题研究的前期准备工作，是一项很重要的任务。课题研究的背景资料包括对研究对象进行调查或前测的统计数据、收集的与课题相关的一些概念。通过收集和学习有关课题研究的材料，能使研究者深入理解与本课题有关的问题和方法，能提高研究者的科研水平，能使课题研究工作更加明朗化和有序化。收集与课题相关的背景资料的途径很多，可以通过图书馆查询，也可以通过上网查找，还可以通过报纸杂志等查找。教师要做课题资料收集和学习的有心人，时时留意自己所需的资料，并对自己收集来的资料进行分类、归档。

在课题研究中，背景信息同样重要，它是指与研究课题主体相关的环境、条件、历史等外力因素。背景信息既是研究者展开课题研究的基础，也是课题评审者全面理解课题研究成果的必备信息。研究者在开展深入研究前，必须全面掌握课题的背景信息，以判断课题是否可行，预计能产生什么成果等。在研究过程中，必须以背景信息为依据，进行相关领域内的信息分析以及对策制订等；课题评审者在评估课题报告时，也应当对背景信息有所掌握,以判断研究成果是否合理、适用;在课题项目实施过程中,也应当以背景信息为实施前提,保障项目实施的准确性。

课题研究的背景应从以下几个层面来考虑:第一个层面是从国际背景下的宏观角度来阐述,第二个层面是从国内教育领域的中观角度来考虑,第三个层面是从本省、市、县、校实际情况出发的微观角度来分析。如果课题不大,那么研究的三个层面则相应降低。总体上说,课题研究的背景中应写明是在什么因素下促成研究的,为什么要对此进行研究。其中对本校的研究基础要分析得略为详尽一些,特别是对已经尝试过一段时间并已取得了一定成效的课题,更应该详细分析。同时,为了让课题评审者阅读方便,在书写研究背景的时候要做到以下几点:一是分层分段,要点明确,段首最好都有个简短的中心句;二是各层意思之间要讲究逻辑顺序,各层意思之间不交叉重复;三是在最后部分能尽量点明本课题研究的特色及亮点,而且不妨借机界定一下题目中的概念。甚至有些课题方案在背景中还要求书写意义,即要写出本课题的理论依据和学术价值。在这部分的书写中应尽量有针对性,不能漫无边际地空喊口号,不要都写成坚持党的教育方针、实施素质教育、提高教育教学质量等一般性的意义。

(四)制订课题研究方案

研究方案是对课题研究的总体规划,是对如何进行课题研究的具体设想,是进行研究工作的思路和框架。研究方案要解决以下四个问题:一是研究什么;二是为什么研究;三是怎样研究;四是预期成果是什么。

制订研究方案,要知道撰写研究方案的一般格式是怎样的。一般来说,研究方案具体包括以下几个方面:(1)题目(课题名称);(2)问题的提出;(3)理论依据;(4)研究目标及研究内容;(5)研究的对象与范围;(6)研究的方法;(7)研究的步骤;(8)课题组成员及其分工;(9)研究的成果形式(预期成果);(10)其他有关问题、经费预算及需要购置的仪器设备。

1. 题目(课题名称)

课题名称要把课题研究的问题(研究内容)是什么,研究的对象是什么交代清楚。例如,《初中生发展性心理健康教育研究》这一课题,研究对象是初中生,研究内容是发展性心理健康教育问题。此外,课题名称要让人看到之后就知道这个课题研究的是什么。为此，课题名称要准确、规范、简洁、醒目。准确是指要把课题研究的问题（研究内容）是什么，研究的对象是什么交代清楚。规范是指所用的词语、句型要规范、科学，似是而非的词语不能用，口号式、结论式的句型不能用。课题是我们要研究解决的问题，我们正在准备研究这个问题，不能有结论性的语言。规范是指课题名称应以陈述式句型表述。简洁是指课题名称不能太长，一般不能超过20个字。醒目是指课题名称适宜、新颖，使人一看就能留下深刻的印象。

在课题名称方面存在的主要问题有以下几点：（1）课题研究需要解决的问题不明确。（2）课题名称外延太大，同时出现两个研究中心，这是课题研究的大忌。（3）题目过长，啰唆。

2. 问题的提出

（1）对提出的问题或课题研究的背景（研究原因）要具体说明，如时代背景、现存问题、现实基础。（2）对课题研究中涉及的新概念及其内涵进行界定和说明。首先，对课题名称的界说，应尽可能明确三点：研究的对象、研究的问题、研究的方法。其次，对与本课题研究有关的理论、名词、术语、概念的界说要明确。（3）简单分析目前国（省、市、县）内外研究的状况，介绍本课题研究所要解决的问题。要陈述以下几点：本课题有没有人进行过研究？哪些方面已经有人做过研究？取得了哪些成果？这些成果所表达出来的观点是否一致？如有分歧，他们的分歧是什么？他们存在什么不足和正在向什么方向发展？对这些内容的分析，一方面可以论证本课题研究的地位和价值，另一方面也能说明课题研究者是否对本课题有较好的把握，是否有一定的研究基础，因为我们对某一问题进行科学研究，必须对这一问题的现状有较为准确、全面的了解。（4）介绍本课题研究的理论价值与现实意义。

3. 理论依据

陈述课题研究的理论依据时，要求做到以下几点：一是少而精；二是针对问题；三是能指导操作；四是表述简明、准确，有具体贯彻要点，能让人理解与把握。

我们常见的理论依据有以下几种。

（1）人本主义理论。

人本主义的代表人物是马斯洛和罗杰斯。马斯洛提出了著名的需求层次理论,他指出人类具有五大需求,从低级到高级分别是生理需求、安全需求、社交需求、尊重需求及自我实现需求。在德育管理中要遵循循序渐进的原则,尽可能满足学生个性发展的需要。

罗杰斯认为人的内在建设性倾向虽然会受到环境条件的作用而发生障碍,但能通过对患者的关怀、移情理解和积极诱导使障碍消除而恢复心理健康。这一观点应用于教育,强调心理教育应以学生为主体,教师是学生心理发展的促进者,这种作用关键在于能否促使学生拥有"自我实现"的力量,发挥自身主体的能动作用。罗杰斯还提出,人具有趋向完美、谋求自身发展的基本动机,只要有适当的机会和环境,个体必将致力于自我发展,使其身心各方面的潜能得以表现出来。

(2)班华、陈家麟等教授提出的"心理教育是新时期班主任工作的重要组成部分"和"以心理教育为突破口,全面推进素质教育"的思想。

(3)成功教育的基本思想。

相信学生都有成功的愿望、需要和潜能;主张通过不断帮助学生获得成功以激发学生的内部动力;提倡根据学生的实际,合理调整教育教学要求;坚持对学生进行鼓励性评价;将改善学生的非智力因素作为转变学生的基础工程;追求学生在原有基础上的发展和个性的全面发展,以提高学生的社会适应能力。

(4)学生发展观理论。

中共十六届三中全会中提出"坚持以人为本,树立全面、协调、可持续的发展观,促进经济社会和人的全面发展"。在科学发展观理论的引导下,研究教育科学,遵循教育规律,把握学生身心发展的特点,关注每一名学生的个性发展,用发展的眼光看学生,挖掘学生的潜能,促进所有学生全面发展。

4. 研究目标及研究内容

课题研究的目标就是课题最后要达到的具体目的,要解决的具体问题,即本课题研究的目标定位。确定目标时要紧扣课题,用词要准确、精练、明了。不能笼统地讲,必须清楚地写出来。

课题研究的目标一般包括理论目标和实践目标。一般而言,理论目标就是验证实验假设,实践目标就是提高教师的教育教学质量。目标越具体,研究范围就越明确。只有目标明确而具体,研究者才能知道工作的具体方向是什么，才能知道研究的重点是什么，思路才不会被各种因素所干扰。确定课题研究的目标通常会出现这几个问题：有的研究方案不写研究目标；或写了目标但目标扣题不紧，用词不准确；或虽然有了目标，但目标定得过高，研究者根本没有能力来研究这个课题，造成达不到预定目标的结果。因此，在确定课题研究目标时，一方面要考虑课题本身的要求，另一方面要考虑课题组实际的工作条件与研究水平。确定了课题研究的目标后，就要根据目标来确定课题研究的内容。相对研究目标来说，研究内容要更具体、更明确。并且，一个目标可能要通过几个方面的研究内容来实现，它们不一定是一一对应的关系。很多研究者在确定研究内容的时候，往往考虑得不是很具体，写出来的研究内容特别笼统、模糊，把研究的目的、意义当作研究内容，这对整个课题研究十分不利。因此，我们要学会将课题进行分解，一点一点地去做。

研究内容的确定要注意以下几点：一是根据研究目标来确定，二是从现状研究、归因研究、应用（方法）研究或对策研究几个方面来确定。现状研究是基础，归因研究是为了寻找解决问题的突破口，应用（方法）研究或对策研究是研究的重点。如课题《小学生心理健康教育模式的研究》，其拟定的研究内容和重点为以下几方面：①小学生心理健康的现状；②小学生常见心理问题及其分类；③小学生常见心理问题形成的原因分析；④小学生心理健康教育机制的建立；⑤构建小学生心理健康教育的模式及操作方法。其中①是基础，③是突破口，⑤是本课题的研究重点。

另外，要说明一点，实验类课题研究方案要有研究假设。研究假设一般包括变量分析、主题类型分析、理论假设的形成等。但是，我们研究的课题一般都不是很大，所以，即使是实验研究也可以省略研究假设这一项。即使要写，也可以写得简单一些。但对于专业性研究人员及相对比较大的课题，要求必须写研究假设这一项，并且要写好。研究假设这一项一定要有超前意识、创新意识，研究假设这一项的好坏标志着研究者的研究水平与能力的高低。

5. 研究的对象与范围

研究对象是研究课题的载体，选取研究对象是研究设计的重要内容。

研究对象一般是指人，对于中小学教师教育科学研究来说，大多是指在校学生，也有的是指教师。要说清楚研究的对象是学校的全体学生（或教师）还是某一部分学生（或教师）。

明确研究的范围是指对研究对象总体的范围进行界定。总体是统计学概念，是指研究对象的全体。研究对象的范围大小，需要根据研究目标来考虑。其范围有来源范围和特征范围。来源范围有地域、学校、班级；特征范围有性别、年龄、心理特征等。例如，对学生心理健康状况的调查，学生的范围是某一地区还是某一学校，在什么类别的学校，在什么年级或年龄段，对这些都要进行明确的界定。范围不同，最后得出的研究结果会有很大不同。

6. 研究的方法

课题研究方法的确定取决于研究主题的类型。任何研究都不会只采用一种方法，而是综合运用几种方法。作为正规的省、市级课题，都应该设定几个子课题，并要求各子课题之间既要有一定的相对独立性，又要形成课题研究系统。另外，研究方法的选用需要注意以下两点：一要从问题出发，二要根据研究目的来考虑。

（1）根据研究主题的类型来划分：①进行心理研究，可以采用观察法；②进行经验研究，可以采用总结法；③进行因果研究，可以采用实验法。

（2）根据研究性质的不同来划分：①进行收集资料类研究，可以采用观察法、个案法、行动研究法、调查问卷法、测验法、社会测量法等；②进行定性分析类研究，可以采用经验总结法、历史法、文献资料法、比较法、逻辑分析法、综合分析法等；③进行定量分析类研究，可采用测量统计分析法、数理统计法等。

在确定研究方法时要叙述清楚"做什么"和"怎样做"。如要用调查法，就要讲清调查的目的、任务、对象、范围、方法、问卷的设计或来源等，最好能把调查方案附上。

我们提倡课题研究应综合使用研究方法。研究一个大的课题往往需要采用多种方法，而研究小的课题可采用一种主要方法，而将其他方法作为辅助方法。我们在应用各种方法时，一定要严格按照方法的要求，不能凭经验、常识去做。一个方案能不能写出深度和有创新性，一是看问题的提出或假说有无超前性；二是看实施方法是不是具体、切实可行。目前中小学教师课题研究方案的这部分内容往往写得都不是很理想。有些方案存在头重脚轻、虎头蛇尾的现象，研究者只重视问题的提出、假说、理论依据，这些内容写得很多，也很充实，但具体的研究方法和研究步骤写得模糊不清，只提出一些抽象的条条框框，而没有具体实际的操作方法和措施，这种方案是没有什么应用价值的，因为只是提出了问题，却没有提出解决问题的办法。

7. 研究的步骤

课题研究的步骤，也就是课题研究在时间和顺序上的安排。研究的步骤要充分考虑研究内容的相互关系和难易程度，一般情况下，都是从基础问题开始，分阶段进行的，每个阶段从什么时间开始，至什么时间结束都要有规定。课题研究的主要步骤和时间安排包括以下几个方面：整个研究拟分为哪几个阶段；各阶段的起止时间；各阶段要完成的研究目标、研究任务；各阶段的主要研究步骤等。

（1）准备阶段：论证问题和制订方案的过程——前期研究。

确立主课题，构建子课题；组建课题组，明确人员分工；建立、健全学习交流制度；完成论证、申报工作；制订主课题研究方案和子课题工作计划；进行必要的前期理论学习和实践调查。

（2）实施阶段：解决问题的过程——中期研究。

按研究方案进行研究，记录好各种现象与数据，按计划开展实际操作。课题实施期间，可安排一次中期汇报。中期汇报不图形式上的轰轰烈烈，要讲究实际效果，要通过中期汇报让课题组成员看到研究的初步成果，发现存在的不足或问题，明确下一阶段的研究任务，然后调整实施方案，修订子课题的工作计划，使接下来的研究不偏离方向，为课题顺利结题奠定良好的基础。

（3）总结阶段：回答问题的过程——后期研究。

主要工作：①资料整理；②定性与定量分析资料和数据；③找出问题答案和基本规律。

完成结题报告的撰写和资料汇编工作，为成果鉴定做好充分准备。课题组一般要安排三个月到一个学期的时间，完成课题研究的结题准备工作并配合鉴定组做好鉴定工作。要按要求撰写好课题研究结题报告，其间应多次征求上级主管部门和鉴定组主要成员对结题报告的修改意见，修改完善结题报告；要填写好成果鉴定书、结题报告等资料，先送交鉴定组；在征得上级主管部门同意后,即可举行成果鉴定会。

8. 课题组成员及其分工

课题组成员是课题研究的组织者和实施者,每个课题组成员都必须承担课题的某一方面研究。因此,课题组成员的组成要根据课题研究的实际需要而定,各课题组成员承担的任务应适合自身的专业水平、研究能力。在研究方案中应把各课题组成员的专业水平、科研能力、曾获得的研究成果写出并进行明确的分工,这样既有利于增强课题组成员的责任感,又有利于研究方案的落实。

在研究方案中,要写出课题组组长、副组长、课题组成员及其分工,课题组组长就是本课题的负责人。课题组成员的分工必须明确合理,争取让每个人都了解自己的工作和责任,不能吃"大锅饭"。在分工的基础上,也要注意全体人员的合作。大家共同研究,共同商讨,克服研究过程中的各种困难和问题。

9. 研究的成果形式(预期成果)

这里要阐述的是课题结束后,研究的结果或成果要以什么形式表现。那些有若干个子课题的大课题,应该有总课题成果和各子课题成果。那些研究周期比较长的课题,还应该有阶段性成果和最终成果。研究报告和论文是课题研究成果最主要的两种形式,当然,研究的成果还可以是教学设计、教具设计、活动设计、决策方案等。从中小学教育研究的实际情况来说,教学设计、教具设计、活动设计比较实用,而且是容易被推广的研究成果。

在进行课题研究之初应该对研究的成果有一个预期计划,包括成果的形式、成果的数量、成果的应用,以及成果应用的对象、范围等。形式有很多,如调查报告、实验报告、研究报告、论文、经验总结、调查量表、测试量表、教学设计、影像资料等,其中,研究报告、论文是课题研究成果最主要的表现形式。课题不同,研究成果的内容、形式也不一样,但不管是什么形式,课题研究必须有成果,否则,这个课题就没有完成。

10. 其他有关问题、经费预算及需要购置的仪器设备

(1) 如课题组活动的时间安排,应该学习哪些理论知识,如何学习,应该进行或参加哪些培训,如何进行信息资料管理,如何保证研究工作的正常进行。

（2）课题经费的来源、使用与管理。课题研究经费预算中一般包括购置必要的图书的费用，订阅有关报刊的费用，复印、打印资料和成果的费用，调查、研究的费用，以及差旅费、调研费和购置仪器设备费等。在研究方案中最好列出各项费用的详细清单，因为合适的、结构合理的经费预算可以使研究方案的可行度和可信度增加。

　　此外，如何争取有关领导的支持和专家的指导，如何与校外同行交流等，都是值得研究的。另外，凡参阅、引用过的所有文献资料，都必须列出书名或文章题目、作者、期刊名称、出版社和出版时间。

　　每一个研究者都希望能设计出既有科研水平，又有可操作性的课题研究方案。为此，仅按上述几项内容逐一地写出"答案"，是远远不够的，而应融会贯通，将几项内容紧密联系，形成一个有机整体，这就要求研究者必须善于学习钻研，具有一定的理论素养、超前意识和创新精神。

（五）开展课题研究的过程

　　研究过程，是实施课题研究的关键。一项高水平的研究成果，必定有科学、规范的研究过程。下面以我校关于"四学一导"高效课堂模式的课题研究为例，来阐述开展课题研究的过程。

　　1. 学习与交流

　　在"四学一导"高效课堂模式的研究中，我们学校采用"引进来"和"走出去"的交流方式。首先，我们与《中国教师报》携手将一些知名度比较高的课改专家和教育家请到学校给全体教师做报告，对教师进行新教育理念的培训，并举办了一系列的交流与培训活动，使教师转变了教育观念，树立了以学生为主体的教育观。其次，我们组织学校教师走出去学习其他学校的优点与长处。此外，学校还以教研组为单位，开展了一系列研究讨论活动，并进行了课题组内的专题研讨。在进行课题组内的专题研讨时，由每个成员设计一次专题研讨活动，定好主题、形式，并负责全程组织。因为交流，我们之间有了更多的沟通、更多的理解、更多的分享和更多共同的喜悦；因为交流，我们的集体变得更温馨、和睦，教师们在温暖与感动中共同发展。

　　2. 实践与研究

　　俗话说，"众人拾柴火焰高""一花独放不是春，百花齐放春满园"。

从本学期开始，我校就特别重视课题研究，在刚开学时，领导就做出了安排，将本学期"四学一导"高效课堂模式的探索分三个阶段进行。第一阶段，制订了本校的校本研修计划，并对相关事宜做出了具体的安排，包括课题研究的人员确定及其分工。在校领导和组长的领导下，各组首先认真学习课标，在全组内形成学课标、研课标的热潮。在此过程中，认真钻研教材，吃透教材，在全组内继续学习中考说明以及近年来陕西省的中考题，并研究课标、教材、中考说明以及中考题之间的联系，为编写高质量的导学案打好了坚实的基础。

第一阶段，各组确定一位教师来上新授课，其他教师观摩研究。首先，确定主题。大家在第一周先研究课标，钻研教材，研究中考说明及中考题，在此基础上利用一周时间，编撰导学案，并在课前召开会议，谈谈自己对课堂教学的设想。

在第二周周二第二节课听这位教师的新授课，组内其他成员分工观察、记录整个课堂活动中教师和学生的行为活动，以及课堂氛围。由两位教师专门记录时间，看自学、研学、示学、检学环节所用的时间各是多少，哪一个环节进行了重点体现。由两位教师专门记录学生的行为，以及学生在这四个环节中的表现和投入状态。听课结束后，各听课教师在认真观察的基础上对课堂教学给予客观的评价。然后，在周日的教研组会议上，由组长主持，对该课堂教学进行反馈和反思，指出执教教师教学中的优点及值得大家学习的地方，并给予执教教师中肯的意见和建议。

第二阶段，在第一次导学案的基础上，不断修改，然后本组所有成员根据商讨的意见，完善导学案，并继续听课、观察、记录、反思、研讨，完善导学案。

第三阶段，再次听课、观察、记录、反思、研讨，经过不断修改、完善，形成本组最终的研究成果——较完善的导学案。

3. 反思与提升

反思对教师来说至关重要，因为反思，我们成长得才会更快；因为反思，我们的层次才会更高；因为反思，我们的课堂才会更完美。每天晚自习时，各个验评组都要把在当天巡课中发现的问题及解决的策略展示出来，让全校教师进行反思。在反思活动中强调团队精神，每一个成员都要参与，或进行观察，或进行研究，或进行展示，大家一起研讨，一起解决问题。教师们从一次次的讨论交流、一次次的思想碰撞、一次次中肯意见的提出、一次次的反思与修改中，逐渐提高了自身的教学水平和教学能力。

（六）整理课题研究的成果

整理课题研究成果既是一项贯穿研究过程始终的全程性工作，也是课题研究的终结阶段。它集收集、整理、总结、评价诸多功能于一体。研究成果是对整个课题研究过程的文献性记录，具有不可替代的重要价值。

1. 文本类成果的整理

文本类成果包括在研究过程中形成的论文、结题评审申请书、课题立项申请书、课题研究总结报告以及相关的会议记录、案例、课件、调查表、实验报告、工作总结、心得体会、教学设计、获奖证书及有关文件等。

此外，文本类成果还包括研究过程中对研究对象的全部观察记录、调查材料、测验统计等；课题组成员所写的课题小结、随笔、案例分析、所获得的荣誉等；课题组成员撰写的经验总结、发表的与课题有关的文章、获奖论文（注明级别、等次）、撰写的专著等；课题中期评估申请和中期评估报告等阶段性成果。

2. 音频、视频资料的整理

音频、视频资料包括在进行课题研究过程中的上课的视频、开会讨论时的音频和视频、形成的各类录像课。比如，我校的不同课型、不同科目形成的示范课视频。

3. 照片的整理

进行课题研究过程中开会时的照片、上课时的照片、专家做报告时的照片、开展课堂研究时的照片等，都属于研究资料的重要组成部分。

四、课题研究的方法

课题研究大都来源于实际工作中遇到的问题，找出产生这些问题的原因，并进一步找到解决问题的办法，是我们开展课题研究的最终目的。能否选择适当的符合课题研究工作需要的科研方法，是课题研究成败的关键。课题研究的方法有许多种，用哪种研究方法好，应该看哪种方法有利于解决实际问题。

下面介绍几种中小学课题研究的方法。

(一) 行动研究法

1. 行动研究法的起源与发展

行动研究法作为一种研究方法，起源于"二战"后的美国。社会心理学家勒温最早明确提出了这个概念。他认为，"没有无行动的研究，也没有无研究的行动"，强调为了认识和改进社会实践，专家和实际工作者必须针对实际问题进行合作研究。20世纪70年代后期，该方法在西方较为盛行，20世纪80年代初传入我国。

2. 行动研究法的含义

行动研究法充分肯定实践者在认识实践和知识产生中的作用，充分肯定实践对理论、思想的检验作用，鼓励人们从实际问题出发，提倡研究者和实际工作者参与协作，共同研究，从而解决问题，探索新理论。

确切地说，行动研究法是指研究者基于解决实际问题的需要，与专家合作，将问题作为研究的主题而进行的系统研究，它是以解决实际问题为目的的一种研究方法。

行动研究法大体分为两类：一类以科学方法研究别人的问题，研究者通常为专业人员，目的在于建立新理论，发展新规律；另一类是以科学方法研究自己的问题，研究者通常为教师和教育行政人员，目的在于解决在教育教学及管理方面遇到的实际问题。

3. 行动研究法的主要特征

第一，中小学教师是教育研究的主体。教育科研队伍一般由中小学教师、专职教育科研人员和教育行政人员组成。研究结束后，教师成为成果的应用者。

第二，注重现实问题的解决。研究的问题是中小学教师在教育教学活动中遇到的需要解决的问题。提出的问题具有特殊性。

第三，具有情境性、动态性和可操作性的特点。行动研究法要求教师在实际工作中观察现实中发生的现象（因变量），分析说明现象可能与什么因素（自变量）相关，提出假设，通过收集资料，证实或否定提出的假设，为教育改革提供依据。

行动研究法不强调严格控制实验条件或进行对比，允许在总目标的指引下边行动边调整方案，即所谓"走一步，看一步"。研究者可依据逐步深入的认识和实际情况，修改总体计划，还可根据需要更改研究课题。

4. 行动研究与实验研究的比较

（1）实验研究以验证假说为首要目标，而行动研究则以解决实际问题为首要目标。

实验研究的过程是封闭的，方案确定后，不能根据具体情况的变化而做相应的调整，易与教学实际相脱离。

行动研究注意研究过程中的不断学习、探索，计划是暂时的、开放的，允许不断地修正计划，把未考虑到的情况纳入计划。它克服了研究者以主观假设为研究出发点的缺陷，使研究的问题更加客观和具有针对性。

（2）实验研究的过程是探求既定的自变量与因变量之间的因果关系，控制是实验研究的最基本要求。行动研究的过程是企图寻找影响教育效果的一切因素的过程，它要求一方面按计划进行，另一方面可根据实际情况调整方案。

开放、灵活是行动研究的显著特点，这一特点使行动研究更符合实际，有助于解决实际问题。

（3）实验研究客观性强，准确度高；行动研究主观性强，经验成分多。

（4）实验研究对研究者的专业素养要求较高，而行动研究通常不需要进行严格的研究设计和分析，对设计和研究方法方面的知识要求不高。

（5）实验研究与行动研究都是在一定理论指导下的有目的的实践，它们既是科研性的教育实践活动，又是实践性的教育科研活动。同时两者又相互依赖，相互结合，彼此渗透，二者难以截然分开。

5. 行动研究的基本步骤

研究过程可分为四个阶段，即"概括问题—实施研究—解释结果—反馈、概括问题"。每个阶段反馈后概括的问题都是新的问题。

研究的具体实施步骤如下。

（1）发现问题。在教育教学实验工作中，通过思考发现存在的问题。

（2）鉴定问题。从所发现的问题当中选择研究的课题，诊断问题存在的原因，为有效解决问题奠定基础。

（3）查阅文献，做好行动研究的策划和筹备。成立课题研究小组，利用研究者自身的现有条件，深入研究有关文献和信息，了解、掌握国内外、省内外对该问题的研究现状，了解解决问题的相关理论。

（4）建立假说。假说是对某种行动可能产生某种结果的预测，是未经证实的结论。假说应包括两部分：一是将要采取的行动，二是对行动结果的预测。

（5）拟订计划，应遵循可行性、协调性、同步性和操作性等原则。计划应包括如下内容：标题、目的、假说、变量的控制、方法、步骤、材料与实施工具的选择、人员与分工、经费、研究时间及研究措施等。

（6）实施行动。根据计划和研究假说进行研究行动，并在行动过程中通过观察、调查、测验等研究方法，收集各种资料和数据，并根据行动中得到的信息，不断对计划内容加以改进。

（7）总结成果。研究行动结束后，采用定性分析和定量分析相结合的办法，在专家指导下，对研究结果加以整理，得出结论，供评价行动研究效果和推广之用。

（8）反馈。教育工作者把行动研究获得的科研成果运用到教育教学实践中去，发现新的问题，并在此基础上进行深入研究。

6. 对行动研究法的认识

（1）行动研究法的优缺点

① 优点：反应及时；出成果快；易于应用。

② 缺点：取样缺乏代表性，成果推广有局限性；受研究者学识的限制，理论性不足；研究者自行验证结果，成果本身具有主观色彩。

（2）在行动研究中应注意的几个问题

① 选好研究问题。

② 界定研究问题的范围与内容。

③ 拟定周密可行的行动计划。

④ 选择适用可行的研究方法。

⑤ 在行动研究中，要不断根据实际情况、实验目标修改方案与行动计划。

⑥ 建立课题研究档案。

⑦ 对研究结果要进行客观分析，进行理性思考，深入研究，发现新问

题，确立新课题，进行下一轮的行动研究。

(二) 观察法

观察法是人们有目的、有计划地通过感官和辅助仪器，对自然状态下的客观事物进行系统观察，从而获取经验事实的一种科学研究方法。观，就是看；察，就是分析研究。

1. 观察的一般步骤

(1) 明确观察的目的和意义。了解为什么观察，如何观察，要了解哪些情况，收集哪些方面的材料，确定观察的对象、时间、地点、内容和方法。

(2) 做好观察准备。收集有关文献资料，阅读分析，为观察做好理论准备。

(3) 编制观察提纲与计划。对被观察对象进行明确分类，确定主攻方向，观察提纲要有一定的灵活性和变通性。

(4) 实施观察。根据提纲有计划、有步骤地进行观察，必要时，也可对计划进行调整。观察的途径主要有两种：一是直接观察，即教师在教育教学中直接进行；二是间接观察，即通过参观、听课及各种活动等进行。

(5) 整理分析资料，得出结论。对整个观察过程中获得的资料进行整理，用统计技术对资料进行加工，得出观察结论。

2. 运用观察法应注意的几个问题

(1) 观察要客观。
(2) 观察要全面、系统。
(3) 观察要有目的、有计划。
(4) 观察者与被观察者要建立良好的关系。
(5) 观察者要掌握一定的观察技术（提纲、记录方式、材料处理）。

(三) 调查法

调查法是研究者为深入了解教育实际情况，弄清事实，借以发现存在的问题、探索教育规律而采取的有计划、有步骤地系统考察各种教育现象的研究方法。调查法按调查研究的不同形式可分为开会调查、访谈调查、问卷调查、填表调查四种基本方法；按调查研究的目的又可分为描述性调查、相关性调查和预测性调查三种。

1. 调查的一般步骤

（1）根据研究课题的性质和目的任务，确定调查对象和调查地点，选择相应的调查类型和调查方式。

（2）制订调查计划。内容包括以下几项：①目的；②对象及范围；③地点与时间；④方式方法；⑤步骤与日程安排；⑥组织领导与人员分工；⑦完成时间；⑧经费。

（3）做好各种技术、事务和组织准备工作，包括人员培训、准备资料等。

（4）进行预测性调查，修改、完善调查提纲及工作方案。

（5）制订调查问卷、访谈提纲及编制测验题目。

（6）实施调查。运用调查方式，收集有关资料，并将资料归类。

（7）整理材料。对叙述性材料要进行文字加工；对数量化材料，则要进行统计和用表格整理。材料不足时，要及时补充。

（8）分析调查结果，撰写调查报告。对研究课题做出解释，提出问题、意见和建议。

2. 调查法的特点

（1）应用广泛。中小学教育研究中的各种类型，各个领域中的各类课题研究，几乎都要用到调查法。

（2）易于学习。与其他方法比较，调查法操作简单，易于学习。

（3）实施方便。没有设备和技术上的严格要求，在很短的时间内就可以完成收集资料的工作。

（4）操作性强。运用调查法，要设计问卷和访谈提纲，明确观察指标，选择测验量表，具有很强的操作性。

（5）出成果快。调查结束后，即可根据调查材料写出调查报告。

（6）实用性强。调查的结论，可以立即应用于教育实践，不仅可以为教育行政决策提供依据，而且可以为行动研究提供基础。

（四）经验总结法

经验总结法是指研究者对教育实践活动中积累起来的教育经验进行理论提高和升华，使之变为具有普遍指导意义的教育理论的研究方法。

1. 经验总结的一般步骤

（1）筛选。在教育教学实践中，提出有价值的、带有普遍意义的经验。

（2）提出假说。根据筛选出的经验，从理论上初步揭示教育措施、教育方法与教育效果之间的内在联系，提出某种假想的结论。

（3）验证。在实践中推广、运用假说，确认它的正确性如何，写出初步总结的详细提纲，征求有关领导、专家、师生代表的意见。

（4）得出结论。通过反复实践和思考，进行理论抽象，上升到理论高度，总结出带有规律性的研究成果。

（5）撰写总结报告。

2. 运用经验总结法应注意的几个问题

（1）要勤于动脑，勤于思考，注意对素材的日常积累。

（2）总结时要善于抓住重点，突出主要问题。

（3）要处理好教育经验与教育理论的关系。

（4）选择的总结对象要有代表性，具有典型意义。

（5）要以客观事实为依据，定性分析与定量分析相结合。

（五）教育实验法

教育实验法是研究者按照研究目的，合理地控制或创设一定条件，人为地改变研究对象，取得有关的事实数据，找出教育现象与教育条件之间的因果关系的研究方法。

教育实验研究是一种科学实验活动。按实验研究的性质和目的，可分为确认性实验（试探性实验）、探索性实验和推广性实验（验证性实验）。

1. 教育实验的一般程序

（1）提出实验课题。针对教育教学实践中的问题，选定研究课题。

（2）提出假说，假说是对将要研究、解决的问题提出的预想答案，是对客观事实的猜想。在概述假说时，要清楚地表明自变量和因变量的关系。一般来说，一个实验至少被一种假说指导，陈述所期望的两个变量之间的因果关系。

（3）设计实验方案。实验方案是实验工作的总体设计和总体计划。主要包括以下几点：①目的、任务；②指导思想和理论框架；③要则；④对象范围；⑤方法及主要措施；⑥成果的检测统计与评分方法；⑦组织领导与人员分工；⑧实验所需经费；⑨时间与步骤；⑩结果的表述；⑪结果的验证和推广。

（4）创造条件，做好实验前的准备。主要包括以下几方面的工作：①查阅文献，做好相关理论与国内外、省内外相关研究信息的准备；②准备好实验器具，建立课题研究小组；③选好实验对象；④争取行政部门、业务部门的支持与配合。

（5）实验的实施。在实验过程中，要控制好无关变量，要做好精确、详细的记录，要及时收集有关资料与数据。同时，为排除偶然性，可进行重复验证性测验。

（6）对实验结果进行测定和统计。研究者要编好测验题，测验题编制要标准化，保证客观性。统计分析要实事求是。

（7）验证假说。通过实验研究，揭示事物的因果关系，对实验中取得的资料和数据进行分析处理，确定误差范围，从而对假说进行检验，最后得出科学结论。

（8）对实验结果进行分析。对实验结果中提出的问题，还要做深入研究与分析，努力找出问题的症结，为今后深入研究做准备。

（9）撰写实验报告。

（10）进行重复、扩大实验。在实验中发现新问题，进行新一轮实验研究。

2.运用教育实验法应注意的几个问题

（1）教育实验要有先进的教育理论指导。

（2）做好实验设计。

（3）做好实验的抽样、分组、调控与统计等工作，重视检查实验的结果。

（4）要加强"控制"意识，要通过多种途径控制各种变量，排除、抵消或估计出无关变量和干扰变量的作用。

（六）案例法

案例法是研究者如实地报告事件发生、发展和变化的过程，以此作为资料积累、进行研究的一种方法。研究的依据既可以是一个单独事件，也可以是一系列相关的事件。

案例研究的主体是对事件的准确记录、记载,而对此进行的分析、干预、矫正、治疗等措施则是深入的研究。

1. 案例研究的特点

(1) 研究对象单一,目标具体明确,具有特殊性。

(2) 研究的目的明确。案例研究的目的就是要解决具体问题,其研究是针对个体存在的问题进行的,易得到学生家长的支持,具有积极意义。

(3) 研究的时间弹性较大。根据研究的目标和内容,确定研究时间,可以是集中的一段较短的时间,也可以是分散的一段较长的时间。

2. 案例研究的基本步骤

(1) 确定对象。

(2) 对个案进行评定、诊断与因果关系分析。

(3) 对事件观察、调查后进行记载及对事件进行分析。

(4) 对当事人进行教育、治疗等。

(5) 对教育、治疗后的结果进行再观察和记录。

(6) 对结果进行再分析。

五、课题研究应注意的问题

课题研究要注意的问题有很多。比如,选题,制订研究方案,这些工作在前期已经由课题主持人和相关骨干教师完成(但还需要进一步调整和完善)。对于研究方法,应该在制订方案的过程中明确,也可以根据研究中的问题及时进行调整。通常可以采用的方法有问卷调查法、实验法、观察法、问题解决法、行动研究法等。在中学开展课题研究,我们更多地会采用行动研究法。对于课题研究,一线教师并不是很重视理论,所以在这里结合实际来谈谈课题研究应注意的问题。

1. 选题要小,有针对性、可研究性

大小课题的实质区别在于选题和成果形式两个方面,小课题选题并不是那么神秘、那么高不可攀,它只是身边的、实实在在可以研究的、需要研究的问题。只要教师留心周围事物,关注身边的人和事,及时发现工作中存在的问题,乐于动脑,就一定能找到适合自己的研究课题。在这种反复的思考和实践中，教师的教学能力会快速提高，教师也会更热爱学习，更能看出问题，思路更加开阔。那些"假大空"的课题研究，其实是没有生命力的。从选题的来源看，在公开课、教研活动的听评课以及专家报告等方面会获得很多的想法和思路。每次外出学习也都有收获，对自己的研究和专业发展很有启发和帮助。

2. 研究要务实，要走进课堂

搞研究就要实实在在，以课堂为主要阵地，避免做假课题、假研究，避免"假大空"的课题。课题研究需要我们以课堂为载体，认认真真做课题，实实在在搞研究，从而使我们在研究中不断反思、进步、发现问题、解决问题、总结方法和经验。这不仅有助于我们的专业成长，更有助于个人素质的提升。

3. 分工要合理，要以实践为主

课题负责人和相关骨干教师需要提前做好工作，对课题研究中要做哪些具体的事情要心中有数，分工明确。计划必须是周密的、详细的、具体的，包括总的课题计划和具体项目的计划。比如，不同年级的研究对象、研究目标肯定会有区别，这就需要分年级制订计划，要使每位教师都有相应的工作。在完成计划的基础上，进行诊断性评价与形成性评价的有关量表的编制、题目的设计、评价方案的制订。具体到不同环节如何制订目标，如何落实，最好分工到人，这样便于落实。

4. 成果要创新，要别具一格

课题研究的成果一定要有创新性，最好是别具一格，具有个性，而且是没有被探索过，或没有结论的，有研究价值的。比如，我校"向课堂和教研要质量，以均衡和优质促发展"的办学方略，树立的"问题就是课堂，反思就是研究，突破就是创新，收获就是成果"的教育科研理念。鼓励超越，追求卓越，将"四学一导"高效课堂研究推向深入，引导教师积极参与教学研究，从教育教学中的小事情、小现象、小问题入手，提炼出可以促进学校教育教学发展的创新课题，并适时规划研究思路，扎实开展有效的研究，探索解决问题的最佳途径，形成学校校本教研的新模式。

5. 搞好课题培训

搞课题研究，不是把任务布置下去，教师就能自觉主动干好的，需要开展经常性的培训。培训的内容当然是与课题相关的，可以是理论方面的培训，也可以是实践层面的培训。开展理论方面的培训，可以组织大家一起学习、交流，也可以向大家推荐书籍、文章进行学习。但更重要的还是要依靠自我培训，因为集合的时间总是有限的。自我培训就是自主学习，看书、查阅资料、网上阅读等，都是自我培训的重要形式。除此之外，大型或者小型的教研活动也是很重要的培训形式，如组织不同层面的听课研讨活动，尤其是听课后的点评、交流都是很好的培训形式。

培训最主要的目的就是要培养教师的问题意识和质疑能力。比如，研究中遇到了哪些困难？目标的制订是不是合理？采用的方法是否可以改进？人员搭配是否合理？评价手段是否科学？影响该实验的因素有哪些？……只有教师具备了较强的问题意识与质疑能力，才能搞好课题研究。

6. 关注细节，有机整合

课题研究涉及的内容很多，必须要关注到每一个细节，尤其是具体到参与课题研究的个人。课题研究中的每个人都可以想大事，但要做小事。比如，关于目标的设置问题。课题方案中一般会有总体的研究目标，但具体到每位教师，就要设计一个学期的目标、一个单元的目标、一节课的目标，并且要列出其中的知识与能力目标、过程与方法目标、情感态度与价值观目标。与目标相对应的是相关的课堂评价、作业评价、诊断性评价、形成性评价等。编制相关的评价量表、作业题等，要考虑细致，特别是对过程与方法、情感态度与价值观等方面如何评价必须要认真思考。

除了关注细节外，还要注意各方面的有机整合。比如，各个研究环节的整合，各项研究内容的整合，各种教学资源的整合，课题内各教师之间研究方法的整合，家庭、学校和社会之间的资源整合……只有真正关注细节，并注意各方面的有机整合，才能让教育科研真正为教育教学实践服务，提升教师的专业水平，提升教育教学质量。

7. 团结协作，发挥团队力量

开展教育教学研究，必须依靠集体智慧的分享。因此，开展课题研究就要特别注意成员之间的相互合作。在研究过程中，资源的共享、方法的分享、智慧的分享等都很重要。课题主持人和教研组组长、备课组组长可以在协调组织方面多做些工作，让全体教师都参与进来，相互帮助，相互影响，打造科研型团队和教研组。比如，我们学校初三数学组在胡老师的带动下，全组教师经常互相听课、评课，共同研讨，所以，该组教师在各级各类教学评比中频频获奖，学生的数学成绩也很突出，可以说初三数学组教师形成了一个很好的团队。也只有在一个团结合作的团队中，大家的责任意识才能不断增强，研究能力才能不断提高。

8. 重视反思与资料整理

在开展课题研究的过程中，肯定会遇到各种各样的问题，这时，教师就要及时反思，及时发现问题并解决。比如，目标的制订是否合理，检测的方式是否恰当，研究方法是否合适，措施是否得当，都要及时思考和改进。作为教师，尤其是对每一节课的教学情况，应该及时从不同角度进行思考、总结；对于一个阶段的工作，也要进行阶段性的反思。在反思的过程中，不仅要从宏观上反思整体实验的情况，还要关注细节。

在研究的过程中，我们还要注意研究资料的收集、整理，不要等到最后总结的时候才开始整理资料。所以，平时要注意及时收集并整理归类。收集的资料，可以是学生的学习体会、相关作业，可以是教师的评语、师生的交流、问卷调查等内容；可以是学生的获奖证书、教师的获奖证书、教师的反思日记等；还可以是研究的相关资料，如培训的学习材料、工作的计划、目标的制订等。为什么要积累资料？很多教师的回答是结题的时候需要。这虽然没错，但更重要的是，在收集、整理资料的过程中，教师能养成严谨求实的工作态度，能结合各种数据对问题进行分析和解决，而不是造出一串所谓的数字进行装模作样的分析，进而形成一份所谓的报告。也就是说，我们做研究，不是为了应付检查，不是为了一纸证书，而是切切实实培养自己的科学态度，用事实说话；是为了培养自己的研究能力，通过总结使自己的研究水平得到提升，进而提高自己的专业化水平；是为了让自己的工作始终充满挑战与乐趣，而不是年复一年的重复，让原本应该是不断创新的工作变成简单的体力劳动，这也是消除职业倦怠的重要途径。在研究的过程中，教师还要多学习、多读书，通过读书增加自己生命的厚度和深度，通过研究增加自己生命的宽度和广度，学会享受教育、享受生活。

第二节　课题研究的实践

一、样板课题，牵头实施

为了引领教师自发开展课题研究工作，学校以 2012 年 5 月 8 日向省教育科学规划领导小组办公室申报的样板课题《"四学一导"高效课堂模式实践研究》为主线，引导教师进行课题研究。

为了确保课题研究工作的顺利实施，在课题组的统一规划下，我们专门组建了几个分工明确的小组：一是领导小组，对创新课堂模式进行科学决策，实施全面领导；二是指导小组，具体对研究与实践过程进行针对性指导，及时提出可行性对策；三是协调小组，依据研究与实践现状，细致做好各项事务性工作，包括检查、督促等；四是教研小组，具体实施研究工作，包括周一研课，周五会课，课课反思，专题研讨等；五是宣传小组，以西北课改名校共同体为依托，获取课改信息，展示我校课改成果。事实证明，如此不仅把探索与开展课题研究的各个环节落到了实处，而且通过密切协作，建立健全了校本教研与校本培训的长效机制。在具体推进的过程中，我们的课题研究主要经历以下阶段。

1. 分段规划

本着"积极稳妥、务求实效"的原则，我们将分段规划以"滚雪球式"推进。

第一阶段分三步，主要任务是在基础年级实施推广"四学一导"高效课堂模式，研究该模式的具体操作方法和规范。

（1）通过宣传动员、自愿报名，先在基础年级各确定两个实验班，所有学科同时展开"四学一导"先期实验，并且依据实际，先后形成"导学案编写规程"之类的阶段性成果，促使课题方面的建章立制初具雏形。

（2）在基础年级各扩大三个实验班，所有学科同时推进，主要采取同学科"对口""结对子"的形式，努力形成一批优质导学案，不断修订、完善实施"四学一导"高效课堂模式的规章规程。

（3）基础年级所有班级、所有学科全面推行"四学一导"高效课堂模式，侧重以学科为单位，深入开展个人反思，推出一批有见解、有创意的教研论文。

第二阶段分两步，主要任务是在九年级实施推广"四学一导"高效课堂模式，研究该模式在各年级各学科不同课型中的操作方法和规范。

（1）九年级全面实施"四学一导"高效课堂模式，围绕"创新人才培养模式"与"立体优化育人环境"专题，促使学校整体发展，使学校迈上新台阶。

（2）组织编写导学案，周一研课，周五会课，课课反思，集体研讨，修改导学案，形成专题研讨成果。

正是上述两个阶段五个步骤的恰当衔接，使得整个课题研究实施既扎实有序，又卓有成效。

2. 分步到位

在实施、推广"四学一导"高效课堂模式的每个阶段中，课题组都要求执教教师分步到位。首先，明确提出"彻底变革课堂形态"，这就要从教师角色准确定位入手，以"形式变"促使"内涵变"，用"内涵变"带动"形式变"。

其次，依次瞄准四个主要教学步骤（自学、研学、示学、检学），要求大家务必尽心尽力做到位：在"自学"环节中，认真设计学生思维运行的提示与指导，用以保证学生学得充分、学得有效；在"研学"环节中，精心设计研讨问题的角度与切入点，努力使之"一石激起千层浪"，力争"牵一发而动全身"；在"示学"环节中，注重让学习水平处于中等以下的学生进行展示，其他学生则通过质疑与追问，共同促使"示学"效益最大化；在"检学"环节中，潜心编制少而精的检测内容，充分体现形成性、巩固性、迁移性、激励性、多样性、突破性。当广大教师对"四学一导"高效课堂模式的操作逐步规范后，我们进一步要求大家：深入学习课改理念，以实现从熟练操作模式到超越模式，到消灭模式这一目标。

同时，我们在培训教师认识、应用、熟练操作"四学一导"高效课堂模式的过程中，也带领教师逐步深入学习课改理论，开展教学研究。模式推进初期，主要要求大家学习课堂模式的基本环节，规范操作；随着模式操作的进一步熟练，要求大家结合新模式学习课改理论，加深对模式操作规范的理解。当新模式全面实施后，就组织大家集体编写导学案，课课写教后反思，每周一各备课组研课，每周五分学科听课、会课，各教研组分科目、分课型、分专题进行研究，形成阶段性的研究成果。

3. 分组包干

依照"在探索中构建、在构建中探索"的工作思路，我们牢牢抓住课堂教学，坚持把"四学一导"高效课堂模式的实践与研究结合在一起。在每一个阶段，课题组都以实验班为单位，专门划编小组，实行分组包干。在包干小组内，打破学科界限，先是逐人逐节听课、评课。待大多数教师的课都达标后，随即进行全员参与、现场评议的"验收"，并且按有关指标分别评出"优质课""过关课""不过关课"。由包干组共同对"不过关课"充分打磨后，再申请"验收"，直到公认"过关"，整个课题探索实践也就转入下一个阶段。在每一个阶段，分组包干的工作最基础、最前沿。据不完全统计，在参与分组包干的课题组成员中，每学期听课最少的是136节，最多的达189节。

4. 分类指导

为了扎实、有效地整体推进"四学一导"高效课堂模式，课题组始终以"提升教师水平"和"破除习惯阻力"为关键，区别情况，分类指导。对于不得要领者，我们坚持课例研讨，选取某个教学内容，各人陈述己见，大家集思广益，于交流中互助。对于思想上有顾虑者，我们采取谈心放胆、观摩示范、多方促进等综合措施，一方面帮助其放下包袱、轻装上阵，一方面鼓励其放开手脚、大有作为。对于多少带有抵触情绪者，先是用"一把钥匙开一把锁"的方法，再用必要的制度约束、规范其行为，促使其在改变行为中转变观念。更重要的是，分类指导还要认真分析学科的不同特点，善待不同水平的教师，任何"一揽子"的要求、"一刀切"的标准、"一锅煮"的做法，导致的结果只会是事与愿违、适得其反。

5. 分头推进

课题组最早构思"四学一导"的初衷就是，以创新课堂模式为突破、做引领，为学生既好又快地成长创造一种全新的立体环境。因此，整个工作就要分头推进。在"一盘棋"工作思想的指导下，学校全力以赴实施"四学一导"高效课堂模式，班级工作也跟进推行"民主管理"，并在期中进行多元评价与过程评价的试验。在课堂以外的文体活动、学生社团、综合实践等方方面面，也都大刀阔斧地进行改革。正是这种由教学向管理、由班级向学校、由学习到成长的分头推进与全面开放，为学生自主发展赢得了更大空间，也使得《"四学一导"高效课堂模式实践研究》的课题研究取得了重大的成果。

二、积极推广，全面带动

在样板课题《"四学一导"高效课堂模式实践研究》的带动下，教师结合个人的教学情况，自主申报省级课题3个、市级课题13个、县级课题4个。

课题研究的开展以学校为单位，逐步指导教师开展工作，同时定期检查教师课题研究的进度，规范课题研究过程，帮助教师走上了规范务实的课题研究之路。

第三节 课题研究的感悟

课题研究让我成长

这几年来，我积极投入学校的课题研究中。回顾研究之路，感觉既充实又有实效。"在研究中发现问题，在问题中研究，在研究中成长"，这是我最大的体会。

课题研究重在过程，这是我校教师参与课题研究的共识。为了了解最新、最切合实际的知识，我经常研读相关的理论书籍，学习其中的精华理论，追踪先进的理念思想，努力提高自身的修养。

我参与研究的是《学生试卷自主分析及其时效性研究》课题。在研究过程中，我不断获得进步。新课改倡导多元的评价发展观，重视实施过程性评价。结合初中数学学科的特点，在教学阶段性测试后，我们让学生自己写试卷分析，促使学生进行反思与自我评价；教师可从中获取更真实的教学资料，增加教学经验，改进教学方法，实现教与学的和谐发展。

1. 让学生自己写试卷分析的必要性

学科教师可以针对学生个体的差异进行个别化教学，帮助学生找到问题之所在。

学生通过对试卷的分析，可以正确地估计自己的成绩，判断自己以往学习效果的优劣和学习方法的优劣，进而制订出较适合自己学习情况的学习方案，在今后的学习活动中，选择最佳的学习方法，消除和避开不利因素，发挥自己的优势，以取得更好的学习效果。另外，从教学相长的角度来说，学生全面、深刻、细致的试卷分析也可以帮助教师了解学生的学习情况。

2. 试卷分析的主要内容

结合新课改所倡导的"教学过程中适时进行反思与评价"的理念，以及教师在教案中书写教学反思的做法，在每次考试之后，我都要求学生自己写试卷分析，以此来帮助学生进行反思与评价，提高学生自主分析、自我反思与评价的能力。我要求学生书写的试卷分析内容，一般包括下面几个要点。

（1）改正错题。将卷面上出错的试题重新抄下来，结合自己错误的答案，分析自己在考试过程中出错的原因，争取能自主改错，写出解题的思路或过程；不能独立完成的，可先向同学请教解题思路，理解掌握后再写出来。学生无法自主解决或者请教同学之后仍无法解决的题目，应标记出来。

（2）统计得失分率。学生分析自己试卷的得失分情况，算出比率，对自己掌握某些知识点的情况做简要分析。

（3）对本次考试情况做总体分析。对试题难度、考查结果满意度，以及对自身本阶段的学习情况进行反思和评价，提出下一阶段的学习目标或学习计划。

（4）最后，对任课教师本阶段的教学情况提出意见或建议。

3. 试卷分析的实施情况

（1）指导学生对试卷进行分析，分以下两步进行。

① 在试卷未发下来时就开始总结，可称之为自我反思阶段。

a. 学习对照正确答案进行估分。

b. 列举每次考试题目所涉及的知识点及其所占的分值，明确考查的主要知识及重点知识。

c. 列举本次考试选择题错误的题号及其涉及的知识点，一方面在教材上用特殊的标记标出，另一方面进行归类（将粗心失误的归为一类，将易混淆的归为一类，将盲点归为一类，将知识理解不准确的归为一类），然后进行改错。在改错过程中与同学相互交流和探讨，把讨论后自己仍然不清楚的题重点标出，等待教师讲解。

② 试卷发下来以后，将试卷的实际得分与自己的估分进行对比，分析差距，也叫分析对比阶段。

a. 试卷发下来后，对比实际得分与估分的差距，看自己能不能正确估分，了解班里最高分是多少，自己与同学的差距在哪里。预设下阶段自己可能达到的分数。通过本次考试明确自己掌握不准确的知识点有哪些。

b. 问答题和材料题认真对答案，逐点分析自己的答案与正确答案的差距。分析自己失分的原因，是语言表述问题还是题干未能分析到位，是思路受到限制还是因没有看分答题而造成采点不全。

（2）让学生掌握辨别试题是非的能力。找出哪些题出得比较好，考查了哪些能力，并可收集到自己的题库中；哪些题出得不严密，怎样改就严密了；哪些题的答案值得商榷，你认为怎样答比较准确。要让学生大胆质疑，明辨是非，养成善于思考、善于质疑的好习惯。

（3）对基础较好的学生，要求其能针对某一道题变换角度进行提问和作答。这样做有利于学生灵活地掌握知识，举一反三，触类旁通。

以上做法有以下益处。

① 能够使学生不断解决学习中的问题，因为每次考试考查的都是一些重点、易混淆点、难理解的知识点。如果学生对每一次考试都能认真分析和总结，就能发现一些问题并加以解决，这样日积月累，问题就会越来越少，学习就会越来越轻松。

② 能够使学生养成勤于动手动脑的好习惯，并对所学的知识大胆质疑，善于多角度地提问和思考。

③ 能够使学生善于总结和整理知识体系，使自己所学的知识更加条理化和系统化。

试卷分析中的要点内容，可以由学生自主决定，不一定要涉及全部知识点。一般来说，绝大多数学生都能通过试卷分析，发现自身在前一阶段的学习中存在的不足，以及在理解和运用一些知识点方面存在的问题。

4. 让学生写试卷分析的成效

经过近一年的实践操作，我认为让学生写试卷分析这种做法对顺利开展教学工作十分有效。采用这种方式，首先，可以了解学生在学习过程中遇到的问题，增加自身的教学经验；其次，可以了解学生在学习过程中存在的问题或者对教师的意见、建议，从而在教学方法上做出相应的调整，如补充课外知识、介绍学习方法等，努力提高自身的教学水平和专业技能，达到教与学和谐统一，师生关系融洽、共同进步的目的。

从学生完成各次试卷分析的情况看，很多学生赞同这种做法。他们认为写试卷分析有利于帮助自己反思和分析学习情况。在试卷分析中，他们可以畅所欲言，提出自己在学习中的不解和困惑，也可以向教师提出要求或者意见，咨询有效的学习方法。特别是在试卷分析的改错过程中，学生能发现问题，并通过自主研究解决问题，从中得到乐趣，树立信心。学生在自我分析的过程中，大多数都能发现自身存在的问题，提出较有针对性的学习计划和学习方法，来加以改进。

值得一提的是，由于初中数学在内容和难度上有了很大变化，在试卷分析中，学生常常把自己焦虑、失望的心情写下来。这时，作为教师的我及时给予他们鼓励和信心，帮助他们发现、分析问题，帮助他们设置合理的学习目标，引导他们更好地学习。当他们通过努力实现目标时，我及时给予赞赏，使这些学生能在学习过程中巩固成果，逐步树立学习的信心，实现良性发展。一般来说，影响学生学习数学的主观因素，在分数上是难以显示出来的。当要求学生对某次考试做出评价的时候，学生很自然地会将一些关于学习的心里话说出来，教师了解了这些实际情况，就可以做相应的处理，实现教学工作的顺利开展。

让学生写试卷分析，是尝试实行过程性评价的一种做法，教学的目的不仅是为了考查学生实现课程目标的程度，更重要的是为了检验和改进学生的学习和教师的教学，改善课程设计，完善教学过程，从而有效地促进学生与教师的发展。

让学生写试卷分析，是顺应课标要求，实现对学生的多元化、人性化的评价。这种做法，是为了促使教师更好地教，学生更好地学，使教与学达到和谐统一。让学生写试卷分析，也是将学生真正当作学习主体的一种体现。如果教师和学生都来写一写试卷分析，对教学工作的帮助是非常大的。

对于任课教师来说，试卷分析本身就是教学工作的一部分，它是改进教学方法、提高教学质量的环节。因此，任课教师进行试卷分析，应着重对学生的考试成绩做统计描述，并对试题的质量及学生失分的主要原因进行分析。

西南师范大学出版社
《名师工程》系列丛书目录

系列	序号	书　名	主编	定价
陕西系列	1	《如何成为一名专家型教师》	孙铁龙　党纳	35.00
	2	《让教育走进灵魂深处——一位优秀教师的教育心语》	刘跃红	30.00
	3	《教育与梦想同行——宝鸡"国培计划"项目成果精选》	李春杰	30.00
	4	《中小学教师师德素养提升80讲》	张军学　曹永川　国晓华	30.00
	5	《轻松突破作文瓶颈——构建范畴思想下的作文思维》	李旭山	35.00
	6	《爱在人生伊始——幼儿教师培训指导手册》	张昭	35.00
	7	《为儿童的终身发展奠基——幼儿教师必备的幼教技能》	靳存安	30.00
教研提升系列	8	《语文教师必备的音韵学素养》	李明孝	30.00
	9	《校本教研的7个关键点》	孙瑞欣	30.00
	10	《教师怎样做小课题研究——高效助力教师专业化成长》	徐世贵　刘恒贺	30.00
	11	《今天我们应怎样评课》	张文质　陈海滨	30.00
	12	《今天我们应怎样进行教学反思》	张文质　刘永席	30.00
	13	《一节好课需要的教育智慧》	张文质　姚春杰	30.00
鲁派名师教育探索者系列	14	《追问历史教学之道》	钟红军	36.00
	15	《灵动英语课——高效外语教学氛围创设艺术》	邵淑红	30.00
	16	《校园,幸福教育的栖居》	武际金	30.00
	17	《复调语文——尊重生命自我成长的语文教学》	孙云霄	30.00
	18	《智趣数学课——在情感深处激发学生的数学智能》	王冬梅	30.00
	19	《高品位"悦读"——让情感与心灵更愉悦的阅读教学》	马彩清	30.00
	20	《品诵教学——感悟母语神韵的阅读教学》	侯忠彦	30.00
	21	《智趣化学课——在快乐中提升学生的科学素养》	张利平	30.00
名师解码系列	22	《教育需要播种温暖——谢文东与儒雅教育》	余香　陈柔羽　王林发	28.00
	23	《为了未来设计教育——梁哲与探究教育》	冼柳欣　肖东阳　王林发	28.00
	24	《真心是教育的底色——谭永焕与真心教育》	谭永焕　温静瑶　王林发	28.00
	25	《做超越自我的教师——刘海涛与创新教育》	王林发　陈晓凤　欧诗停	28.00
	26	《打造灵动的教育场——张旭与情感教育》	范雪贞　邹小丽　王林发	28.00
高效课堂系列	27	《让数学课堂更高效——教研员眼中的教学得失》	朱志明	30.00
	28	《从教会到教慧——小学生数学学习能力的培养艺术》	滕云	30.00
	29	《用什么提高课堂效率——有效数学课必须关注的10大要素》	赵红婷	30.00
	30	《让作文更轻松——小学作文高效教学36锦囊》	李素环	30.00
	31	《让研究性学习更高效——研究性学习施教指导策略》	欧阳仁宣	30.00
	32	《让母语融入学生心灵——提升学生语文素养的高效施教艺术》	黄桂林	30.00

系列	序号	书　名	主编	定价
创新课堂系列	33	《重塑课堂生命力——小学新课堂教改成功之路》	陈华顺	30.00
	34	《小学语文"三环节"阅读教学法——自学、读讲、实践》	薛发武	30.00
	35	《个性化课堂教学艺术：小学语文》	商德远	30.00
	36	《如何实现三维目标——让学生与文本共鸣的诵读教学》	张连元	30.00
	37	《想说　会说　有话可说——突破作文瓶颈的三维教学法》	杨和平	30.00
	38	《综合课的整合创新教学》	周辉兵	30.00
	39	《如何打造学生喜欢的音乐课堂》	张娟	30.00
	40	《理想课堂的构建与实施——一个教研员眼中的理想课堂》	张玉彬	30.00
	41	《小学语文：决定教学质量的关键策略》	李楠	30.00
	42	《用〈论语〉思想提升数学教育智慧》	胡爱民	30.00
	43	《童化作文——浸润儿童心灵的作文教学》	吴勇	30.00
名校系列	44	《人本与生本：管理与德育的双重根基》	广州市广外附设外语学校	30.00
	45	《生本与生成：高效教学的两轮驱动》	广州市广外附设外语学校	30.00
	46	《世界视野与现代意识：校本课程开发的二元思维》	广州市广外附设外语学校	30.00
	47	《让每个生命都精彩——生命教育校本实践策略》	王鹏飞	30.00
	48	《好学校，从关注每个学生开始——石梅小学优质教育多元感悟》	顾泳　张文质	30.00
思想者系列	49	《回归教育的本色》	马恩来	30.00
	50	《守护教育的本真》	陈道龙	30.00
	51	《教育，倾听心灵的声音》	李荣灿	30.00
	52	《心根课堂——让教育随学生心灵起舞》	刘云生	30.00
	53	《做一个纯粹的教师》	许丽芬	26.00
	54	《率性教书》	夏昆	26.00
	55	《为爱教书》	马一舜	26.00
	56	《课堂，诗意还在》	赵赵（赵克芳）	26.00
	57	《今日教育之民间立场》	子虚（扈永进）	30.00
	58	《教育，细节的深度反思》	许传利	30.00
	59	《追寻教育的真谛——许锡良教育思考录》	许锡良	30.00
	60	《做爱思考的教师》	杨守菊	30.00
鲁派名校教育探索者系列·	61	《让生命异彩纷呈——差异教育的构建与实施》	张晓琳	30.00
	62	《博弈中的追求——一位中学校长的"零"作业抉择》	李志欣	30.00
	63	《大教育视野下的特色课程构建——海洋教育的开发实施》	白刚勋	30.00
名师教学手记系列	64	《唤醒生命的对话——孙建锋语文教学手记》	孙建锋	30.00
	65	《让作文教学更高效——王学东写作教学手记》	王学东	30.00
名校长核心思想系列	66	《智圆行方——智慧校长的50项管理策略》	胡美山　李绵军	30.0
	67	《做一个智慧的校长》	孙世杰	30.00
	68	《成为有思想的校长》	赵艳然	30.00

系列	序号	书　　名	主编	定价
创新班主任系列	69	《班主任专业化成长策略》	杨连山	30.00
	70	《班级活动创新与问题应对》	杨连山　杨照　张国良	30.00
	71	《班集体建设与创新人才培养》	李国汉	30.00
	72	《神奇的教育场——打造特色班级文化创新艺术》	李德善	30.00
创新语文教学系列	73	《曹洪彪新概念快速作文》	曹洪彪	30.00
	74	《小学语文：享受对话教学》	孙建锋	30.00
	75	《小学语文：名师教学目标落实艺术》	刘海涛　王林发	30.00
	76	《小学语文：名师魅力教学设计艺术》	刘海涛　王林发	30.00
	77	《小学语文：名师魅力课堂激趣艺术》	刘海涛　豆海湛	30.00
	78	《小学语文：单元整体教学构建艺术》	李怀源	30.00
	79	《小学作文：名师情趣课堂创设艺术》	张化万	30.00
优化教学系列	80	《高效教学组织的优化策略》	赵雪霞	30.00
	81	《高效教学方法的优化策略》	任　辉	30.00
	82	《高效教学过程的优化策略》	韩　锋	30.00
	83	《让教学更生动——激发兴趣让学生快乐认知》	朱良才	30.00
	84	《让教学更高效——策略创新让教学事半功倍》	孙朝仁	30.00
	85	《让教学更开放——拓展延伸让学生触类旁通》	焦祖卿　吕勤	30.00
	86	《让教学更生活——体验运用让学生内化知识》	强光峰	30.00
	87	《让知识更系统——整合与概括让学生建构体系》	杨向谊	30.00
	88	《让思维更创新——思辨与发散让学生思维活跃》	朱良才	30.00
名师名课系列	89	《名师如何炼就名课》（美术卷）	李力加	35.00
教师成长系列	90	《做会研究的教师》	姚小明	30.00
	91	《学学名师那些事》	孙志毅	30.00
	92	《给新教师的建议》	李镇西	30.00
	93	《教师心灵读本：成为有思想的教师》	肖　川	30.00
	94	《教师心灵读本：教师，做反思的实践者》	肖　川	30.00
幼师提升系列	95	《全国优秀幼儿健康教育活动课例评析》	教育部教育管理信息中心	30.00
	96	《全国优秀幼儿艺术教育活动课例评析》	教育部教育管理信息中心	30.00
	97	《全国优秀幼儿社会教育活动课例评析》	教育部教育管理信息中心	30.00
	98	《全国优秀幼儿语言教育活动课例评析》	教育部教育管理信息中心	30.00
	99	《全国优秀幼儿科学教育活动课例评析》	教育部教育管理信息中心	30.00
教师修炼系列	100	《班主任工作行为八项修炼》	杨连山	30.00
	101	《教师心理健康六项修炼》	李慧生	30.00
	102	《教师专业化五项修炼》	杨连山　田福安	30.00
	103	《课堂教学素养五项修炼》	刘金生　霍克林	30.00
	104	《高效教学技能十项修炼》	欧阳芬　诸葛彪	30.00
	105	《教师新师德六项修炼》	王毓珣　王　颖	30.00
创新数学教学系列	106	《小学数学：名师教学目标落实艺术》	余文森	30.00
	107	《小学数学：名师高效教学设计艺术》	余文森	30.00
	108	《小学数学：名师易错问题针对教学》	余文森	30.00
	109	《小学数学：名师魅力课堂激趣艺术》	余文森	30.00
	110	《小学数学：名师同课异教》	林高明　陈燕香	30.00
	111	《小学数学：名师抽象问题艺术教学》	余文森	30.00

系列	序号	书　　名	主编	定价
教育心理系列	112	《做最好的心理导师——中学生心理健康咨询手册》	杨　东	30.00
	113	《每天学点教育心理学》	石国兴　白晋荣	30.00
	114	《学生心理拓展训练与指导》	徐岳敏	30.00
	115	《好心态成就好学生——学生心理问题剖析与对症教育》	李韦遴	30.00
教学新突破系列	116	《把教学目标落实到位——名师优质课堂的效率管理》	冯增俊	30.00
	117	《拿什么调动学生——名师生态课堂的情绪管理》	胡　涛	30.00
	118	《零距离施教——名师和谐师生关系的构建艺术》	贺　斌	30.00
	119	《一个都不能落——名师提升学困生的针对教学》	侯一波	30.00
	120	《让学习变得更轻松——名师最能吸引学生的情境设计》	施建平	30.00
	121	《让知识变得更易学——名师改造难学知识的优化艺术》	周维强	30.00
教育通识系列	122	《用心做教师——青年教师快速成长的十大定律》	王福强	30.00
	123	《做最受学生欢迎的老师》	赵馨　许俊仪	30.00
	124	《做有策略的校长——经典寓言与学校管理智慧》	宋运来	30.00
	125	《做有策略的教师——经典故事中的教育启示》	孙志毅	30.00
	126	《从学生那里学教书》	严育洪	30.00
	127	《突破平庸——提升教育质量的31个跳板》	严育洪	30.00
	128	《教育，诗意地栖居》	朱华忠	30.00
	129	《好班规打造好班级》	赵　凯	30.00
	130	《做学生成长的引领者——学生终身成长的素质培养》	田祥珍	30.00
	131	《如何管出好班级——突破班级管理的四大瓶颈》	刘令军	30.00
	132	《青春期性教育教师实用手册》	闫乐夫	30.00
高中新课程系列	133	《高中新课程：教师角色转变细节》	缪水娟	30.00
	134	《高中新课程：班主任新兵法细节》	李国汉　杨连山	30.00
	135	《高中新课程：教学管理创新细节》	陈　文	30.00
	136	《高中新课程：更有效的评价细节》	李淑华	30.00
名师讲述系列	137	《施教先施爱——名师讲述班主任的核心教导力》	杨连山　魏永田	30.00
	138	《在欢乐中成长——名师讲述最具活力的课堂愉快教学》	王斌兴	30.00
	139	《让学生做自己的老师——名师讲述如何提升学生自主学习能力》	徐学福　房慧	30.00
	140	《引领学生高效学习——名师讲述如何提高学生课堂学习效率》	刘世斌	30.00
	141	《教育从心灵开始——名师讲述最能感动学生的心灵教育》	张文质	30.00
教育管理力系列	142	《名校激励管理促进力》	周　兵	30.00
	143	《名校安全管理执行力》	袁先潋	30.00
	144	《名校师资团队建设力》	赵圣华	30.00
	145	《名校危机管理应对力》	李明汉	30.00
	146	《名校校本研究创新力》	李春华	30.00
	147	《学校文化力建设策略》	袁先潋	30.00
	148	《名校长核心教育力》	陶继新	30.00
	149	《名校长高绩效领导力》	周辉兵	30.00

系列	序号	书　　名	主编	定价
教育管理力系列	150	《名校行政管理细节力》	杨少春	30.00
	151	《名校教学管理提升力》	张　韬　戴诗银	30.00
	152	《名校学生管理教导力》	田福安	30.00
	153	《名校校园文化构建力》	岳春峰	30.00
大师讲坛系列	154	《大师谈教育心理》	肖　川	30.00
	155	《大师谈教育激励》	肖　川	30.00
	156	《大师谈教育沟通》	王斌兴　吴杰明	30.00
	157	《大师谈启蒙教育》	周　宏	30.00
	158	《大师谈教育管理》	樊　雁	30.00
	159	《大师谈儿童人格塑造》	齐　欣	30.00
	160	《大师谈儿童习惯培养》	唐西胜	30.00
	161	《大师谈儿童能力培养》	张启福	30.00
	162	《大师谈早恋与性教育》	闵乐夫	30.00
	163	《大师谈儿童情感教育》	张光林　张　静	30.00
教育细节系列	164	《名师最具渲染力的口才细节》	高万祥	30.00
	165	《名师最有效的沟通细节》	李　燕　徐　波	30.00
	166	《名师最有效的激励细节》	张　利　李　波	30.00
	167	《名师培养学生好习惯的高效细节》	李文娟　郭香萍	30.00
	168	《名师人格教育的经典细节》	齐　欣	30.00
	169	《名师营造课堂氛围的经典细节》	高　帆　李秀华	30.00
	170	《名师最有效的赏识教育细节》	李慧军	30.00
	171	《名师最有效的批评细节》	沈　旎	30.00
教学提升系列	172	《方法总比问题多——名师转变棘手学生的施教艺术》	杨志军	30.00
	173	《用特色吸引学生——名师最受欢迎的特色教学艺术》	卞金祥	30.00
	174	《让学生爱上课堂——名师高效课堂的引导艺术》	邓　涛	30.00
	175	《拿什么打开思路——名师最吸引学生的课堂切入点》	马友文	30.00
	176	《没有记不牢的知识——名师最能提升学生记忆效果的秘诀》	谢定兰	30.00
	177	《让学生的思维活起来——名师最激发潜能的课堂提问艺术》	严永金	30.00
国际视野系列	178	《行走在日本基础教育第一线》	李润华	26.00
	179	《润物细无声——品鉴国外德育智慧》	赵荣荣　张　静	30.00
	180	《不让一个学生掉队——国际视野下的教育均衡实践》	乔　鹤	28.00
	181	《从白桦林到克里姆林宫——俄罗斯中小学教育纪实》	赵　伟	30.00